河南协调发展

现实与未来

薛玉莲 等／著

社会科学文献出版社
SOCIAL SCIENCES ACADEMIC PRESS (CHINA)

河南省高等学校哲学社会科学创新团队支持计划

（2013 – CXTD – 07）

河南省教育厅人文社会科学研究重点项目

（2015 – ZD – 090、2016 – ZD – 075）

目　　录

第一章
绪　论

第一节　选题现实背景和意义

一　选题背景

党的十八大以来，以习近平同志为总书记的党中央，从坚持和发展中国特色社会主义的全局出发，提出并确定了全面建成小康社会——我们党在新世纪新阶段的纲领性战略目标。全面小康，重在"全面"，难在"全面"。党的十八届五中全会提出了"创新、协调、绿色、开放、共享"的五大发展理念，其中，协调发展强调的正是"全面"二字。改革开放30多年来，我们在创造世界瞩目发展成就的同时，一些问题也不断显现。从区域差距到城乡差距，再到物质文明和精神文明发展不同步，发展中不平衡、不协调、不可持续问题突出，这暴露出发展面临的瓶颈制约，更催生着发展理念与方式的深刻转变。"五大发展理念"把协调发展放在我国发展全局的重要位置，坚持统筹兼顾、综合平衡，正确处理发展中的重大关系，补齐短板、缩小差距，努力推动形成各区域各领域欣欣向荣、全面发展的景象。国家"十三五"规划纲要（草案）指出，协调是持续健康发展的内在要求；"协调"一词在李克强总理2016年初的政府工作报告中多次出现，并在2016年全国"两会"期间成为全国人大代表热议的高频词。

在"十二五"与"十三五"交替之际，面对发展中出现的新问题新挑战，党的十八届五中全会聚焦全面建成小康社会目标，提出协调发展理念，正是着眼于解决发展不平衡问题。这是党中央坚持问题导向、破解发展瓶颈的应对之策，也是着眼未来、谋划全局的战略考量，具有重大理论意义和实践指导作用，是"十三五"乃至更长时期必须坚持和贯彻的重要发展理念之一。历史必将证明，把握好"五位一体"总体布局，贯彻落实"四个全面"战略布局，做到协调发展，我国的发展之路就会越走越宽广。

协调发展因应发展失衡和不可持续而生，是发展实际倒逼而来，也是因时而动、应势而为，发挥主观能动性的主动选择。"在提高发展平衡性、包容性、可持续性的基础上"，从人均 GDP 和人均收入增长的硬指标，到提高国民素质和社会文明程度的软实力，从经济结构的优化到生态环境的改善再到扶贫脱贫的任务，全面建成小康社会新的目标要求贯穿着"全面"的总要求，体现了"协调"的新特点。正确的发展理念从来不是凭空想象的，而是发展实践的产物、发展行动的先导，是发展思路、发展方向、发展着力点的集中体现。认清、吃透、把准协调发展理念的丰富内涵、精髓要义、本质要求，才能在实际工作中胸中有全局、行动有章法，有序推进各项事业发展。坚持协调发展，就要以协调的理念推动经济社会发展，从整体和全局上把握，提升发展整体效能，推进事业全面进步。

协调是建成全面小康的制胜要诀，只有协调发展，才能全面发展。"十三五"时期是全面建成小康社会的决胜阶段。全面建成小康社会，不仅是强调"小康"，而且更重要的和更难做到的是"全面"。"小康"讲的是发展水平，"全面"讲的是发展平衡性、协调性、可持续性。习近平总书记指出，下好"十三五"时期全国发展的一盘棋，协调发展是制胜要诀。协调既是发展手段又是发展目标，同时还是评价发展的标准和尺度，是发展两点论和重点论的统一，是发展平衡和不平衡的统一，是发展短板和潜力的统一。

二 现实意义

"十三五"时期是全面建成小康社会、实现我们党确定的"两个一百年"奋斗目标的第一个百年奋斗目标的决胜阶段，是河南基本形成现代化建设大格局、让中原更加出彩的关键时期。党的十八届五中全会提出，坚持协调发展，必须牢牢把握中国特色社会主义事业总体布局，正确处理发展中的重大关系，重点促进城乡区域协调发展，促进经济社会协调发展，促进新型工业化、信息化、城镇化、农业现代化同步发展，在增强国家硬实力的同时注重提升国家软实力，不断增强发展整体性。党的十八届五中全会提出的协调发展理念旨在补齐发展短板，解决发展不平衡问题，是立足长远、谋划全局的战略考量，对目前既处于蓄势崛起、跨越发展，又处于爬坡过坎、攻坚转型的河南发展，具有重大理论意义和实践指导作用。

协调发展有助于形成河南经济增长新动力。当前，河南正处在全面建成小康社会决胜阶段，协调发展意味着弥补短板和薄弱环节，并从中拓宽发展空间、寻求发展后劲，实现全方位的均衡协调发展。在新常态下推动河南经济社会持续健康发展，关键是树立协调发展理念，并以更加开阔的视野谋划发展。必须坚决贯彻党中央、国务院的战略部署，坚持稳中求进工作总基调，不断推动现代农业大省、先进制造业大省、高成长性服务业大省、网络经济大省"四个大省"建设，持续优化经济结构，不断增强发展后劲。对河南来说，抓住机遇，用信息化改造现有经济结构乃至社会活动方式，促进信息化与工业化、城镇化和农业现代化"三化"融合，实现"四化同步"发展，将是现代化发展的新方向，也是提升发展质量和提高产业与产品市场竞争力的最好途径。

协调发展增强发展整体性，是河南全面建成小康社会的决胜之举。当前河南发展中，城乡不协调、行业不协调、部门不协调、传统产业与战略性新兴产业不协调等问题依然突出。在经济新常态下，河南省经济发展的环境、条件、任务、要求等要素发生了重大变化。要实现新的发展目标，就必须把握发展的动态性，对发展的趋势、关系进行整体性、系统性考察，着力实施河南五大国家战略规划、推进四化同步科学发展，着力优化经济结构、转换发展动力，着力保障和改善民生，打造"四个河南"、推进"两项建设"，确保如期全面建成小康社会，为全面实现现代化奠定坚实基础。

协调发展彰显了经济社会发展的规律性，是提高把握发展规律能力的科学之举。协调发展作为五大发展理念的重要组成部分，是对马克思主义关于协调发展理论的创造性运用，彰显了我国全面建成小康社会的规律性，为理顺发展关系、拓展发展空间、提升发展效能提供了根本遵循。习近平总书记指出，发展必须是遵循经济规律的科学发展，必须是遵循自然规律的可持续发展，必须是遵循社会规律的包容性发展，必须着力提高发展的协调性和平衡性，强调要遵循经济规律、自然规律、社会规律，实现科学发展、可持续发展、包容性发展，提高发展的协调性和平衡性。下一个五年航程即将起锚，让我们贯彻协调发展的理念，推进河南协调发展的实践，在夺取全面建成小康社会决胜阶段的伟大胜利中，实现更高水平的协调发展。

第二节　协调发展问题相关研究述评

一　区域协调研究

20 世纪 80 年代以来，随着中国区域经济冲突的加剧与合作的蓬勃发展，一些学者开始关注区域冲突与协调的某些问题。但近年来随着国内区域经济一体化（Regional Integration）的出现以及成为地区经济增长的主要推动力之一，如何实现区域经济联动与资源整合成为学者们关注的焦点。

首先有学者对区域经济联动与经济力量整合进行界定，认为两者均指过程内涵与作用的不同。前者指地域相连的各行政区政府、企业、社会中介和居民之间，依据相互需求、互惠互利原则和协议，主动把各种经济要素与对方的相关经济要素配合，实现资源互通、信息共享、交通运输等基础设施共用的行为，即区域之间彼此协调、相互促进、优势互补、共同发展的一个动态过程。[①] 而区域经济力量整合则指在特定范围内，各区域经济主体之间以市场机制为主导，有效配置各种生产要素，增强相互之间的关联度，使之在市场竞争过程中动态调节，从而达到优化配置状态，产生整体聚合能效应的行为。[②] 还有学者认为，区域整合是指区域间的协调机制，即相互毗邻、彼此联系（尤其是经济联系）的国家或地区之间，加强区域协调合作，发挥区域最佳效率的重要机制。[③] 另有部分学者对特定区域的联动进行了研究，如竺彩华等以上海自贸区建设为例，对多片区联动进行了理论分析和现实考察，提出了实施方案和政策设计。[④]

国外从区域经济联系的视角来看待区域协调，认为在市场经济发展过程中，各个区域间存在相互依赖、相互制约，这种相互依赖的表现既具有全面性，包括物质领域和精神领域，又具有双向性，区域间的联系不是单向的而是互利性的。[⑤]

---

① 田禾：《区域互动与我国区域经济协调发展研究》，博士学位论文，武汉理工大学，2007。
② 邓正琦：《渝鄂湘黔交界民族地区经济联动的体制障碍及破解》，《探索》2009 年第 3 期。
③ 李新安：《中国区域经济协调发展的利益机制与路径》，电子科技大学出版社，2014。
④ 竺彩华、李锋：《上海自贸区建设的主要成就与问题分析》，《亚太经济》2016 年第 1 期。
⑤ 周英虎：《成渝经济区与广西北部湾经济区比较研究》，《创新》2011 年第 2 期。

二 城乡协调发展研究

城乡协调发展是实现全面建成小康社会进程中最艰巨、最繁重任务的迫切需要。中国城乡二元结构是中国长期存在的难以解决的问题，这一问题在不断拉大城乡差距的同时，也影响着中国城市化的推进。改革开放以来，城乡二元结构的问题日趋严重，其影响的范围也不断扩大，从省域层面上升到国家层面，由此引发的有关城乡协调发展的讨论越来越成为政府和学术界瞩目的焦点问题。国外对于城乡关系的研究中很早就提出了城乡协调的理论思想，国内学者在这方面的研究近年来日益增多。

很多研究者认为，城乡协调发展的最终目标是通过合理的城乡资源配置和持续的城乡协调发展，不断完善城乡功能，改进城乡结构。事实上，重新进行城乡之间的利益分配，① 从而使得城乡生产要素的分配更为合理，进而实现城乡多方面的协调发展是城乡协调发展的主要努力方向。由此在政策体系的完善与创新过程中，必须突出城乡要素平等交换、合理配置和基本公共服务均等化，从而不断增强农村发展的内生动力。

城乡协调发展的模式十分多样，不同的地区由于其发展的限制条件不同，发展模式也千差万别。有笼统的针对全国提出的通用型发展模式，如田明等归纳总结了四种模式，② 一是规模较大的城市的对外扩张，二是外资引导的外向发展，三是农村地域的集聚效应，四是西部自成一体的发展模式。也有一些模式是基于不同地区的发展特点归纳而出的，如广东的"农业发展型"和"非农业起步型"两个典型模式；上海的郊区发展已形成一般模式、小城镇模式和近郊扩展模式的三种城乡协调发展模式。③ 还有学者着眼于城市与乡村的相互关系，提出城乡先分割后协调、先城市后农村的发展观念。而薛德升、曾献君则另辟蹊径，从人口城镇化质量的角度出发提供发展的新思路，④ 并根据研究认为，伴随农业人口的非农化步伐加快，推进以人为核心的新型城镇化是城乡协调发展的重要内容，必须通过户籍制度、公共财政和农村集体产权制度的联动改革，加快培育中小

---

① 吴楚材、陈雯：《中国城乡二元结构及其协调对策》，《城市规划》1997 年第 5 期。
② 田明、何流：《中国城市化的发展趋势及未来模式》，《现代城市研究》2000 年第 6 期。
③ 陈祝平：《用系统化思维推进上海郊区城乡一体化发展》，《党政论坛》2015 年第 11 期。
④ 薛德升、曾献君：《中国人口城镇化质量评价及省际差异分析》，《地理学报》2016 年第 2 期。

城市和特色小城镇，全方位促进在城镇稳定就业和生活的农业转移人口的权利和义务与城镇居民有序并轨。此外，十八届五中全会还指出，要健全农村基础设施投入的长效机制，高度重视农村和接纳农业人口较多的城镇的社会事业建设，乡村建设要特别注重美丽宜居。这些周密部署，既指明了城乡发展一体化的方向，也明确了当下健全城乡发展一体化体制机制的重点。

总之，城乡协调涉及自然、社会、人文等方方面面的内容，以上的理论研究都围绕一个主题进行展开，即破除城乡二元结构，将两者融入统一体系进行分析研究，以充分体现区域的整体性，这将为城市和乡村问题的解决提供一个全新的视角，但其研究的广度和深度还有待更多来自不同领域的学者进一步共同挖掘。

三　产业协调发展研究

产业协调是河南经济体系持续健康发展的内在要求。在"十三五"期间，促进产业体系的协调发展，才能实现新型工业化、信息化、城镇化与农业现代化的"四化同步"，才能不断增强发展的高效性、整体性和持续性。为此，我们梳理了"产业协调发展"这一领域的研究脉络，发现有许多经济学流派进行着大量有益的探索，提出了不少真知灼见。

关于产业协调发展的内涵，刘忠远认为，产业协调体现了产业之间、产业子系统之间、子系统各要素之间、功能之间实现的和谐、协调和优化关系。[1] 王伟等认为产业协调度能够衡量各产业、各子系统、各要素、各功能之间在产业发展过程中的和谐程度，测度产业升级换代过程中的整体协调效应，评价产业系统由无序走向有序的能力。[2]

针对产业协调状态的判定标准，沈玉芳[3]认为应主要包括以下方面：从产业间横向关联上看，产业发展具有均衡性和协调性，高速增长部门、低速增长部门和潜在增长部门之间的增速差距比较合理，各产业间的比例关系均

---

[1] 刘忠远：《基于要素整合的区域内产业协调发展研究：以黄河三角洲为例》，博士学位论文，武汉理工大学，2011。
[2] 王伟、孙雷：《区域创新系统与产业转型耦合协调度分析——以铜陵市为例》，《地理科学》2016 年第 2 期。
[3] 沈玉芳主编《区域经济协调发展的理论与实践：以上海和长江流域地区为例》，科学出版社，2009，第 34 页。

衡，产业间有较强的相互转换能力和互补关系；从产业的纵向发展上看，要形成完整的产业链，既要具有完整的垂直供需链条，即产业的上、中、下游，也要具有横向的协作关系，即相关产业的配套；从产业素质层面上看，产业要具备良好的制度素质、技术素质和劳动力素质；从产业发展的可持续性上看，产业发展要与资源、环境条件相协调；从产业发展的可实现性上看，要实现产业结构与消费结构的良性互动；从产业的国际化角度上看，产业开放度要不断提高，能够通过国际投资与贸易往来、技术引进等方式，实现产业系统与外部环境的物质能量交换。

就产业协调度的评价而言，当前有大量文献利用投入产出方法，评价中国产业的协调发展程度。如，陈健、史修松[1]，陈凯、刘煜寒[2]使用该方法分析了生产性服务业与制造业之间的关联互动关系。刘瑞翔、姜彩楼[3]，刘佳、朱桂龙[4]通过计算产业影响力系数和感应度系数，确定了应该重点发展的产业部门。余典范等[5]，王晓红、王传荣[6]从产业融合的视角探讨了产业间关联关系的演化。赵明亮[7]基于产业关联视角为产业的协调发展规划了基本路径。

四 区域一体化研究

国内学者从一国的某些区域、某些国家之间、世界范围三个不同层面对区域经济一体化进行界定。有学者认为，区域经济一体化是指在一个主权国家范围内，地域上较接近或地理特征较相似的省区之间、省内各地区或城市之间，为谋求发展而在社会再生产的某些领域，实行不同程度的经济联合与

① 陈健、史修松：《产业关联、行业异质性与生产性服务业发展》，《产业经济研究》2008 年第 6 期。
② 陈凯、刘煜寒：《中美第三产业生产服务业发展水平的比较分析——基于投入产出表的实证研究》，《岭南学刊》2014 年第 4 期。
③ 刘瑞翔、姜彩楼：《经济全球化背景下我国产业关联特征分析——基于 1997～2007 可比价非竞争型投入产出表的研究》，《产业经济研究》2010 年第 5 期。
④ 刘佳、朱桂龙：《基于投入产出表的我国产业关联与产业结构演化分析》，《统计与决策》2012 年第 2 期。
⑤ 余典范、干春晖、郑若谷：《中国产业结构的关联特征分析——基于投入产出结构分解技术的实证研究》，《中国工业经济》2011 年第 11 期。
⑥ 王晓红、王传荣：《产业转型条件的制造业与服务业融合》，《改革》2013 年第 9 期。
⑦ 赵明亮：《新常态下中国产业协调发展路径——基于产业关联视角的研究》，《东岳论丛》2015 年第 2 期。

共同经济调节，形成一个不受区域限制的产品、要素、劳动力及资本自由流动的统一区域的动态过程，它的目的是优化资源配置，实行区域内各地区合理分工，提高资源使用效率，促进联合体共同繁荣。① 其基本特征是各种生产要素的空间流动，作为空间状态是生产要素流动所形成的经济集聚核心和经济扩散点。②

而美国经济学家贝拉·巴拉萨于 1962 年提出的区域经济一体化，③ 既被看作是一个过程，又被看作是一种存在状态。就过程而言包括旨在消除各国经济单位之间差别的种种举措；就状态而言表现为各国间各种形式的差别待遇的消失。④ 丁伯根（Tinbergen）从政府当局促进经济一体化的措施方面把经济一体化区分为"消极一体化"和"积极一体化"。前者指"取消各种规章制度"，即消除对有关各国的物质、资金和人员流动的障碍；后者系指建立新的规章制度去纠正自由市场的错误信号，去强化自由市场正确信号的效果，从而加强自由市场的一体化力量。⑤ 上述各种观点对于科学认识区域经济一体化内涵颇有借鉴和启迪。20 世纪 80 年代末以来，国外对区域经济一体化理论研究的发展可以归结为：将规模经济和不完全竞争理论纳入区域经济一体化研究中，探讨内生化的区域经济一体化理论及区域经济一体化的外部问题。

区域一体化是生产力社会化和区域分工协作发展的必然结果，保持其正常运行，必须有良好的运行机制做保证。关于区域一体化的运行机制，有学者提出应从四方面建构区域政府合作机制，即构建统一协调大市场竞争规则、成立跨行政区的制度性组织协调机构、强化区域基础设施的统筹与管理、构建区域经济特色。⑥ 还有学者从市场机制、合作机制、互助机制和扶持机制方面提出了推动我国区域互动与区域经济发展的新体系。⑦ 而省际经济合作是我国建立统一市场、平衡地区利益的政策方向，也是省际政府化管

---

① 董姝娜、武向平：《区域经济一体化进程中政府间合作模式研究》，《经济纵横》2013 年第 7 期。

② 全毅：《全球区域经济一体化发展趋势及中国的对策》，《经济学家》2015 年第 1 期。

③ Bela Balassa, *The Theory of Economic Integration* (London: Allen & Unwin), 1962.

④ 李玉举：《区域经济一体化研究动态：国外文献综述》，《世界贸易组织动态与研究》2010 年第 5 期。

⑤ 姬广坡：《论经济一体化的逻辑构成》，《财贸经济》1999 年第 9 期。

⑥ 后小仙、郑田丹：《晋升激励、政府偏好与区域经济增长》，《财贸研究》2016 年第 4 期。

⑦ 曲晨：《区域经济一体化研究动态述评》，《商业时代》2008 年第 4 期。

理的制度创新。[1] 一些学者探讨了大学校区、科技园区、公共社区这一"三区联动"的模式机制与整体系统，并以上海推进"三区联动"的案例提出了应遵循的相关原则和对策要点。[2]

五 相关研究述评

国内外关于严格意义上的区域协调发展研究并不多，但与区域联动紧密相关的研究有了大量的文献材料和众多的研究成果，相关成果主要集中在区域合作、区域经济整合、区域经济一体化等方面。这些研究成果为本研究的顺利进行提供了重要的理论铺垫和营养。

上述研究成果对深入研究区域协调发展起了十分重要的作用。但大多存在有些问题尚研究不够，有些重要的问题则被忽视的缺陷。首先，对区域协调的研究大多局限在行政区划框架内，对经济区域框架内协调发展的实证分析与规范研究不多见；其次，大量采用规范研究模式，而对这种对策的理论基础、实际操作方式以及内在机制缺乏深入探讨；再次，对转轨时期市场经济条件下的物质文明和精神文明二者协调发展的相关机制缺乏深入研究；最后，经济学中的最新研究成果很少被用来分析中国的协调发展问题，如新制度经济学、博弈论等领域的理论方法对研究协调发展十分有价值，但运用较少。

第三节 研究的主要内容与框架

一 研究主要内容

坚持协调发展，必须牢牢把握中国特色社会主义事业总体布局，正确处理全面建成小康中的重大关系。当前我国经济社会发展进入新常态，就河南来看，要更好谋划"十三五"时期的经济社会发展，必须在优化结构、补齐短板上取得突破性进展，着力提高发展的协调性和平衡性。为展开相关问题的研究，本书首先对协调发展现有相关理论问题的研究进行回顾和梳理；在协调发展相关理论的结构下，对河南协调发展主要领域及未来方向进行研

---

① 宋彪：《我国省际经济合作决策制度研究》，《财经问题研究》2009 年第 4 期。
② 王廷：《"三区联动"上海杨浦模式与宁波镇海模式比较研究》，《科技进步与对策》2013年第 21 期。

究和探索，进而总结提炼出推进河南协调发展的路径与政策。基本思路有以下几个方面。

一是推进河南区域协调发展，构筑平衡发展的新格局。立足把协调作为持续健康发展的内在要求，推动河南省内部区域协调发展，努力塑造要素有序自由流动、主体功能约束有效、基本公共服务均等、资源环境可承载的区域协调发展新格局。

二是促进河南城乡区域协调发展，破解城乡二元结构难题。缩小城乡区域差距，既是调整经济结构的重点，又是释放发展潜力的关键。实现城乡协调发展，就是发挥新型城镇化"一发动全身"的综合带动作用，加快构建新型城乡关系，推进城乡要素平等交换、合理配置。

三是促进产业协调发展，推进"四化"同步。正确处理产业发展中的重大关系，将促进"四化"同步科学发展作为突出历史任务，以工业化、城镇化带动农业现代化，以信息化加速工业化、城镇化、农业现代化，促进新型工业化、信息化、城镇化、农业现代化同步发展，在增强地区硬实力的同时注重提升软实力，不断增强发展整体性。

四是加快中原城市群一体化发展，提升地区性中心城市发展水平。构筑"一极三圈八轴带"发展格局，发挥郑州国家区域中心城市辐射带动作用，打造城市群核心增长极。坚持节点提升，扩大城市规模，完善城市功能，推进错位发展，提升辐射能力。统筹空间、规模、产业三大结构，优化城市发展形态，推动中心城市组团式发展。

五是推动物质文明和精神文明协调发展。全面建设小康社会既包括不断提高物质生产和消费水平，又包括提高文化生产和消费水平，而后者更涉及社会主义核心价值体系和核心价值观的培育与提升，即思想文化软实力的增强问题。经验和教训告诉我们，如果只盯着经济数据的起伏涨落，忽视社会进步和人民群众真实的幸福感、获得感，就会透支社会发展潜力，发展就难以持续。

六是促进经济社会协调发展，改变"一条腿长、一条腿短"的失衡问题。整个国民经济的发展应稳中有进、又好又快，但发展经济的出发点和归宿点是改善民生，因而"改善民生就是发展"的价值导向，与社会主义经济发展的根本目的是内在统一的。当前，必须从改善民生就是发展的战略高度来谋划财富和收入分配、就业、医疗、住房、教育、社会保障等六大领域的社会发展，这是新常态下协调经济发展与社会发展的主要内容。

把这几个发展中的重大关系摆正理顺，就能使单项发展的动能聚合成整体发展的势能，形成更有利于解决发展问题的总体形势，开创相互促进、协同推进的良好发展局面。

二　研究结构框架

协调发展顺应了经济社会发展从不均衡走向均衡发展的现实要求，也体现了中国的经济发展空间拓展和更大范围内资源优化配置的时代要求。无论是京津冀一体化协同区域发展战略，还是依托黄金水道推动长江经济带发展战略，均是从战略层面，在全国范围内通过塑造新的增长极、增长带，强力推动中国由局部开放向国内整体开放，并通过"一带一路"战略建构国内开放和国外开放无缝对接的大格局。与此同时，协调发展也顺应了发挥市场决定性作用和更好地发挥政府调控作用的内在要求。不管是着眼区域协同发展的主体功能区、重大基础设施的规划与建设，还是深入实施西部大开发，进行更加精准的公共财政支持，抑或支持东部地区率先发展、增强对中西部的辐射带动能力的政策措施，均是通过更加科学的调控手段来实现主体功能约束有效、基本公共服务均等、资源环境可承载，从而在更大范围内，通过要素有序自由流动支撑发展潜力的持续释放。与全国层面区域协调发展的逻辑相契合，长期以来，河南围绕中原城市群核心区及更大范围的中原经济区区域内部的协调发展持续进行体制、机制和政策创新。可以预期，"十三五"期间，河南在全面落实国家"五大发展理念"的战略实践中，必将建立健全保障河南协调发展的体制机制，开创协调发展新局面。全书研究的结构框架如下。

第一步：在明确选题现实背景和意义基础上，对国内外协调发展问题的相关研究现状进行回顾述评，据此提出本书研究的主要内容与框架。

第二步：对协调发展理念的产生与演进等问题进行梳理，进行相关概念的界定，建立研究的理论基础。

第三步：推动区域协调发展，促进河南同步小康。通过对河南区域经济的发展现状及特征进行比较分析，剖析河南区域经济发展差距和区域经济协调发展空间格局及演化趋势，探究未来河南区域经济发展的时空格局演变。

第四步：推进城乡协调发展，实现河南城乡共同繁荣。通过对河南城乡协调发展的内涵逻辑分析，构建城乡协调模型对河南省城乡协调发展的现状进行评价，明晰未来河南城乡协调发展的主要领域及路径。

第五步：促进产业协调发展，加快构建现代产业体系。针对河南省产业协调发展的现实条件，运用多种方法进行河南产业协调发展的诊断分析，在借鉴经济先行地区产业协调发展经验的基础上，对未来河南产业协调发展的前景进行展望。

第六步：加快中原城市群一体化发展，构筑"一极三圈八轴带"格局。通过加快中原城市群的一体化发展，推进各种产业和经济活动的彼此聚集和相互联系，并基于"一极三圈八轴带"的发展格局，将空间、规模、产业三大结构构成一个高度一体化和体系化的有机整体，充分发挥郑州国家区域中心城市的辐射带动作用，以提升地区经济竞争力，带动河南全省经济的快速发展。

第七步：实施物质文明和精神文明双轮驱动，建设文化强省。立足河南物质文明和精神文明协调发展的现状与成效，从发展河南文化优势视角出发，弘扬社会主义先进文化，汇聚经济社会发展内在力量，实现河南由文化大省向文化强省的迈进与跨越。

最后，全面揭示促进河南"十三五"协调发展的政策含义及路径。

本书的技术路线和逻辑框架如图 1-1 所示。

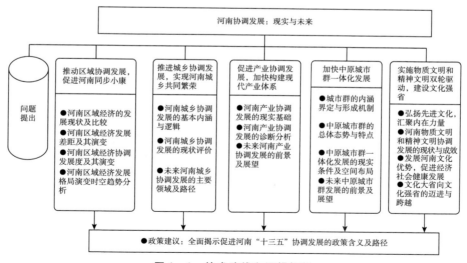

图 1-1　技术路线和逻辑框架

第二章
推动区域协调发展，促进河南同步小康

第一节　河南区域经济的发展现状及比较

一　河南区域经济发展的国内比较

改革开放以来，河南始终坚持以经济建设为中心，不断深化改革，大力调整产业结构，成功保持了国民经济持续快速发展的势头。近年来，河南经济发展更是不断攀上新台阶，2014 年地区生产总值 34938.24 亿元，在全国排名第五。面对 21 世纪新的发展形势，河南必须审时度势，综观全局，提出更符合现实的经济发展战略。

本书选取与河南存在可比性的北京、天津、江苏、上海、浙江、广东六大省市作为比较对象，通过经济总量、产业经济以及空间经济的比较，找出河南省发展的优劣势，同时总结其他省份可以借鉴的经验，为后述的河南经济整体发展战略做铺垫。之所以选取上述这六大省市，首先是因为它们为经济较发达省市，在发展模式上有着比河南领先的优势；其次，它们分别属于全国经济最发达的三大经济圈，即环渤海经济圈、长江三角洲经济圈、珠江三角洲经济圈，在经济总量上比河南有优越性。

为了既能体现横向比较又能看出纵向发展，这里选取 2000 年至 2014 年的相关数据进行分析，数据来源主要是历年的各省市统计年鉴。在衡量经济总体水平方面，选用 GDP 总量以及人均 GDP 作为主要指标，在影响 GDP 的因素中，这里重点考虑投资、储蓄、消费和进出口四个方面。投资又分为固定资产投资和实际利用外资额；储蓄以年末城乡居民储蓄余额为指标；消费以年度社会消费品零售总额为指标；由于上述比较的都为东部省份，对外贸易对地区经济发展起到较大的作用，因此选取年度进出口总额为衡量对外联系的指标。综合上面几大指标，为了便于比较分析，整理为如下分项指标：

1. 各区域 GDP 年均增长率

计算公式如下：

$$R_j = (\sqrt[13]{\frac{y_{2014}}{y_{2000}}} - 1) \times 100 \tag{2.1}$$

其中，R_j 表示 j 地区 2000 年至 2014 年的 GDP 平均增长率，y_{2014} 表示 2014 年的国内生产总值，y_{2000} 表示 2000 年的各地区生产总值。

2. 各区域对外开放水平

在我国区域经济发展中，外资和外贸是两个最为明显的外部影响因素，下面运用这两个指标构建区域对外开放水平指数。

$$Q_i = \frac{T_i + F_i}{2} \tag{2.2}$$

其中，T_i 为 i 年度进出口总额与 GDP 的比值，F_i 为 i 年度实际利用外资额占全社会固定资产投资的比值。此处比较时采用 2000～2014 年的平均值。

3. 消费储蓄比率

这里我们利用各地区每年的社会消费品零售总额与年末城乡储蓄余额的比例来说明各地区的内部消费需求。同上，具体比较中采用 2000～2014 年的平均值。

将各项指标数据计算得出表 2-1，如下：

表 2-1 河南省区域经济总体状况国内比较

	2014 年 GDP（亿元）	2014 年人均 GDP（元）	GDP 年均增长率（%）	对外开放水平	消费储蓄比率
河 南	34938.24	37072	15.89	0.17	0.33
北 京	21330.80	98966	18.01	0.68	0.09
天 津	15722.47	105889	18.99	0.34	0.19
江 苏	64394.75	81107	16.77	0.29	0.25
上 海	23174.71	97600	13.34	0.70	0.12
浙 江	39899.61	72571	15.64	0.29	0.21
广 东	67277.05	63207	16.10	0.55	0.22

资料来源：各省市历年统计年鉴。

通过对相关数据进行分析，得出以下结论：

（1）河南 GDP 总量在七省市中排名第四，人均 GDP 却排在最后一位，GDP 的增长速度较快。这说明河南是经济大省但不是经济强省，然而河南经济发展的速度较快。

（2）河南对外开放水平很低。从表 2-1 中可以明显看到河南省的对外开放水平指数远远低于其他地区，由于其他地区大多沿海，有良好的区位优势，河南省处于中部内陆，所以在对外开放方面水平低、发展空间小。

（3）河南消费储蓄比率较为领先。由于影响消费储蓄比率的因素主要是消费倾向和金融资本能力，从事实状况可知河南省相比于其他地区的金融实力明显较弱，说明河南在消费倾向方面较为前卫，内需拉动力量比较强大。

二　河南各省辖市经济发展的省内比较

河南是我国中部六省的重要成员，也是我国的人口、农业大省，省内区域间因自然条件、区位影响、经济基础等各方面的因素而使区域经济发展呈现出多元面貌。

河南有郑州、洛阳、开封、焦作、新乡、鹤壁、安阳、三门峡、南阳、许昌、濮阳、漯河、平顶山、周口、信阳、商丘、驻马店、济源 18 个省辖市。本节研究河南各省辖市的经济发展状况，首先从 GDP 总量、人均 GDP 等经济指标出发，对河南省经济发展状况做出定性分析。为了对各省辖市的经济发展水平进行综合评价，我们选取了 4 个一级指标，17 个二级指标，构建了合理的评价指标体系。在研究过程中，本节主要选用聚类分析和主成分分析法，对各省辖市的经济发展情况进行综合评价。

（一）GDP 发展状况

在 20 世纪 90 年代之前，河南的经济总量维持在一个缓慢增长的状态，GDP 总量低于 1000 亿元；之后，随着改革开放的深入开展和社会主义市场经济体制的完善，河南的经济增长速度明显加快，于 2000 年突破 5000 亿元大关；进入 21 世纪，国家先后提出了中原崛起和建设中原城市群战略，以此为契机，河南的经济有了突飞猛进的增长，GDP 总量突破两万亿元，仅次于广东、山东、江苏、浙江，位居全国第五。2014 年，河南 GDP 总量为 34938.24 亿元，较上一年增长 8.7%。总体来说，河南的总体经济实力在逐步增强，人民的生活水平相应提高，在全国的相对地位和相对实力有所提高。

虽然河南的经济总量较大，但是由于人口基数过大，人均水平较低，在国内的排名比较靠后，属欠发达地区，与发达地区相比仍有较大差距。同时，由于受自然环境、经济区位、历史基础等因素的影响，河南省内区域经济发展也存在着很大的差异，如图 2-1 所示。区域经济不平衡是经济发展过程中不可避免的现象，是在多方面原因的基础上形成的。适度的区域经济不平衡对经济发展有着促进作用，但是严重的区域经济发展不平衡将会阻碍区域经济的发展，不利于经济社会的稳定和协调发展。因此，对河南各省辖市的经济发展水平进行详细研究，从定量的角度做出综合评价，对河南今后的发展有着十分重要的意义。

郑州作为省会城市，交通便利，资源丰富，有着得天独厚的优势，2014年，GDP 总量排在全省首位，约占全省 GDP 总量的 19%。洛阳和南阳凭借其工农业基础，GDP 总量分别排在第二位和第三位. 排名前三位的城市的GDP 总量占河南省 GDP 总量的比例达 36%，远远领先于其他城市。许昌、周口、新乡、焦作、安阳、信阳、平顶山、驻马店、商丘、开封 GDP 总量各占全省的 4%～6%，处于居中地位。三门峡、濮阳、漯河、鹤壁、济源GDP 总量较低，位于靠后的位置，在 4% 以下。

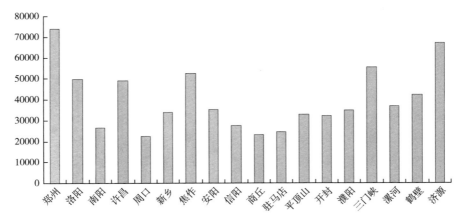

图 2-1　2014 年河南各省辖市人均 GDP（单位：元）
资料来源：《河南统计年鉴 2015》。

从图 2-1 中可以看出，人均 GDP 较高的省辖市有郑州、济源、三门峡、焦作、洛阳、许昌，这 6 个城市的 2014 年人均 GDP 均在 40000 元以上，而信阳、南阳、驻马店、商丘、周口 2014 年人均 GDP 低于 30000 元，远低于全国人均 GDP（41908 元），与其他省辖市也有着较大的差距。其中，郑州的人均 GDP 约为周口的 3.2 倍。

（二）省辖市经济发展水平综合评价

1．指标体系的构建

在上文中，我们结合相关的经济指标，利用统计图表对河南区域经济发展水平进行定性的分析，做出了比较直观的评价。但是，对区域经济发展水平进行综合评价是一个比较复杂的问题，需要首先构建一个恰当的评价指标体系，再根据评价指标体系确定综合评价的方法。由于经济指标的复杂性和多样性，本研究在选取指标体系时遵循了以下原则。

（1）科学性原则。所用指标概念科学、含义明确，范围清楚，统计口径一致。

（2）全面性原则。指标体系能够全面反映各地区的经济发展状况。

（3）差异性原则。选取各地区差异较大的指标，能够反映经济发展的地域差异。

（4）可操作性原则。指标数据易于收集，便于计算，并能切实可行地进行评价。

基于以上原则，通过系统总结相关文献，结合河南经济发展现状，本研究以河南18个省辖市为样本，选取了综合经济状况、财政金融状况、人民生活水平、基础设施建设4个一级指标，人均GDP、人均农业产值等17个二级指标，构建了河南区域经济发展水平综合评价指标体系，见表2-2。

表2-2　河南区域经济发展水平综合评价指标体系

目标层	一级指标	二级指标
经济发展水平	综合经济状况	人均GDP
		人均农业产值
		人均工业产值
		人均第三产业产值
	财政金融状况	人均财政收入
		人均固定资产投资
		人均储蓄存款年底余额
	人民生活水平	农村居民人均消费支出
		城镇居民人均消费支出
		城镇家庭人均可支配收入
		农村居民家庭人均纯收入
		城镇职工平均工资

目标层	一级指标	二级指标
经济发展水平	基础设施建设	每万人公路里程
		人均邮政业务总量
		人均电信业务总量
		人均教育经费
		每万人卫生机构床位数

查阅《河南统计年鉴2015》可得上述17个指标的数值，如表2-3和表2-4所示。

表2-3 河南各省辖市2014年指标数据

单位：元

省辖市	人均GDP	人均第一产业产值	人均第二产业产值	人均第三产业产值	人均财政收入	人均固定资产	人均储蓄存款余额	城镇居民家庭人均可支配收入
郑　州	72992	1584.88	37558.29	33848.55	8981.28	57679.60	150309.00	29095
开　封	32454	5996.51	13842.69	12614.44	2092.16	25438.83	27712.47	21467
洛　阳	49417	3490.41	25235.27	20691.66	3915.65	45534.26	56338.30	26974
平顶山	33016	3370.59	17734.75	11910.48	2636.06	29784.32	36608.46	24393
安　阳	35210	4032.46	18435.65	12741.60	2029.16	31620.55	35251.38	25172
鹤　壁	42550	3958.67	28664.64	9926.28	2938.12	37340.49	29794.59	23113
新　乡	33696	3923.15	17443.87	12329.03	2444.51	33123.43	33356.22	23983
焦　作	52421	3892.02	32395.76	16132.86	3000.73	47002.81	35935.59	23977
濮　阳	34895	4333.16	20199.58	10362.23	1959.64	31657.90	29481.94	23767
许　昌	48471	4288.51	29451.33	14731.66	2908.07	38929.43	35606.82	23753
漯　河	36366	4215.92	23167.57	8982.82	2429.05	30707.11	29120.61	23281
三门峡	55260	4961.96	34548.55	15749.39	4119.73	59673.80	41992.16	22739
南　阳	26650	4670.32	12392.44	9587.58	1404.69	25656.53	27459.15	23711
商　丘	23359	5156.91	10120.54	8081.87	1386.27	21311.04	24215.73	22274
信　阳	27490	6768.98	11314.13	9407.29	1256.55	28040.92	32771.86	21060
周　口	22625	5084.80	10691.15	6849.08	1034.17	16750.53	21390.93	19742
驻马店	24461	5746.01	10108.15	8607.04	1238.69	18580.17	28678.53	21320
济　源	66777	3020.56	45487.14	18269.59	5338.40	58002.78	40474.94	25219

表 2 - 4　河南各省辖市 2014 年指标数据（续）

省辖市	城镇居民家庭人均消费支出（元）	农村居民家庭人均纯收入（元）	农村居民家庭人均消费支出（元）	城镇职工平均工资（元）	每万人公路里程（公里）	人均邮政业务量（元）	人均电信业务总量（元）	人均教育经费（元）	每万人卫生机构床位数（张）
郑　州	20122	15470	11125	48738	13.68	430.71	1870.44	1705.75	73865
开　封	17156	9316	6442	39272	19.24	78.09	840.21	1236.74	23297
洛　阳	18380	9669	7423	43646	27.60	110.13	1112.44	1401.22	37163
平顶山	17736	9489	5335	43565	27.16	64.53	854.68	1331.79	25106
安　阳	15204	10680	7253	38343	23.22	98.25	1015.44	1243.08	24830
鹤　壁	14441	11709	8166	37186	27.84	68.61	915.46	1917.18	7594
新　乡	17669	10730	7550	37696	23.03	114.03	1079.60	1365.51	30106
焦　作	16300	12518	9415	39428	20.98	104.31	1027.94	1404.87	18516
濮　阳	13545	8828	5745	41216	18.00	78.50	907.95	1580.80	17285
许　昌	16178	12140	7348	41310	21.57	88.01	849.64	1523.03	18139
漯　河	17254	10893	5933	38304	20.29	99.30	889.36	1304.63	12633
三门峡	19790	9979	7569	43637	42.42	87.34	969.06	1808.61	12931
南　阳	18130	9741	6766	40650	37.85	85.96	665.44	1274.41	40514
商　丘	13739	8025	5262	39866	31.72	98.38	801.39	1466.98	30189
信　阳	13391	8868	5745	38421	38.72	82.28	700.53	1471.53	21509
周　口	15357	7742	5304	39277	24.84	77.32	710.75	1291.26	33703
驻马店	15219	8270	6347	35949	27.87	94.44	701.87	1415.43	28991
济　源	18572	13166	8578	40404	31.75	91.73	988.20	2089.05	2967

2. 各省辖市经济发展水平综合聚类评价

聚类分析是一种建立分类的多元统计分析方法，它能够将一批样本（或变量）数据根据其诸多特征，按照在性质上的亲疏程度在没有先验知识的情况下进行自动分类，产生多个分类结果。类内部个体特征具有相似性，不同类间的个体特征的差异性较大。

层次聚类法是聚类分析方法中最常用的一种方法。它的优点在于可以指出由粗到细的多种分类情况，典型的层次聚类结果可由一个聚类图展示出来。

结合上述建立的指标评价体系，利用 SPSS 统计分析软件，对河南 18 个省辖市 2014 年的经济发展情况进行聚类分析，如图 2 - 2 所示。

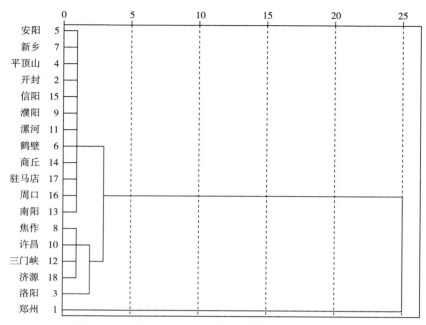

图 2－2 河南 2014 年各省辖市经济综合发展情况聚类

从图 2－2 中可以看出，若分为两类，则郑州一枝独秀，各项指标均远远领先于其他省辖市，独自为一类，其他 17 个省辖市分为一类。若分成三类，郑州为第一类；焦作、许昌、三门峡、济源、洛阳为第二类；其他省辖市为第三类。从聚类分析的结果来看，郑州作为省会，大多数指标均处于领先地位，综合经济实力突出。焦作、许昌、三门峡、济源、洛阳均属于新兴工业城市，引进各项高新技术，在近些年来取得了较大的发展。其他省辖市由于人口众多，工业基础落后，地理位置相对封闭，经济发展一直较慢。

对其他省辖市来说，矿产资源匮乏，能源不足，经济基础薄弱，不利于工业尤其是重工业的发展，地区经济只能依赖于农业以及以农业资源为基础的轻工业。同时，人口众多是限制省辖市发展水平提高的另外一个重要因素。以南阳为例，在前文中，我们提到南阳市的 GDP 总量居河南省第三位，但人均水平却处于落后的位置，综合水平更是排到了第十三位。

第二节　河南区域经济发展差距及其演变

一　区域经济差异研究现状

伴随着经济的迅速发展，发达区域与不发达区域呈现并存格局的非均衡地理现象越来越明显，特别在我国，经济快速发展的同时，区域之间的经济差异却不断扩大。多数学者的研究表明自改革开放后，东、中、西三大区域之间，以及沿海与内陆之间的区域经济差异呈扩大趋势。如贾俊雪、郭庆旺的研究发现从 20 世纪 90 年代到 2001 年，我国区域经济差异不断上升，从 2001 到 2003 年，经济差异呈现趋于平缓又上升的趋势。[①]潘文卿通过对人均 GDP 的研究得出全国省域间的差异在 20 世纪 80 年代趋同，在 90 年代后再次发散。[②] 余军华发现地带间的差异对全国总体区域经济差异的影响较地带内差异更为显著，其中，东部省际经济差异表现突出。[③]

有关河南区域经济差异的研究方面，研究尺度以地市、县域尺度为主，此外，不少文献对河南划分区域进行分析，根据河南各区域所处的地理位置以及经济发展状况等，将河南划分为中原城市群地区、豫北地区、黄淮地区与豫西豫西南地区四大区域，或豫北、豫西、豫南、豫东和豫中五个区域。[④] 研究方法方面，指数计算、空间计量、因子分析等被广泛应用于河南经济差异的研究分析过程中，泰尔指数是表征经济差异的主要参数，标准差、变异系数、离差、比率、相对发展速度等参数的计算同样能有效地分析河南省各地区间的区域经济差异的总体特征和空间特征；ESDA 空间分析技术在河南经济空间格局演化的定量分析方面发挥了重要作用；对河南经济发展差异的分析评价一般采用因子分析法。

目前对河南经济差异的研究表明，河南区域经济差异呈逐渐增大的上升趋势，河南的区域经济差异主要表现为中原城市群与其他地区、东部与西部之间的差异，两极分化现象比较严重；[⑤] 河南局部区域的经济差异在增大，

①　贾俊雪、郭庆旺：《中国区域经济趋同与差异分析》，《中国人民大学学报》2007 年第 5 期。
②　潘文卿：《中国区域经济差异与收敛》，《中国社会科学》2010 年第 1 期。
③　余军华：《中国区域经济差异及协调发展研究》，博士学位论文，华中科技大学，2007。
④　朱智勇、苏朝阳：《改革开放以来河南省区域经济差异分析》，《生态经济》2009 年第 7 期。
⑤　陈利等：《云南省区域经济差异时空演变特征》，《经济地理》2014 年第 8 期

区域经济发展中的空间极化作用在增强；省内经济发展的集中程度持平，最发达地区与最落后地区的差距一直较大。经济相对发达区域与落后区域之间的经济差异扩大，发达地区的相对发展速度值大，而落后地区的相对发展速度值小；在空间分布上，河南区域经济发展水平总体表现为较强的空间自相关，经济发展相似的地区在空间上集聚分布，集聚性随时间推移有强弱变化。[①]

造成河南区域经济差异性的因素是多种多样的，如地形因素与资源禀赋造成的自然地理环境差异；投资水平以及分权差异带来的区域发展战略的影响；产业结构与所有制结构带来的经济结构的差异；教育水平、地区差别导致的文化观念和劳动力资源的差异等。[②]

河南作为中部的一个大省，是一个欠发达省份，对河南区域经济差异的研究需从不同的尺度进行，这样才能准确地刻画河南区域经济差异的全景。因此，本节拟采用泰尔指数来研究河南区级、市级、县级三种不同空间尺度的经济差异。在县级泰尔指数的基础上进行了地区间与地区内泰尔指数的分解，进一步分析了各地区之间与地区内部的经济差异。接着，本节拟采用马尔科夫链方法对河南区域经济进行核心 - 外围结构的类型划分，采用 Moran's I 指数具体研究河南区域经济差异的时空动态；然后，本节将采用多层次回归模型进一步分析河南区域经济差异的动力机制。根据现有文献对河南区域经济差异形成机制的研究，本节选取了投资水平、市场活跃度、分权化、产业结构、劳动力资源、资源禀赋、受教育水平、城乡分异及地形因素等指标来探究河南区域经济差异的影响因素。

二　研究方法及数据来源

河南是人口大省、全国重要的农业和粮食生产大省，2013 年末户籍人口为 1.06 亿人，常住人口为 9413 万人。2013 年 GDP 为 32155.86 亿元，人均 GDP 34161.12 元（数据来自于《河南统计年鉴 2014》）。本节根据各省辖市发展状况以及地理位置上的关联状况选取了中原城市群地区以及中原城

---

① 王少剑等：《广东省区域经济差异的多尺度与多机制研究》，《地理科学》2014 年第 10 期。

② Wei Y.，" Multi - scale and multi - mechanisms of regional inequality in China：Implications for regional policy," *Journal of Contemporary China* 30（2002）.

市群外围地区作为区级研究范围。其中，中原城市群外围地区包括豫北地区、黄淮地区与豫西豫西南地区，具体的中原城市群地区包括郑州、开封、洛阳、焦作、平顶山、新乡、许昌、漯河、济源，豫北地区包括安阳、濮阳、鹤壁，豫西豫西南地区包括三门峡、南阳，黄淮地区包括商丘、周口、信阳和驻马店。（见图2－3）

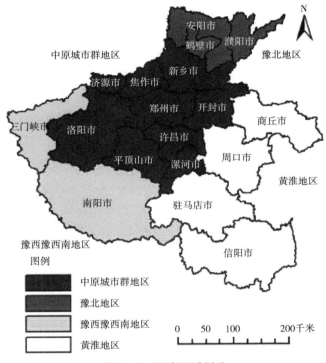

图 2－3　河南区域划分

1. 研究方法

（1）泰尔指数。本节采用泰尔指数来研究基于不同尺度的河南区域经济差异，分别测算县级、市级、区级三个尺度的泰尔指数，并在县级尺度的基础上把泰尔指数分解为地区尺度上的区域间泰尔指数与区域内泰尔指数，以此来分析中原城市群地区、豫北地区、豫西豫西南地区、黄淮地区四个地区之间的经济差异与这四个地区内部的经济差异。公式如下：

$$T = \sum_{i=1}^{n}\left(\frac{P_i}{P}\right)\log\left(\frac{P_i/P}{Y_i/Y}\right) \qquad (2.3)$$

23

$$T_B = \sum_{i=1}^{M} \left(\frac{P_i}{P}\right) \log\left(\frac{P_i/P}{Y_i/Y}\right) \tag{2.4}$$

$$T_P = \sum_{i=1}^{N} \left(\frac{P_{ij}}{P_i}\right) \log\left(\frac{P_{ij}/P_i}{Y_{ij}/Y_i}\right) \tag{2.5}$$

式中，T 为泰尔指数；n 为河南区级、市级、县级三个尺度中每个尺度所对应的研究单元总数，如市级尺度共有十八个省辖市。T_B 为地区间泰尔指数，T_P 为地区内部未加权的泰尔指数，Y_i 为 i 地区的 GDP，Y 为全省的 GDP，P_i 为 i 地区的总人口，P 为全省总人口，M 为所分解地区的个数，N 为每个地区内县市的个数，Y_{ij} 为 i 地区内第 j 县的 GDP，P_{ij} 为 i 地区内第 j 县的总人口。

（2）马尔科夫链。本节在采用马尔科夫链进行分析计算时，采用的是不考虑年份的四分位分类法，按照人均 GDP 计算获得的分位点阈值，划分为富裕、发达、欠发达与贫困四种类别，分别对应核心 - 边缘结构中的核心、半核心、半边缘与边缘。将不同县级空间单元分成基于相对人均 GDP 的不同子类别，编号为 $1, 2, \cdots, N$，N 即代表所有类别的数量。记 X_n 为时刻 T_n 的县级相对人均 GDP，建立 $N \times N$ 维的转移概率矩阵 P，转移概率矩阵中的元素 (i, j, t) 指某个县在 t 时刻从 i 级别转变为 j 级别的概率，$P_{ij} = P(X_{n+1} = j / X_n = i)$，其中，$i, j = 1, 2, \cdots, N$。将 $t + 1$ 时刻某县相对人均 GDP 等级的概率表示为 S_{t+1}，方程如下：

$$S_{t+1} = P \times S_t \tag{2.6}$$

式中，P 指两个状态之间转换的 $N \times N$ 维转移概率矩阵。

（3）空间自相关。空间自相关主要用来研究区域之间的相关程度的大小，本节在对河南省经济差异的时空动态进行分析后，通过计算全局 Moran's I 来展现河南省区域经济发展的关联性及集聚特征。计算公式如下：

$$I = \frac{n}{\sum_{i=1}^{n} \sum_{j=1}^{n} W_{ij}} \frac{\sum_{j=1}^{n} (x_i - \bar{x})(x_j - \bar{x})}{\sum_{i=1}^{n} (x_i - \bar{x})^2} \tag{2.7}$$

计算出 Moran's I 之后，需对结果进行统计检验，一般采用 Z 检验。将变量 z 与其空间滞后向量 W_z 之间的相关关系，以散点图的形式加以描述，则构成 Moran 散点图，得到的散点图的四个区间分别对应四种不同的区域经济空间差异类型：高高集聚、低高集聚、低低集聚和高低集聚。

（4）多层次回归模型。本节运用空间多层次回归模型来研究河南省经济差异形成的机制。本节的多层次回归模型分为三个层次：第一个层次仅采用河南的县级相关数据合并回归，忽略核心－边缘类别和时间变量；第二个层级的模型包括县级数据和由马尔科夫链划分出的核心－边缘结构；第三个层次模型是在第二个模型的基础上增加了时间层级，选取的 6 个时间截面为1990 年、1995 年、2000 年、2005 年、2010 年、2013 年。空间多层次回归模型的公式如下：

$$y_{ijt} = \beta_0 + \beta_1 x_{ijt} + v_{0t} + \mu_{0jt} + e_{ijt} \tag{2.8}$$

式中，i 表示县的种类，即第 i 县，j 表示核心－边缘类别中为 j 类别，t 表示年份，β_0、β_1 为系数。y_{ijt} 表示在 t 年份时，第 i 县的人均 GDP 因变量，该县在核心－边缘结构中属于 j 类别，x_{ijt} 是第 i 县在 t 年份的自变量；v_{0t} 是在 t 年份的误差项；μ_{0jt} 为核心－边缘结构中 j 类别在 t 年份的误差项；e_{ijt} 则是第 i 县在 t 年份与在核心－边缘结构中 j 类别的误差项。

2. 数据来源

数据来自于《河南统计年鉴》《中国城市统计年鉴》和河南省各省辖市统计年鉴以及部分市、县、区公布的统计数据。另外根据研究的需要，一些未知数据则依据统计年鉴的部分数据进行计算整理获得，如为满足不同尺度中的区级尺度研究，将区级中包含的各地区人均 GDP 推算加总得到，一些人均 GDP 数据通过国内生产总值除以总人口数计算得出。

在选取的数据指标上，河南的区域经济差异多尺度研究采用各尺度的GDP 和总人口，区域经济差异的时空演变以及时空关联性的研究均采用人均 GDP 指标。对河南的经济差异多机制研究主要从投资水平、市场活跃度、分权化、产业结构、劳动力资源、资源禀赋、受教育水平、城乡分异、地形因素几个方面进行。投资水平指标选用数据为固定资产投资总额，市场活跃度采用人均社会消费品零售总额，产业结构选取的是非农产业总产值，分权化选取的是人均预算财政支出，劳动力资源指标选用的数据为从业人口数，资源禀赋选用的是耕地面积，表示受教育程度大小的数据为普通中学学生数。城乡分异和地形因素为两个虚拟变量，城市地区赋值为 1，乡村地区赋值为 0，平原地区赋值为 1，山区赋值为 0。

3. 河南区域经济差异的多尺度时空分析

以 GDP 和总人口为指标，分别计算河南的区级、市级、县级的泰尔指数。泰尔指数的大小表示区域经济差异的大小，泰尔指数越大，表明区域间的差异越大。区级、市级、县级各个尺度不同年份的经济差异有变动，三个尺度间的经济差异也有较大不同。

从地区级的尺度来看，表示中原城市群地区与其外围地区差异的泰尔指数随着年份处于不断的波动变化中（见图 2-4）。泰尔指数最大值为 0.161，最小值为 0.093。从 1992 年到 1996 年，经济差异呈现曲折上升趋势，从 1996 年到 1997 年快速下降。自 1997 年以后呈现波动性增长直到 2009 年，在 2010 年处出现一个波谷。地区之间的经济差异波动与影响其发展的各种因素都有一定关系。中原城市群的各个城市有较好的发展基础，其资源、区位、交通、政策等优势的发挥使其取得了迅速的发展，使得地区间的差距逐渐扩大。郑州、洛阳、开封等城市的发展使中原城市群经济实力不断壮大，使其与周围城市的差距也有所拉大。泰尔指数近年来有下降的趋势，伴随着中原城市群的快速发展，鹤壁、安阳、三门峡等市积极调整城市功能定位和产业发展方向，发挥区域比较优势和特色领域，加快融入中原城市群的步伐，使各城市协同发展。另外，新型城镇化、农业现代化、工业现代化的积极推进，也使得商丘、周口、信阳和驻马店等地区加快城镇化的进程，采用新型农业生产方式，加快工业生产方式的转型，促使经济迅速发展，缩小了与其他地区的差距。

图 2-4　河南基于地区尺度的经济差异

从市级尺度来看，泰尔指数呈现明显的波动性变化（见图 2-5）。最大值为 0.179，最小值为 0.102。大致可以分为以下几个阶段：从 1992 年到 1996 年为上升阶段，1996 年到 1997 年为下降阶段，1997 年到 2009 年一直平缓上升，直到 2010 年出现下降，2010 年以后呈现上升趋势。总体来说，市级的泰尔指数变化是比较曲折的，该变动说明各省辖市之间的经济差异在各个年份差距的变化是比较明显的。各省辖市的发展基本代表了每个区域的基本发展水平，受到地理环境、政策等方面的影响，每个省辖市在各个时期的发展都有一定差异。历年来泰尔指数急剧性的变化仅仅出现在少数年份，在大部分时期内的差距并没有显著扩大。

图 2 - 5　河南基于市级尺度的经济差异

从县级尺度上来看，各县的泰尔指数起伏的变化相对较为平缓，但是有一定的起伏波动（见图 2 - 6）。泰尔指数最大值为 0.246，最小值为 0.153。从整体上看，前期变化波动较大，后期变化相对平缓。1992年到 1996 年为上升阶段，1996 年到 1999 年为下降阶段，1999 年之后呈现平缓的波动现象，没有较大幅度的增减。在 2010 年下降之后至今的时期，又不断上升。从整个图中可以看到，泰尔指数值较大的年份集中于 20 世纪 90 年代后期，在这个时期，随着改革的不断深入，很多企业建立了现代企业制度，其技术、管理、人才等优势得到充分的发挥，乡镇企业的增加值也不断提高，从业人员也一直递增。河南的一些县市抓住优势，提高经济发展质量，取得了巨大的成就。一些县市发展水平相对落后，资源、劳动力等向一些发达县市转移，发展受到一定程度阻碍，从而加大了该时期的区域经济差异。进入 21 世纪以来，县市间的差距基本不变甚至在一步步缩小，这说明人们已经开始意识到协调发展的重要性。河南省"十一五"规划提出要促进中心发达城市带动并大力支持其他城市的开发，加快改变城乡二元结构，尤其是大力发展县域经济，这些举措对一些落后县域的开发起到了关键作用，从而逐步缩小了各县市之间的差异。

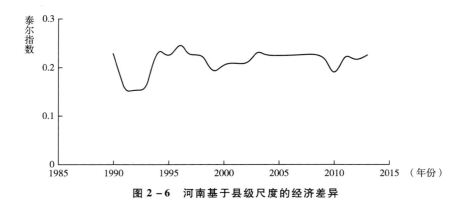

图 2 - 6　河南基于县级尺度的经济差异

从三个尺度综合来看，不同的尺度随着年份呈现不同的变化特征，其中不同尺度间也有一定的差异（见图 2 - 7）。具体特征如下：区级、市级、县级的泰尔指数随着时间呈现不同的变化态势，均有一定的波动，大体上呈现的都是先上升后下降的趋势，在平稳中升至 2009 年，均在 2010 年出现一个下降的波谷；泰尔指数的大小是县级大于市级，市级大于区级，尺度越小，泰尔指数越大。通过三者的对比，可以说明区域经济差异和地理尺度有较大的关系，地理尺度越小，区域之间的经济差异就越大。综上所述，区域经济差异随着时间的变化出现一定差别，并且与地理尺度相关联，地理尺度不同，区域之间经济差异程度也就相异。

在县级尺度的基础上把人口比重加权的县市泰尔指数分解为地区尺度上的区域间泰尔指数与区域内泰尔指数，即得到各地区内部的泰尔指数与地区间的泰尔指数（见图 2 - 8）。本节把河南划分为中原城市群地区与其外围的豫北地区、豫西豫西南地区、黄淮地区四个区域。由分解结果可知，这四个区域之间的泰尔指数大小随着年份均呈现波动性变化，中原城市群内部的泰尔指数与其外围各地区内部的泰尔指数变化有相同的规律，整体上都是先波动性上升，然后再短期内下降，最后趋于平缓波动。中原城市群内部的泰尔指数在整个时间段内的最小值为 0.048，最大值为 0.106，外围地区内部的泰尔指数均低于这一水平。中原城市群地区内部泰尔指数在 1996 年以前波动性较大，大致呈上升趋势，1996 年以后开始平缓下降，2000 年后在 0.065 到 0.085 的范围内小幅度波动。豫北和黄淮地区内部泰尔指数大致可以分为两个阶段，1997 年之前稍有波折性的上升，1997 年后快速下降，自 2000 年以后各地区均呈现平缓的变动，变动的幅度很小，黄淮地区在 0.04

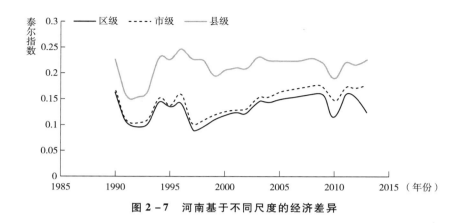

图 2 - 7　河南基于不同尺度的经济差异

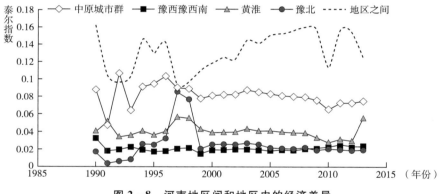

图 2 - 8　河南地区间和地区内的经济差异

的水平小幅变化，2009 年之后有稍大幅度的下降；豫北地区自 2000 年之后基本在 0.02 的水平平缓变动。豫西豫西南地区内部的泰尔指数是变化幅度最小的，整个过程没有大幅度的增长或降低，变化频率少，整个轨迹基本是沿着 0.02 的水平线延伸的。四个地区之间泰尔指数的变化经历了 1991 年到 1996 年的波动性上升，1996 年到 1997 年的快速下降，1997 年之后的不断上升，上升期间在 2010 年有一次幅度较大的下降过程。从整体来看，地区间的泰尔指数大致呈现不断增长的态势，只是在近几年会出现在某个年份大幅度下降的现象。

　　由对以上数据与图表的分析可知，中原城市群地区内部的泰尔指数要大于中原城市群外部区域，所以中原城市群地区内部的差异要大于外围地区内部的差异。就河南划分出的四个地区而言，中原城市群地区的经济发展水平要高于其他三个地区的发展水平，因此，对河南的这些地区而言，较发达地区的内部经济差异要大于相对落后地区内部之间的经济差异，致力于缩小发达地区的经济差异对缩小整个省份的经济差异有很大帮助。由得出的数据可知，四个地区之间的经济差异要大于地区内部之间的差异，所以对县级尺度上整个河南的经济差异而言，四个地区之间的差异贡献率较大。这四个地区分别由位于不同区域的各个省辖市构成，各个区域均有自身发展的优势，在所研究的年份，就四者之间基于 GDP 水平的泰尔指数而言，其差距变化的规律大致相同。但是就发展的趋势来看，区域之间差异扩大的趋势十分明显。所以在针对缩小两大地区之间差异的问题上应该要特别重视，在极力促进中原城市群地区的发展时，应该使其发挥强大的辐射带动作用。外围的各个地区也应该寻求发展机遇，发挥特色优势，促进本地区既快速又协调地发展，逐步缩小与较为发达的中原城市群地区的经济差异。

4. 河南区域经济差异的动力机制

基于以上对河南经济差异的多尺度研究，不难发现河南的经济发展存在明显的核心－边缘结构，经济差异与地理尺度和时间都有关系。形成这些经济差异的原因有很多，不同原因对经济差异的各种结果的作用程度也不相同。以往的研究表明，对河南而言，由地形因素与资源禀赋造成的自然地理环境差异，投资水平以及分权差异带来的区域发展战略的影响，产业结构与所有制结构带来的经济结构的差异，教育水平、地区差别导致的文化观念和劳动力资源的差异等都是造成河南经济发展水平差异的因素。吴乐英、苗长虹[①]的研究表明不同地区自然环境的差异是导致各区域经济差异的客观因素；投资政策的差别对市域的发展具有重要的意义；产业结构的差别是造成地区经济发展相异的重要因素；人口素质和人口数量的差别对区域经济差异的演变有一定的贡献。赵淑玲[②]通过研究也得出河南经济差距逐渐扩大的影响因素主要有资源禀赋、区位条件、社会经济基础、区域经济发展政策等。基于以往的研究结果，本节较全面地选取了可能对河南区域经济差异造成影响的各种因素，采用多层次回归模型的方法，分

---

① 吴乐英、苗长虹：《河南省区域经济差异与协调发展研究》，《河南科学》2012 年第 3 期。
② 赵淑玲：《河南区域经济差异及协调发展的对策》，《郑州航空工业管理学院学报》2008年第 4 期。

三个层次来分析投资水平、市场活跃度、分权化、产业结构、劳动力资源、资源禀赋、受教育水平、城乡分异、地形因素这些动力机制对河南经济差异的影响。

首先对建立好的模型进行回归分析，由得到的结果可以看出（见表2-5），用于解释人均GDP的总方差为0.936，该模型的拟合效果非常好，并且F值十分显著，表明了该模型所选取的投资水平、市场活跃度、分权化、产业结构、劳动力资源、资源禀赋、受教育水平、城乡分异、地形因素这些解释变量能够有效地解释人均GDP的变化。从表2-5中可以看出，这些解释变量的方差膨胀因子均不超过10，这说明这些解释变量不存在多重共线性情况。

表2-5 多层次回归模型参数

回归统计	方差膨胀因子（VIF）			
R² = 0.936 F值 = 1200.805 F显著性水平 < 0.0001	投资水平	8.412	资源禀赋	1.532
	市场活跃度	4.428	受教育水平	2.136
	分权化	1.432	城乡分异	1.417
	产业结构	9.094	地形因素	1.110
	劳动力资源	2.267		

从多层次回归模型的结果中（见表2-6），可以看出三层模型的结果是不一样的，从似然比的检验可以得知，一层模型可以解释93.6%的总体因变量，从一层模型到二层模型逐步减小，P值小于0.0001，二层模型到三层模型也是逐步减小的，P值小于0.0001。因此，二层模型添加的贫困、欠发达、发达、富裕不同等级的核心-外围结构，与河南的经济差异有一定关联，三层模型添加的1990年、1995年、2000年、2005年、2010年、2013年时间截面对河南的经济差异也有一定影响。

表2-6 多层次模型分层回归结果

指　标	一层模型（县级）		二层模型 （县级、核心边缘）		三层模型 （县级、核心边缘、时间）	
	系　数	P　值	系　数	P　值	系　数	P　值
投资水平	0.175	< 0.0001	0.195	< 0.0001	0.083	0.0001
市场活跃度	- 0.121	0.0002	- 0.161	< 0.0001	- 0.332	< 0.0001
分权化	0.089	< 0.0001	0.076	0.0004	0.063	0.0013

指 标	一层模型（县级）		二层模型 （县级、核心边缘）		三层模型 （县级、核心边缘、时间）	
	系 数	P 值	系 数	P 值	系 数	P 值
产业结构	0.952	<0.0001	0.946	<0.0001	0.937	<0.0001
劳动力资源	−5.931	0.0689	−3.792	0.1172	−2.454	0.1539
资源禀赋	20.893	<0.0001	20.336	<0.0001	9.386	<0.0001
受教育水平	63.299	0.0389	42.849	0.0822	−44.836	0.0823
城乡分异	−2815.099	<0.0001	−2820.338	<0.0001	−1501.917	<0.0001
地形因素	−309.528	0.0235	−266.591	0.0386	−249.809	0.0362
−2log likelihood	14339.114		14326.412		14231.148	
Adjust − r²	0.936		似然比检验<0.0001		似然比检验<0.0001	

投资水平在三个模型中的 P 值均小于 0.0001，因此固定资产投资对于河南的经济发展有着重大的影响。对任何地方来说，投资水平越高，对经济发展的促进作用越好，而各个区域投资力度的大小也会进一步影响各期区域的发展水平。所以，河南的经济差异有很大一部分是由投资水平的差异造成的。就河南的投资方式来看，对一些基础设施较好、自身发展势头正旺的行业投入较大，工业投资一直是投资的主要方面，尤其对一些高成长性制造业、高载能行业的投资在逐步加大中。这对一些工业集聚区、产业园区集中的区域来说，其经济增长会持续加快，而对工业化落后，生产方式还集中在第一产业上的区域，其经济增长速度会相对落后，从而进一步加大区域之间的差距。但是三层次中的 P 值有所扩大，说明加入时间层次后，显著性逐渐降低，投资水平对经济差异的作用稍稍减弱，原因在于近年来，为了扶持贫困地区的发展，防止贫富差距的进一步扩大，政府对贫困地区的支持力度加大，在其生产方式的转变、技术水平的提高、基础设施的改善等方面的投资不断提高，这一定程度上缩小了区域之间的经济差异。

市场活跃度在三个层次当中有持续的显著性持续增长，P 值在第一层次为 0.0002，第二、三层次均小于 0.0001。由市场活跃度的系数均为负值可以得出它对河南经济差异的作用表现为负相关。河南各地区不论经济水平的高低，市场活跃度都在不断提高。河南的一些经济水平相对比较落后的地区，比如驻马店等，利用自己粮油生产基地的优势，抓住产业转移的机遇，举办各种乡镇企业经贸洽谈会。一些重工业资源开采型的区域，逐渐减小对传统产业的依赖程度，开始寻找新的经济增长点，大力推动高新技术产业的发展。所以说各个区域市场活跃度同步扩大的状态并没有使市场因素成为拉大区域经济差异的动力机制。另外，河南对乡镇企业、民营企业的支持，以及对农村以及个人金融贷款等方面的优惠，促进了各个区域的民营企业的发展，而且使其在各个区域内的发展较为平衡。因此，市场影响对区域经济差异有一定的削弱作用。

分权化在第一层次的影响的显著水平小于0.0001，在第二、三层次分别为0.0004、0.0013，显著性均较为明显。在加入第二、三层面后，其显著水平有逐渐减弱的趋势，这说明分权化对河南经济差异在核心－外围结构与时间层面上有一定影响。分权化与河南经济差异正相关，对河南区域经济差异有一定加强作用。分权化是指上级政府把权力转移到地方政府的程度，政府权力的下放可以使地方政府自主利用权力，对该区域的经济发展进行规划设计。这样可以使地方政府充分利用手中的权力，根据本区域的发展特点，把资金、技术、人力资源用到急需的地方，有助于发挥地方的优势，有针对性地促进地方的快速发展。但是，权力下放地方政府以后，会出现地方保护主义，各个区域的发展会更多考虑到自身的经济利益。于是其他一些在地理位置、交通条件、资源和劳动力等方面处于不利地位的区域，经济发展会受到限制，这样一来，区域之间的发展就会很不平衡，出现快慢不同的发展，从而使得经济差异进一步扩大。

产业结构对河南的经济发展具有很重要的作用，在三个层次中都比较显著。就河南经济发展等级的空间分布而言，其呈现明显的核心－外围结构。富裕区域大部分处于中部、北部地区，这些地区的产业以第二、第三产业为主，位于河南东南部的地区较为贫穷，第一产业在这些地区占有重要地位。第二、第三产业较为发达的区域在已有的基础上，发展的速度持续加快，中部地区在中原城市群战略的支持下，生产力布局构架以京广、陇海大"十"字为骨架，以黄河经济带为内聚外联轴线，极大提高了生产力。在工业化、城镇化进程的推动下，一些第一产业占重要地位的地区经济水平也得到较大提高，但与非农产业较为发达的区域相比，差距还是较大。所以，产业结构是造成经济差异的重要因素。

劳动力资源与受教育水平在该模型中相比其他因素显著性比较低，这两个因素的显著性在第一层有较低的显著性，在加入两个层次后就不具有显著性。这说明劳动力资源与受教育水平对经济差异的影响受到核心－外围结构与时间层次的影响。劳动力资源的系数为负值，表现为负作用。河南是人口大省，劳动力资源十分富足，劳动力向劳动力资源贫乏的区域流动，在一定程度上为生产力较低的地区注入了力量，有助于弱化经济差异。受教育水平在加入时间层次后，虽然显著性较低，但是系数变为负值，在一定程度上也说明了随着时间的推移，知识的重要性对河南经济发展的影响慢慢浮现，受教育程度的提高，对河南的协调发展会逐渐起到推动的作用。

资源禀赋与城乡分异在多层次模型中的三个层次中 P 值都小于 0.0001，显著性十分明显。地形因素在三个层次中 P 值分别为 0.0235、0.0386、0.0362，具有一定的显著性。相对于其余的经济指标而言，这三个因素在指标当中偏向于地理环境与人文方面，由模型中得出的结果可知，这些指标对河南经济差异同样有重要的影响。每个地区所处的地理位置是否具有较好的资源禀赋，其隶属的城乡类别，以及是否具有适合经济向外扩张的有利的地形地貌，都与区域的经济发展有关联性。资源禀赋与经济发展差异呈现正相关，因此各区域资源禀赋带来的差异会扩大经济差异。城乡分异和地形因素的系数均为负，因此城乡与地形的影响对河南区域经济差异的进一步扩大有阻碍的作用。

第三节 河南区域经济协调发展度及其演变

一 区域经济协调发展研究现状

20 世纪 90 年代中期至今，区域经济协调发展一直是区域经济学研究的热点话题之一，是世界各国也是我国经济发展中一直非常关心的问题。我国在"九五"计划时就提出关于区域经济协调的概念并进行了详细的阐述，随后"十五"计划、"十一五"规划又在此基础上进行了进一步的完善。"十二五"规划对区域经济协调发展含义的阐述已经比较完善，提出区域经济协调发展就是要充分发挥地区比较优势，深化地区之间的合作，从而促进生产要素在区域之间合理流动，推进区域之间的良性互动发展，逐步缩小区域发展的差距。

随着国家对区域经济协调发展的关注，大批学者开始从事对区域经济协调发展的研究。我国学者对区域经济协调发展的研究最早可以追溯到 1989 年[1]，到目前为止关于区域经济协调发展的文献已经有数万篇，但是对区域经济协调发展的研究仍然存在许多不足。第一，大多数研究还是对区域经济协调发展的定性分析，对区域经济协调发展的定量分析较少[2]。第二，对区域经济协调发展的研究已经涉及区域经济协调发展的概念、评价、对策、功能及机制等各个方面，但是对区域经济协调发展的概念没有标准化的定义[3]，目前大多数学者认为区域经济协调发展是一种"过程"，强调区域之间联系的密切，分工的合理，各个区域经济的整体增长，区域间差异逐渐减小的状态和过程，强调区域经济的协调发展是指区域之间的协调而不是区域内部的协调。另外，因为没有统一的定义，所以导致对区域经济发展是否协调的判断标准不一，对区域经济协调发展度测算的研究较少，关于区域经济协调度的测算方法，我国学者对此研究比较成熟的有覃成林和张伟丽。覃成林等以区际经济联系、区域经济增长、区域经济差异为指标，使用平均赋权法将三个指标综合成一个指标来反映区域经济协调度[4]。张伟丽等则将区域协调度的测算扩展到地级市[5]。第三，部分较少对区域经济协调发展进行定量分析的学者缺乏对区域协调发展度分布格局及演进的研究[6]。

与大多数学者一样，本节认为区域经济协调发展是区域之间联系逐渐密切，分工更加合理，各个区域经济整体增长，区域间差异逐渐减小的状态和过程。接下来，本节将用经济水平差异、经济增长速度差异、空间联系程度三个指标作为判断区域经济协调发展的标准，用主成分分析的方法确定三个指标的权重，以此来测算河南区域经济协调发展度，定量分析河南区域经济协调发展的空间分布格局及演化趋势。

---

① 姚富：《刍议东、中、西区域经济协调发展》，《经济问题探索》1989 年第 11 期。
② 蒋清海：《区域经济发展的若干理论问题》，《财经问题研究》1995 年第 6 期。
③ 周绍杰等：《区域经济协调发展：功能界定与机制分析》，《清华大学学报》（哲学社会科学版）2010 年第 2 期。
④ 覃成林等：《我国区域经济协调发展的趋势及特征分析》，《经济地理》2013 年第 1 期。
⑤ 张伟丽等：《中国行政区经济协调发展的空间格局及演化分析》，《经济地理》2013 年第 6 期。
⑥ 陈红霞等：《京津冀区域经济协调发展的时空差异分析》，《城市发展研究》2010 年第 5 期。

二　研究方法

本节借鉴覃成林、张伟丽等学者的相关研究，认为区域经济协调发展是指在区域之间经济联系日益密切，经济相互依赖日益加深，经济发展上关联互动和正向促进，各区域的经济均持续发展且经济差异趋于缩小的过程（见表 2 – 7）。

表 2 – 7　区域经济协调发展的三个维度

判断标准	行政区经济协调发展内涵
区域经济联系	区域间经济联系日益紧密、经济相互依赖日益加深
区域经济增长	经济发展上关联互动和正向促进
	各区域的经济均持续发展
区域经济差异	区域间经济差异趋于缩小

因此，可以用经济水平差异、经济增长速度差异、空间联系程度作为判断区域经济协调发展的标准，用经济增长水平变异系数来测算经济水平差异，用区域经济增长率变异系数测算经济增长速度差异，用 Moran's I 指数来测算空间联系程度。

另外，本节认为经济水平差异、经济增长速度差异、空间联系程度这三个指标对判断区域经济协调发展的影响可能不同，为了使计算的结果更加精确，本节将三个指标标准化并运用 SPSS 软件对三个指标做主成分分析，求出经济水平差异、经济增长速度差异、空间联系程度，计算 2000～2013 年方差贡献率的平均值，将其作为相应指标的权重，从而将三个指标综合成一个来测算区域协调发展程度。最后，运用区域经济协调发展度函数，根据区域协调发展程度的实际值 z 和期望值 $\hat{z}$ 来计算出整个区域经济协调发展度 U。

1. 河南区域经济增长水平变异系数计算

$$V_{uw} = \frac{\sqrt{\dfrac{\sum\limits_{j}(x_j - \bar{x})^2}{n}}}{\bar{x}} \tag{2.9}$$

经济增长水平变异系数计算公式如（2.9）所示。其中，x_j 为河南省辖市或者县级市 j 的人均 GDP，$j = 1,2,\cdots,n$；$\bar{x}$ 为省辖市各县域及县级市的人均 GDP 的平均值；n 为各个省辖市所包含的县及县级市的总个数。

2. 河南区域经济增长率变异系数计算

$$\beta_t = \frac{\sqrt{\dfrac{\sum\limits_{j}(y_j - \bar{y})^2}{n}}}{\bar{y}} \quad (2.10)$$

河南区域经济增长率变异系数计算公式如（2.10）所示。其中 B_t 表示 t 年各省辖市 GDP 增长率的变异系数，y_j 为省辖市某县或县级市 j 的 GDP 增长率，$j = 1，2，\cdots，n$；$\bar{y}$ 为省辖市包含的 n 个县及县级市的 GDP 的平均增长率。变异系数越大，表明省辖市内县及县级市区域经济增长的相对差异越大，反之，则表明省辖市内县及县级市区域经济增长的相对差异越小。

3. Moran's I 指数计算公式

$$I = \frac{n}{\sum\limits_{i=1}^{n}\sum\limits_{j=1}^{n}W_{ji}} \times \frac{\sum\limits_{i=1}^{n}\sum\limits_{j=1}^{n}W_{ij}(x_i - \bar{x})(x_j - \bar{x})}{\sum\limits_{i=1}^{n}(x_i - \bar{x})^2} \quad (2.11)$$

Moran's I 指数计算公式如（2.11）所示。其中，n 为省辖市所包含的县及县级市的数量，变量 x_i、x_j 分别代表某固定年份 i 县域与 j 县域的人均 GDP，$\bar{x}$ 为对应年份的人均 GDP 的平均值，W_{ij} 是 i 县域与 j 县域的空间相邻权重矩阵。若 Moran's I 的值 $I > 0$，则表示 i 县域与 j 县域的经济增长呈正相关，表明县域之间的区际经济联系密切；反之，如果 Moran's I 的值 $I < 0$，则表示 i 县域与 j 县域的经济增长呈负相关，表明县域之间的区际经济联系弱。

4. 区域协调发展度的计算

$$U = \exp\left\{-\frac{(z - \hat{z})^2}{s}\right\} \quad (2.12)$$

区域协调发展度计算公式如（2.12）所示。其中，z 为某年份某省辖市区域经济协调发展的实测值，$\hat{z}$ 为省辖市区域经济协调发展的期望值，我们将同一时间段各个省辖市区域协调发展度标准化以后的最大值作为期望值，s 为区域经济协调度的标准差。计算后最终得到的区域经济协调发展度 U 的数值在 0~1，数值越大表明省辖市区域经济区域协调度越高，反之数值越小则表明省辖市区域经济协调度越低。

三 河南区域经济协调发展度计算结果

1. 河南区域经济水平差异测算

本节通过计算得到河南各个省辖市的经济增长水平变异系数，见表 2 -

8，从而得出河南省辖市的经济水平差异状态。

表 2 - 8　河南区域经济经济增长水平变异系数

省辖市＼年份	2000	2001	2002	2003	2004	2005	2006	2007	2008	2009	2010	2011	2012	2013
郑　州	0.247	0.246	0.244	0.257	0.262	0.242	0.196	0.279	0.185	0.156	0.136	0.117	0.093	0.107
开　封	0.084	0.073	0.083	0.084	0.092	0.142	0.148	0.331	0.203	0.194	0.125	0.111	0.105	0.097
洛　阳	0.556	0.568	0.543	0.559	0.568	0.488	0.474	0.424	0.413	0.384	0.396	0.399	0.414	0.351
平顶山	0.342	0.326	0.341	0.361	0.402	0.402	0.415	0.454	0.475	0.405	0.398	0.387	0.369	0.349
安　阳	0.184	0.316	0.187	0.203	0.23	0.266	0.47	0.449	0.347	0.49	0.474	0.477	0.453	0.32
鹤　壁	0.397	0.407	0.418	0.413	0.443	0.466	0.49	0.486	0.536	0.507	0.485	0.46	0.494	0.491
新　乡	0.253	0.377	0.383	0.393	0.384	0.432	0.481	0.541	0.566	0.588	0.584	0.59	0.505	0.509
焦　作	0.21	0.218	0.239	0.229	0.191	0.159	0.157	0.161	0.178	0.181	0.213	0.246	0.283	0.258
濮　阳	0.107	0.064	0.068	0.075	0.064	0.062	0.07	0.075	0.065	0.044	0.052	0.056	0.045	0.074
许　昌	0.332	0.337	0.333	0.33	0.273	0.197	0.23	0.223	0.175	0.16	0.172	0.199	0.225	0.226
漯　河	0.279	0.262	0.24	0.254	0.257	0.277	0.26	0.231	0.227	0.288	0.262	0.181	0.2	0.203
三门峡	0.303	0.25	0.348	0.375	0.409	0.496	0.503	0.517	0.537	0.558	0.566	0.587	0.556	0.77
南　阳	0.237	0.242	0.246	0.246	0.229	0.256	0.269	0.29	0.285	0.314	0.327	0.35	0.324	0.328
商丘市	0.123	0.109	0.14	0.24	0.277	0.282	0.295	0.278	0.317	0.281	0.255	0.279	0.254	0.246
周　口	0.283	0.294	0.284	0.277	0.243	0.241	0.238	0.24	0.212	0.197	0.183	0.145	0.122	0.125
驻马店	0.252	0.266	0.239	0.261	0.237	0.222	0.23	0.223	0.254	0.261	0.389	0.214	0.219	0.23
信　阳	0.213	0.237	0.222	0.236	0.216	0.224	0.203	0.202	0.173	0.158	0.149	0.154	0.155	0.154

注：由于济源的数据不全，故未包括济源，下同。

　　结果发现各个省辖市的经济水平差异表现不同，为了更直观地表现区域经济水平差异的大小，现求出各省辖市经济水平差异系数2000～2013年的平均值，见图2-9。可以看出，经济水平差异较大的区域有三门峡、新乡、鹤壁、洛阳、平顶山、安阳，而濮阳、开封、郑州、信阳、周口的区域经济差异较小。

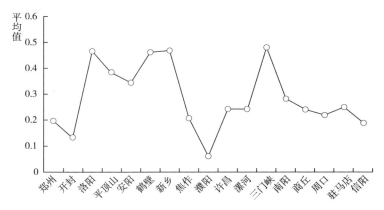

图 2 - 9　河南省区域经济水平差异

2. 河南区域经济增长速度差异测算

本节通过计算各个省辖市区域经济增长率变异系数得到各省辖市经济增长速度差异，结果见表 2 - 9。从表 2 - 9 中可以发现各个省辖市的区域经济增长速度差异总体不大，2004～2013 年经济增长率变异系数的平均值大多集中在 0.2～0.3。相对来说，漯河、郑州、鹤壁、开封、信阳的区域经济增长速度差异较小，南阳、周口、商丘、安阳的区域经济增长速度差异相对来说较其他区域大一些。

表 2 - 9　河南区域经济增长率变异系数

地市 \ 年份	2000	2001	2002	2003	2004	2005	2006	2007	2008	2009	2010	2011	2012	2013
郑　州	0.167	0.158	0.173	0.160	0.165	0.149	0.191	0.106	0.103	0.172	0.147	0.176	0.127	0.116
开　封	0.180	0.197	0.271	0.194	0.168	0.327	0.186	0.327	0.186	0.133	0.169	0.158	0.100	0.118
洛　阳	0.362	0.272	0.315	0.359	0.233	0.260	0.159	0.253	0.244	0.271	0.242	0.200	0.255	0.248
平顶山	0.188	0.212	0.239	0.469	0.264	0.153	0.172	0.230	0.127	0.258	0.243	0.517	0.251	0.271
安　阳	0.266	0.064	0.124	0.396	0.251	0.229	0.176	0.356	0.289	0.744	0.192	0.210	0.297	0.654
鹤　壁	0.194	0.009	0.116	0.044	0.150	0.175	0.179	0.030	0.336	0.141	0.211	0.126	0.104	0.004
新　乡	0.698	0.301	0.433	0.493	0.241	0.389	0.256	0.292	0.125	0.271	0.185	0.143	0.252	0.259
焦　作	0.130	0.197	0.257	0.352	0.169	0.141	0.208	0.233	0.287	0.254	0.314	0.154	0.289	0.269
濮　阳	0.258	0.225	0.087	0.493	0.122	0.308	0.113	0.151	0.205	0.239	0.206	0.206	0.204	0.373
许　昌	0.203	0.045	0.067	0.085	0.232	0.254	0.197	0.168	0.227	0.241	0.215	0.200	0.141	0.100
漯　河	0.181	0.133	0.176	0.230	0.009	0.147	0.106	0.139	0.040	0.197	0.143	0.173	0.132	0.033

年份\地市	2000	2001	2002	2003	2004	2005	2006	2007	2008	2009	2010	2011	2012	2013
三门峡	0.243	0.272	0.279	0.253	0.281	0.250	0.150	0.182	0.262	0.259	0.139	0.217	0.139	0.269
南　阳	0.362	0.177	0.325	0.197	0.313	0.252	0.556	0.407	0.440	0.497	0.242	0.301	0.435	0.483
商　丘	0.638	0.249	0.617	0.304	0.203	0.234	0.431	0.208	0.234	0.397	0.124	0.278	0.253	0.154
周　口	0.457	0.373	0.197	0.319	0.315	0.538	0.319	0.512	0.216	0.420	0.536	0.532	0.363	0.256
驻马店	0.397	0.314	0.319	0.301	0.257	0.307	0.186	0.237	0.152	0.419	0.209	0.139	0.218	0.140
信　阳	0.359	0.327	0.241	0.304	0.142	0.187	0.237	0.134	0.115	0.319	0.109	0.116	0.211	0.106

3. 河南区域经济空间联系程度

本节通过计算 Moran's I 指数，得到河南各个省辖市内空间联系程度的结果。为了更加清晰地看出各区域经济空间联系程度的差异，Moran's I 标准化以后的结果见表 2－10。

表 2－10　标准化后的河南省区域经济 Moran's I 值

年份\地市	2000	2001	2002	2003	2004	2005	2006	2007	2008	2009	2010	2011	2012	2013
郑　州	1	1	0.978	1	1	1	1	0.654	1	1	0.929	1	0.997	0.741
开　封	0.185	0.199	0.191	0.182	0.072	0.068	0.076	0.053	0.028	0.080	0.087	0.032	0.058	0.098
洛　阳	0.509	0.461	0.552	0.587	0.480	0.540	0.501	0.534	0.479	0.450	0.458	0.553	0.524	0.487
平顶山	0.442	0.384	0.403	0.340	0.260	0.265	0.251	0.270	0.242	0.222	0.246	0.270	0.218	0.262
安　阳	0.487	0.501	0.458	0.409	0.404	0.448	0.418	0.445	0.398	0.371	0.385	0.452	0.348	0.396
鹤　壁	0.433	0.485	0.351	0.315	0.274	0.276	0.261	0.277	0.244	0.228	0.251	0.277	0.224	0.334
新　乡	0.371	0.271	0.262	0.272	0.144	0.228	0.222	0.230	0.161	0.159	0.184	0.182	0.162	0.334
焦　作	0.926	0.886	0.985	0.891	0.729	0.877	0.745	1	0.602	0.510	0.422	0.552	0.289	0.527
濮阳市	0.208	0.160	0.132	0.077	0.060	0.023	0.042	0.029	0.028	0.062	0.094	0.038	0.088	0.084
许　昌	0.467	0.362	0.351	0.351	0.318	0.386	0.370	0.308	0.242	0.221	0.255	0.341	0.256	0.354
漯　河	0.352	0.436	0.521	0.823	0.225	0.177	0.187	0.181	0.177	0.150	0.178	0.217	0.180	0.203
三门峡	0.683	0.611	1	0.816	0.938	0.936	0.732	0.603	0.935	0.967	1	0.333	1	1
南　阳	0.310	0.275	0.296	0.262	0.208	0.157	0.093	0.091	0.108	0.109	0.140	0.113	0.133	0.172
商　丘	0.189	0.136	0.123	0	0.067	0.026	0.033	0.096	0.034	0.030	0.065	0.044	0.059	0.085
周　口	0	0	0	0.027	0.034	0.011	0	0	0	0.039	0		0.032	0
驻马店	0.218	0.183	0.165	0.119	0.053	0.030	0.037	0.039	0.035	0.030	0.065	0.042	0.052	0.119
信　阳	0.184	0.152	0.140	0.059	0		0	0.006	0.003	0.012	0.010		0.010	0.057

4. 河南区域经济协调发展度

按照本节的计算方法，通过 SPSS 对经济水平差异、经济增长速度差异、空间联系程度三个指标进行主成分分析得到的方差贡献率平均值如表 2 – 11 所示。从大到小依次为空间联系程度方差贡献率 49.36%，经济水平差异方差贡献率 31.56%，经济增长速度差异方差贡献率 19.08%。

表 2 – 11　经济水平差异、经济增长速度差异、空间联系程度的方差贡献率

单位：%

指标 地区	经济水平差异 方差贡献率	经济增长速度 差异方差贡献率	空间联系程度 方差贡献率
河南	31.56	19.08	49.36

按照得到的方差贡献率作为权重得到区域经济协调发展度的实测值，通过区域经济协调发展度的计算公式最终得到河南区域经济协调发展度的结果，见表 2 – 12。

表 2 – 12　河南区域经济协调发展度

年份 地市	2000	2001	2002	2003	2004	2005	2006	2007	2008	2009	2010	2011	2012	2013
郑　州	1	1	1	1	1	0.999	1	0.790	1	1	1	1	1	1
开　封	0.567	0.537	0.524	0.560	0.252	0.279	0.353	0.093	0.173	0.281	0.313	0.260	0.295	0.410
洛　阳	0.212	0.187	0.290	0.262	0.299	0.326	0.351	0.356	0.267	0.338	0.311	0.391	0.235	0.519
平顶山	0.489	0.405	0.434	0.196	0.183	0.288	0.215	0.154	0.146	0.169	0.160	0.061	0.105	0.259
安　阳	0.686	0.704	0.774	0.461	0.491	0.548	0.275	0.198	0.233	0.066	0.223	0.231	0.097	0.196
鹤壁市	0.407	0.639	0.377	0.421	0.261	0.219	0.158	0.234	0.050	0.153	0.128	0.183	0.119	0.373
新　乡	0.218	0.191	0.173	0.129	0.147	0.111	0.114	0.072	0.073	0.063	0.070	0.073	0.045	0.209
焦　作	1	0.977	0.997	0.917	0.943	1	0.935	1	0.609	0.625	0.403	0.611	0.162	0.654
濮　阳	0.504	0.477	0.622	0.242	0.514	0.345	0.482	0.381	0.271	0.345	0.362	0.277	0.277	0.256
许　昌	0.516	0.556	0.517	0.521	0.379	0.557	0.514	0.455	0.319	0.371	0.377	0.404	0.301	0.602
漯　河	0.473	0.621	0.730	0.923	0.603	0.360	0.377	0.347	0.371	0.228	0.281	0.334	0.273	0.489
三门峡	0.747	0.664	0.949	0.784	0.787	0.698	0.539	0.363	0.534	0.662	0.767	0.100	0.642	0.695
南　阳	0.372	0.433	0.386	0.438	0.242	0.284	0.079	0.102	0.064	0.095	0.146	0.088	0.039	0.117
商　丘	0.235	0.376	0.192	0.171	0.205	0.187	0.084	0.194	0.093	0.103	0.216	0.099	0.095	0.244
周　口	0.097	0.078	0.193	0.154	0.128	0.077	0.140	0.066	0.138	0.122	0.064	0.058	0.094	0.210
驻马店	0.260	0.209	0.286	0.229	0.182	0.194	0.235	0.188	0.163	0.106	0.096	0.201	0.125	0.296
信　阳	0.293	0.202	0.329	0.208	0.266	0.250	0.210	0.238	0.231	0.181	0.266	0.238	0.139	0.321

从计算得到的结果来看，经济发展水平较高的郑州、焦作、三门峡的区域经济协调发展度较高；而经济发展水平较低的信阳、驻马店、商丘、周口、南阳、新乡、鹤壁的区域经济协调发展度较低。

第四节 河南区域经济发展格局演变时空趋势分析

一 地区人均经济发展水平的空间格局演变分析

图 2 - 10 为河南人均地区生产总值冷热点分布，从图中可以得出以下结论。

2000 年，郑州、平顶山、洛阳、济源、焦作 5 个省辖市处于热点地区。其中，郑州、洛阳的热点聚集度较高，这些热点地区主要分布在中部和西北部。信阳、驻马店、周口、商丘这 4 个省辖市处于冷点地区，主要位于河南省的南部，地区分布较为集中。

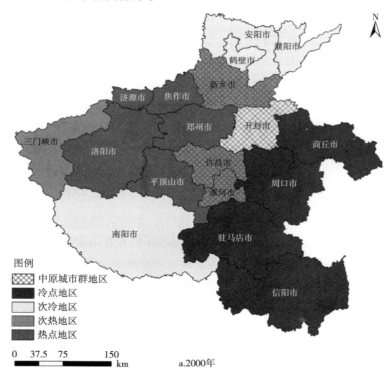

图例
中原城市群地区
冷点地区
次冷地区
次热地区
热点地区

0 37.5 75 150
km   a.2000年

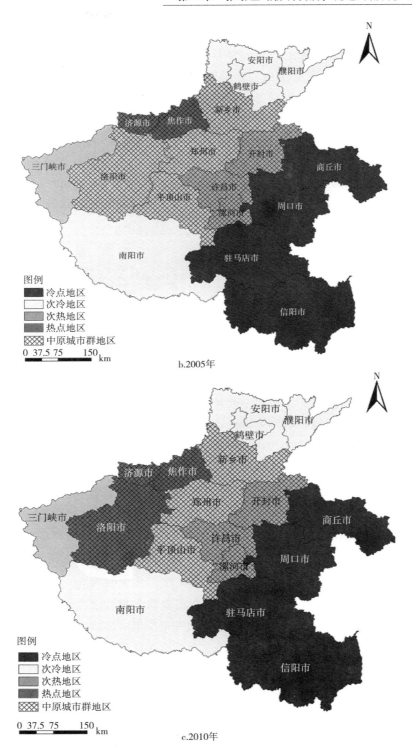

b.2005年

c.2010年

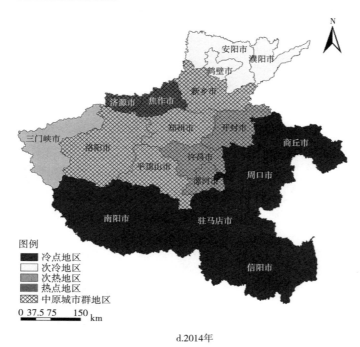

d.2014年

图 2 – 10   河南人均地区生产总值冷热点分布

2005 年，济源和焦作位于热点地区，郑州、平顶山、洛阳、三门峡、新乡 5 个省辖市处于次热地区。而信阳、驻马店、周口、商丘这些冷点地区人均地区生产总值较低，无法依靠自身的条件获得较快的经济发展，从而一直处于冷点地区。

2010 年，除了济源和焦作属于热点地区外，洛阳也由次热地区变为热点地区，而郑州、平顶山、三门峡、新乡 4 个省辖市仍然处于次热地区。信阳、驻马店、周口、商丘也一直处于冷点地区。

2014 年，热点地区又变为济源和焦作两个省辖市，而洛阳成为次热地区一员，郑州、平顶山、三门峡、新乡 4 个省辖市仍然处于次热地区。冷点地区除了信阳、驻马店、周口、商丘之外，又增加了南阳。

可以看出，河南各省辖市人均地区生产总值分布有一定规律，热点地区主要分布于西部和中部地区，冷点地区主要分布于南部地区。

二　区域经济增长速度的空间格局演变分析

经济增长速度可以反映地区的经济发展规模，通常用 GDP 来计算经济增长速度。我们通过对河南 18 个省辖市的地区生产总值和人均地区生产总值进行计算得出地区生产总值和人均地区生产总值的年均增长率，通过计算得出的年均增长率来反映各省辖市的经济增长情况，如图2-11所示。

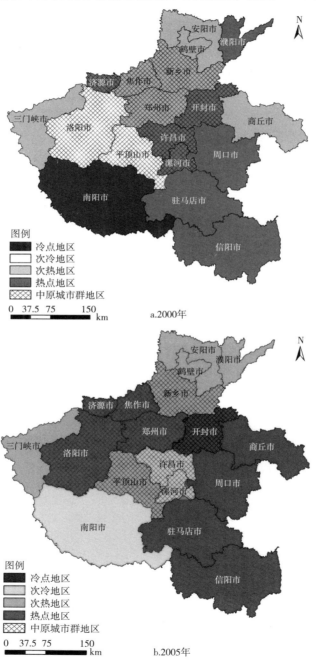

图例
■ 冷点地区
□ 次冷地区
□ 次热地区
■ 热点地区
⊠ 中原城市群地区

0 37.5 75 150
km
a.2000年

图例
■ 冷点地区
□ 次冷地区
□ 次热地区
■ 热点地区
⊠ 中原城市群地区

0 37.5 75 150
km
b.2005年

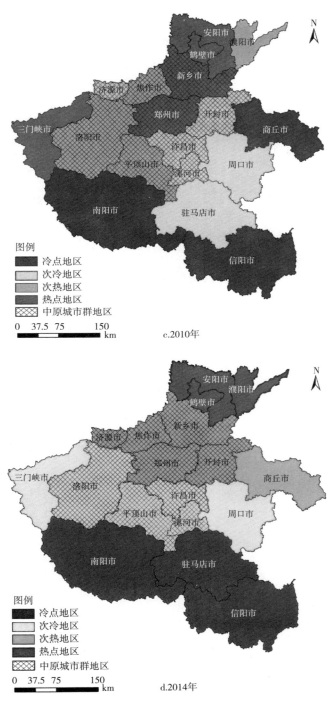

图 2-11　河南地区生产总值年增长率冷热点分布

2000 年，濮阳、济源、开封、许昌、漯河、周口、驻马店、信阳 8 个省辖市处于热点地区，地区生产总值年增长率较高，主要分布在南部。而洛阳、南阳、平顶山 3 个省辖市处于冷点或次冷地区，地区生产总值年增长率较低，主要分布在西部。

2005 年，郑州、洛阳、济源、焦作 4 个省辖市处于热点地区，这些地区主要分布在中部和西部。与 2000 年相比，开封、许昌、漯河、周口、驻马店、信阳由原先的热点地区转变为冷点或次冷地区，而洛阳则由次冷地区转变为热点地区。开封、商丘、周口、驻马店和信阳的地区生产总值年增长率较低，处于冷点地区。

2010 年，郑州、新乡、鹤壁、安阳、三门峡 5 个省辖市处于热点地区，主要分布在西部、中部和北部。商丘、信阳仍然位于冷点地区，而驻马店和周口的地区生产总值年增长率有所提高，两省辖市已变为次冷地区。相反，南阳则由次冷地区变为冷点地区。

2014 年，鹤壁、安阳、濮阳 3 个省辖市处于热点地区，主要分布在北部；济源、焦作、新乡、开封、郑州和商丘则属于次热地区；平顶山、漯河、三门峡、洛阳、许昌、周口属于次冷地区；南阳、驻马店和信阳则属于冷点地区。

除研究地区生产总值年增长率外，本节还对人均地区生产总值年增长率进行了分析，如图 2-12 所示。

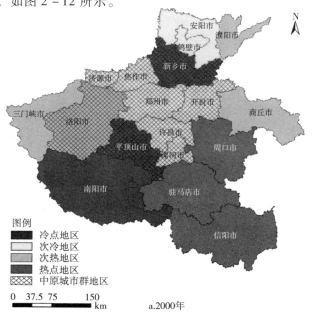

a.2000年

47

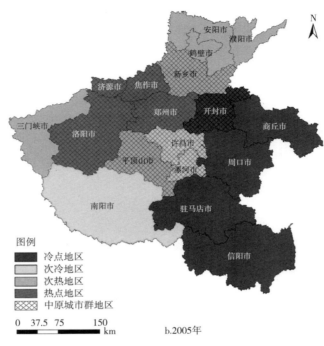

b.2005年

c.2010年

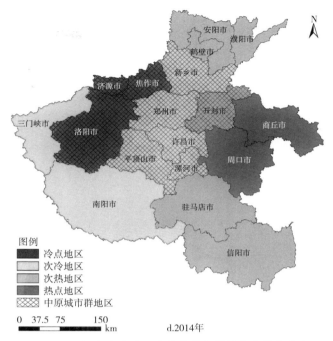

图 2 – 12　河南人均地区生产总值年增长率冷热点分布

2000 年，信阳、驻马店、周口 3 个省辖市处于热点地区，人均地区生产总值年增长率较高，主要分布在南部地区；三门峡、洛阳、濮阳和商丘属次热地区。新乡、平顶山、南阳处于冷点地区，主要分布在西部、中部和北部。可以看出，人均地区生产总值年增长率处于热点地区的省辖市较少，处于冷点地区的省辖市占据较大部分，说明河南人均地区生产总值增长缓慢，只有少数省辖市人均地区生产总值增长较快，但是这些省辖市并不是人均地区生产总值较高的地区。

2005 年，郑州、平顶山、洛阳、三门峡、济源、焦作、新乡、鹤壁、安阳、濮阳等省辖市处于热点地区或次热地区，主要分布在西北部、中部少数地区和北部，由东南向西北地区转移。其中，郑州、洛阳、济源、焦作 4 个省辖市属于热点地区。信阳、驻马店、周口等 8 个省辖市处于冷点或次冷地区，主要分布在南部、西南部和东部。可以看出，与 2000 年相比，人均地区生产总值年均增长率处于热点地区的省辖市有所增加，并且由东南向西北发生转移，而处于冷点地区的省辖市大部分由原先的热点地区转变而来。

2010 年，信阳、驻马店、周口、商丘、漯河、许昌、开封、三门峡、洛阳处于热点地区或次热地区，主要分布在南部和东部。其中，信阳、驻马店、周口、商丘处于热点地区。与 2005 年相比，热点地区发生了较大变化，主要由西北向东南方向转移。郑州、平顶山、南阳等省辖市处于冷点地区或次冷地区，主要分布在西南部、中部和北部。

2014 年，商丘和周口处于热点地区，表明其人均地区生产总值年增长率较高；安阳、鹤壁、濮阳、开封、驻马店和信阳处于次热地区；济源、焦作和洛阳则处于冷点地区；处于次冷地区的省辖市有新乡、郑州、平顶山、许昌、漯河、三门峡和南阳。

三 区域经济差异程度的空间格局演变分析

本节通过计算 18 个省辖市的泰尔指数，来反映河南区域经济差异变化情况。计算公式如下：

$$T = \sum_i \sum_j (\frac{y_{ij}}{y_i}) \log(\frac{y_{ij}/y}{P_{ij}/P}) \tag{2.13}$$

其中，y_{ij} 代表第 i 省第 j 市的 GDP；y 代表所有省辖市的总 GDP，P_{ij} 代表第 i 省第 j 市的人口；P 代表所有省辖市的总人口，y_i 代表第 i 省的 GDP。T 值越大表示该省的经济差异越大。然后，根据所得数据借助专门的制图分析软件平台进行冷热点分析，可以得到图 2 – 13。

2000 年，郑州、洛阳、南阳、平顶山、三门峡、焦作、新乡、鹤壁、安阳、濮阳这 10 个省辖市处于热点地区或次热地区，主要分布在西部和北部，其中，濮阳、三门峡、南阳处于热点地区，其区域经济差异相对较大。商丘、开封、许昌、漯河、周口 5 个省辖市处于冷点地区，其区域经济差异相对较小。信阳、驻马店处于次冷地区。

2010 年，安阳、濮阳、焦作、南阳处于热点地区，表明其区域经济差异最大。而鹤壁、新乡、郑州、洛阳、三门峡的区域经济差异较大，处于次热地区。开封、许昌、平顶山、驻马店、信阳的区域经济差异较小，处于次冷地区。商丘、周口、漯河的区域经济差异最小，处于冷点地区。

2014 年，安阳、濮阳、鹤壁处于热点地区，表明其区域经济差异最大。而新乡、焦作、洛阳、三门峡、南阳的区域经济差异较大，处于次热地区。郑州、开封、平顶山、信阳的区域经济差异较小，处于次冷地区。商丘、周口、漯河、驻马店、许昌的区域经济差异最小，处于冷点地区。

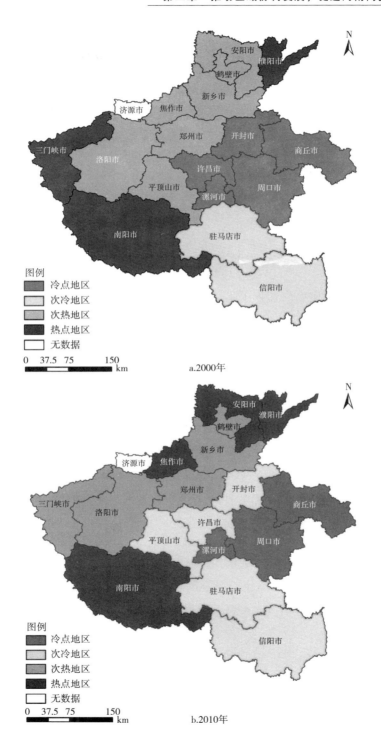

a.2000年

b.2010年

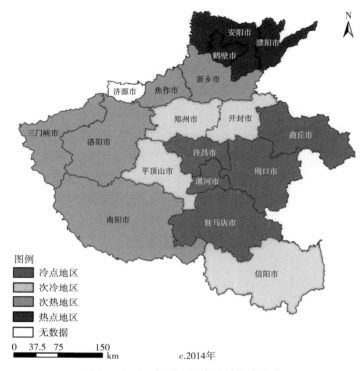

图 2－13　河南区域经济差异聚类分布

第三章
推进城乡协调发展，实现河南城乡共同繁荣

第一节　河南城乡协调发展的基本内涵与逻辑

一　城乡协调的内涵界定

1. 城市和乡村

国内外学者从不同的学科或同一学科的不同视角对"城市"一词下过很多定义。《辞海》对"城市"一词的解释为：规模大于乡村，人口比乡村集中，以非农业活动和非农业人口为主的聚落。中国通常把设市级建制的地方称作城市，人口一般在 10 万人以上。城市人口和生产力集中，大多是某个区域工业、商业、交通运输业及文化教育、信息、行政的中心。我国目前对城市本质和特征的有关界定在《中共中央关于经济体制改革的决定》中有明确表述，即"城市是我国经济、政治、科学技术、文化教育的中心，是现代工业和工人阶级集中的地方，在社会主义现代化建设中起着主导作用"。可见，城市是一定区域范围内政治、经济、文化、人口等资源的聚集之地和核心区域，是伴随着人类文明的形成发展而形成发展的一种有别于乡村的聚落形式。根据我国《城市规划法》的定义，"本法所指的城市，是指国家按行政建制设立的直辖市、市、镇"，把建制镇纳入城市范畴。这就解决了我们通常在"城市"和"城镇"两个名词上的混淆问题。狭义的"城市"一般不包括镇，只包括市；而广义的"城市"则既包括市，又包括建制镇甚至集镇。本书采用对城市的广义理解，即城市既包括省会郑州，又包括省辖市、县和县级市及至建制镇等的层次的城市。

至于如何定义"农村"，一直以来都不是一件容易的事情。国内外众多学者都试图给它一个界定，但似乎谁都很难给出一个让各方满意的定义。定义太宽泛不能揭示问题的本质，太窄又不能涵盖其应有的内容。例如，有的学者从社会活动方式入手，将居民之间人际交往主要建立在血缘与地缘关系基础上的，狭窄又注重亲情、传统伦理观念与习惯根深蒂固，家庭的生产功能、赡养功能等都比较突出，物质文化设施方面相对较差，物质文化生活也要比较落后的地区定义为农村；有的学者从经济活动方式入手，将以农业作为基础或主要产业的地区定义为农村，即便是在发达国家或是现代社会都是；也有学者从空间入手，将城市以外的一切地域定义为农村，即把整个区域划分为城市、农村两种空间。以上这些观点如果仅仅是为了更好地考察农村，并没有什么大的问题，但如果是为了定义农村，逻辑上就不够严密。因为不论从社会结构、经济功能，还是从地理位置来考察农村，得出的结论可能都会显得有些片面。农村本身是一个区域内的子系统。在这个系统之内，按要素分类的话，最常见的是社会、经济和生态三个方面，这三个方面无论从哪个角度来进行阐述，它们都是相互牵连的。我们不能把城市和农村简单地与人口密集程度、农业产业的分布及地域的分散与否画等号。它包括生态、经济、文化、社会等各方面的丰富内容，而每一方面又包括各种不同的层次和诸多的因素。本研究是以城乡协调发展为中心的，概念上的区分如果不严格会影响后面的分析，因此在本书中，把城市和农村都看成一个系统或定义为一个区域的社会经济和生态综合体。

2. 城乡差别

首先，城乡差别是指城市与乡村之间的差异性，具体是指城市和乡村之间在政治、经济、思想、文化、科学技术和生产功能等方面所存在的差异，包括不同的地位、作用、发展水平等各个方面；其次，城乡差别随着社会分工、阶级分化和城市的形成而产生，城乡差别属于历史范畴，而且存在时空差异。

从历史的逻辑来看，社会分工导致城乡差别，城乡差别本身也是一种社会分工。人总是组织成大小不等的群体居住在居民点里。居民点在类型和规模上相差悬殊。中外各国大体都有这样一套居民点的系列：小村（hamlet）→村庄（village）→镇（town）→城市（city）→大城市（metropolis）。村庄和比村庄还小的居民点一般是乡村型的居民点，居民主要从事农业活动；镇和比镇大的居民点是城镇型的居民点，统称城镇，是以非农业活动为主的人口集中点。城镇与乡村的差别基本上有这样几个方面：城镇是以非农业人口为主的居民点，在职业构成上不同于乡村；城镇一般聚居有较多的人口，在规模上区别于乡村；城镇有比乡村要大的人口密度和建筑密度[①]；城镇具有上下水、电灯、电话、广场、街道、影剧院等市政设施和公共设施，在物质构成上不同于乡村；城镇一般是工业、商业、交通、文教的集中地，是一定地域政治、经济、文化的中心，在职能上区别于乡村。如果是在日常生活中，区别城镇和乡村似乎是轻而易举的事。虽然城市和乡村的定义还没有统一的标准，但学者对城乡差距越来越大的现状却已经有了共识。随着社会经济的发展，两者在生产水平、经济收入、文化水平和生活条件等方面的差别不但没有缩小，而且有越来越大的趋势，这种差别已经越来越成为区域发展的限制因素。因此，对城乡差别的调节和协调也渐渐引起相关学者和政府部门的重视。

二　城乡协调发展的概念界定及其内涵

1. 协调的概念界定与特征

"协调发展"是"协调"与"发展"的交集，是系统或系统内要素之间在和谐一致、配合得当、良性循环的基础上由低级到高级，由简单到复杂，由无序到有序的总体演化过程。协调发展不是单一的发展，而是一种多元发展，在"协调发展"中，发展是系统运动的指向，而协调则是对这种指向行为的有益约束和规定，强调的是整体性、综合性和内在性的发展聚合，不是单个系统或要素的"增长"，而是多系统或要素在"协调"的约束和规定下综合的、全面的发展。"协调发展"不允许任何一个子系统或要素影响整体（大系统或总系统）的综合发展，追求的是在整体提高基础上的全局优化、结构优化和个体共同发展的理想状态。

2. 城乡协调发展的概念界定

城乡协调的具体内容涉及多个方面，具体包括生态、经济、政治、人口、文化、空间等。与新型工业化、信息化和城镇化相比，农业的发展还是当下非常薄弱的环节。"没有农业现代化，没有农村繁荣富强，没有农民安居乐业，国家现代化是不完整、不全面、不牢固的。"[②] 农业的生产水平、

---

① 鲁礼新：《人口与环境简论》，黄河水利出版社，2010。

② 《习近平：没有农业现代化，没有农村繁荣富强》，载中国日报网，http://news.chinadaily.com.cn/2014－12/14/content_ 19083655.htm，2014 年 12 月 14 日。

农民的生活质量、农村的生态环境要想迈上新台阶，必须在政策体系的完善与创新过程中，突出城乡要素平等交换、合理配置和基本公共服务均等化，从而不断增强农村发展内生动力。伴随农业人口的非农化步伐加快，推进以人为核心的新型城镇化成为城乡协调发展的重要内容，必须通过户籍制度、公共财政和农村集体产权制度的联动改革，加快培育中小城市和特色小城镇，全方位促进在城镇稳定就业和生活的农业转移人口的权利及义务与城镇居民有序并轨。此外，十八届五中全会还指出，要健全农村基础设施投入的长效机制，高度重视农村和接纳农业人口较多的城镇的社会事业建设，乡村建设要特别注重美丽宜居。这些周密部署，既指明了城乡发展一体化的方向，又明确了当下健全城乡发展一体化体制机制的重点。

综上所述，城乡协调发展基本上可以总结为：以实现人的全面发展为系统演进的总目标，在遵循客观规律的基础上，通过子系统与总系统，以及子系统相互间及其内部组成要素间的协调，使系统及其内部构成要素之间的关系不断朝着理想状态演进的过程。

二　城乡协调发展的基本逻辑

从辩证的角度来看协调发展，协调发展是具有系统属性的事物，是运动（发展）中的对立统一，是差异中的一致，是"不协调→协调→不协调→协调……"这种不断循环往复螺旋上升的过程。如果要讨论我国的城乡协调发展，需要先厘清两个前提：城乡两个系统之间是否有可能进行协调；这两个系统是否需要相互协调。

（一）城乡协调发展的前提

1. 城乡协调发展的可能性

无论城市和乡村的定义如何，有一点是没有争议的，那就是它们都是从一个区域系统之中分离出来的。尽管经过漫长的时间演变，城市和乡村在社会、经济和生态方面的异质性越来越突出，但从历史的逻辑来看，它们确实是同源的。这种同源异质特征为城乡协调发展提供了最基本的条件，即它们之间是可以协调的。

2. 城乡协调发展的需求

从城市的形成和发展过程来看，城市的基本职能是为城市周边的乡村服务的，为城市自己服务是其辅助职能。到目前为止，城市的食物依然靠乡村的农业来提供，城市还不具备农村的自我循环功能。从这个意义上看，城市对乡村的依赖要大于乡村对城市的依赖，城市需要乡村的健康发展。目前，河南的城市化率已超过 50%。随着政府推进城市化进程的力度不断加大，这一数字还会进一步提高。在这个过程中，如果乡村为城市提供服务的效率得不到相应的提升，城市化进程也必然受到限制。所以，提出城乡协调发展是符合经济逻辑的，即效率优先。

城市和乡村作为两个相互独立又彼此联系的系统，各自面临的外部环境存在着明显的时空差异。对处在不同环境中的系统的行动机制进行探索，可以对城乡协调发展的需求做出基本的判断。

对系统行动机制的探索，可以借用建模的方式。系统会受到环境中的要素和整体结构对它的约束，除非进行过度抽象，要素间的关系一般不会是 $B=f(A)$（B 是 A 的一个函数）这种简单的形式。系统环境的运行基本上是在要素间系列（它们在时间上陆续起作用）作用中完成的（见图 3－1）。

其中，$B=f(A)$，$C=f(B)$，$A=f(C)$，$D=f(C)$，$B=f(D)$。

函数中的 A、B、C、D 分别代表不同的系统，它们构成一个更大的系统，而且它们互为要素，函数 f 代表这些社会环境直接的相互关系。

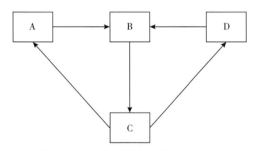

图 3－1　城乡系统相互作用示意图

设系统 A 和 B 之间有一种线性关系，通过图 3－1 中 B 和 C 相互作用关系的传递，可以得到 $A=f(A)$。（同时 D 也可以通过 B 和 C 影响 A）这是一个反馈效应，A 在某个时刻的状态部分地影响着它在下一时刻的状态。

$A=f(A)$，如果不是严格限定 $A_t=f(A_{t-x})$，即 A 在 t 时刻的值是 A 在前一时刻（$t-x$）的值的一个函数，其也可表达为 $A_t=f(A_{t-x}, A_{t-2x}, \cdots)$。从函数表达式可知，$A$ 影响其他系统，而这些系统本身又影响 A；在不能够把"其他系统"分离出来的情况下，只能用一个近似陈述"A 影响 A"作为估计 A 的未来值的简单模型。当 A 为系统的发展意愿时，外部环境对系统发展的影响程度便可据此模型进行一个基本判断。

$$A_t = f\,(A_{t-x})$$

它表示 A 在任意地点上时刻 t 的值是 A 在该地点先前时刻的值的一个函数，如果不同地区的外部环境是存在差异的，那么 $A_t = f\,(A_{t-x})$ 应该修正为：

$$A_{it} = f\,(A_{jt-x})$$

即 A 在地点 i、时刻 t 上的值是它在地点 j、时刻 $t-x$ 上的值的一个函数；其性质可视为与 i 和 j 两点间的距离有关。把时间和空间分量相加，方程可扩展为：

$$A_{it} = f(\sum_{k=1}^{x} A_{i,t-k}) + f(\sum_{j=1}^{n} \sum_{k=1}^{x} A_{j,t-k})$$

这里 A 在地点 i 和时刻 t 上的值是它在那个地点上每一先前时刻（x 以长度 k 为单位）的值（方程右边第一项），以及它在每一先前时刻和区域内每一其他地点（n）上的值（方程右边第二项）的一个函数。这个模型可以用来表示系统发展意愿的空间变化，因为一个系统的发展意愿与那里先前的意愿和能力与相邻地区的意愿和能力都有关系，后者的影响反映了它们离所研究区域的距离。

当研究区域内的发展意愿和能力相对一致时，其对整个区域发展的影响将是持续而稳定的，可以是稳定增长、稳定负增长或零增长。当一个区域的发展意愿和能力与相邻区域的发展意愿和能力存在显著差别时，可能会导致发展意愿和能力的相互传播或相邻区域的系统间相互抑制或协调发展的行为，这种现象在市场经济和非市场经济国家和地区间是很常见的。

当整个区域系统提供了稳定的秩序和发展目标时，将有利于各子系统的社会经济的发展和技术进步，这无疑会间接地影响各系统的发展意愿和能力，以及对相互协调发展的需求。

综上所述，如果把河南所有的城乡区域视为不同的子系统的话，这些子系统的发展必然是需要服务和服从于河南这个大系统的。通过以上的模型可以推断：从政治和经济的逻辑来看，处于不同时空背景下的系统间的协调发展是必需的，即使是从纯伦理的角度，任何一个系统的利他行为最后都会使系统自身受益。

（二）城乡协调发展的路径和机制

由于城乡二元结构的长期存在，我国城乡差距不断扩大。如果不能缓解这种趋势，不但乡村发展会出问题，而且还会制约城市的稳定健康发展。鉴于这项工作的长期性和艰巨性，迫切需要健全城乡协调发展的体制机制，推进城乡要素合理配置和基本公共服务均等化，努力实现基本公共服务常住人口全覆盖，促进农业发展、农民增收，提高社会主义新农村的现代化水平。城乡协调发展的总体目标应该是：在区域共同发展的基础上，努力促进地区间收入差距向可控方向转换，区域间民众的公共福利消费水平趋于一致，大体平衡，生产要素合理流动，区域间的市场机制与合作机制充分显现，推动区域朝着更加协调、更加可持续的发展方向迈进。

科学发展观强调"人口、社会、经济、科技、资源、环境"这个复杂的大系统的整体协调。其理论核心，紧密围绕着人与自然的协调和人与人的协调两大主线。前者是保障协调发展的基础；后者则是实现协调发展的核心。但要注意的是，科学发展观中的协调不是平均基础上不允许发展差别的协调，而是发展基础上的协调，不是脱离市场经济的"计划经济"式的人为的、盲目的协调，而是充分尊重、切实遵循现代市场经济的客观规律与游戏规则的科学协调，不是僵化的协调，而是不断进行体制创新的协调。

协调必须有协调主体（不能只有一个）、手段、机制与模式。协调手段有自然的和人为的以及两者在不同程度相互配合形成的不同形式。另外，协调是动态和相对的，是始终与发展相联系的具有时间、空间约束的概念。

对促进城乡协调发展来说，建立区际利益平衡机制是关键。从现实基础出发，要着力在两个方面进行探索。一是建立健全稀缺资源、重要农产品的价格形成和补偿机制，有效平衡输出地和输入地的利益关系。价格决定应以市场为基础，综合考虑国际国内水平、地区发展需要和社会承受能力。补偿机制可以是纵向财政专项转移的方式，也可以是横向对接的区域补贴方式，还可以把两者结合起来。二是探索市场化的生态补偿机制，促进毗邻地区和重点流域上下游地区建立环境保护与经济发展相协调的制度体系[1]。在此基础上，还可以推动建立跨地区投资、产业转移等重大事项的利益分享机制，促进区域间在基础设施建设、产业升级等方面的良性互动。通过上述努力，

---

[1]　谷建全等：《河南协调发展：城乡统筹克难攻坚》，《河南日报》2016年6月29日，第11版。

实现区域协调发展。

综上所述，城乡协调是在居民享受基本均等公共服务的基础上，提高整体经济效益，而不是刻意追求各地区经济差距的缩小。以此为原则，才能找到适合不同时空背景下的城乡协调发展路径和机制。由于时空背景不同，不同主体对协调发展路径和机制的选择会有所不同，在此暂时只能给出原则性和方向性的陈述，具体路径和机制需要对各主体做出相应评价后，才能给出相应意见。

第二节　河南城乡协调发展的现状评价

河南是人口大省、农业大省、经济大省，也是全国重要的粮食生产基地，同时肩负一亿人实现全面小康目标的重担。河南的发展不仅关系自身的可持续性发展，而且对全国具有重大意义。"十二五"规划指出，我国经济社会发展存在着不协调、不平衡的问题。这些问题在河南也是存在的，其中城乡协调问题直接关系河南的稳定健康发展，它既是一个经济问题，也是一个政治和伦理问题。为了对河南城乡协调发展有更加准确的认知，需要对河南的城乡协调水平和阶段进行科学判断，为今后河南城乡协调发展的路径和机制选择提供依据。

一　指标体系的构建

城乡关系是指城市和乡村两个子系统之间的相互作用、相互影响、相互制约。城乡协调度作为反映城乡关系的一个重要指标，必须同时考虑这两个子系统。以往的城乡协调度、城乡耦合度的研究多是从经济水平、人口分布、空间格局的角度考虑，将政府调控、环境因素作为单独的大类纳入指标体系的研究较少。从新中国成立初期的城乡二元结构，到现今的城乡统筹发展、城乡一体化，政府都起到了导向作用，其出台的相关政策与城乡的发展息息相关。环境因素通过影响城市的承载力以及乡村的农事生产同样作用着城乡发展，影响着城乡关系的转变。本研究在指标选取上兼顾经济、政府、环境三大类，同时在遵循系统性、全面性、可操作性、有效性的基础上，借鉴已有研究中反映城乡关系的指标，最终确定了多维城乡协调度评价指标体系。该指标体系包含反映城乡经济水平的 10 个相应指标、城乡政府调控的 6 个相应指标和城乡环境的 4 个相应指标，详见表 3 – 1。

表 3 - 1　城乡多维协调度评价指标体系

项目	类型	一级指标	二级指标
城乡多维协调度评价指标体系	城市综合实力 $f(U)$	经济水平 U_1	城市居民人均可支配收入（元/人）U_{11}
			城市人口比重（%）U_{12}
			固定资产总投资（亿元）U_{13}
			各市建成区面积（平方公里）U_{14}
			全年用电量（亿千瓦时）U_{15}
		政府调控 U_2	城市最低生活保障人数（万人）U_{21}
			财政支出（亿元）U_{22}
			医院、卫生院床位数（万张）U_{23}
		环境条件 U_3	建成区绿化覆盖率（%）U_{31}
			污水处理量（万立方米）U_{32}
	乡村综合实力 $f(Q)$	经济水平 Q_1	乡村居民人均纯收入（元/人）Q_{11}
			乡村从业人员比例（%）Q_{12}
			乡村农户固定资产投资总额（万元）Q_{13}
			乡村居民家庭住房面积（平方米/人）Q_{14}
			乡村用电量（亿千瓦时）Q_{15}
		政府调控 Q_2	乡村最低生活保障人数（万人）Q_{21}
			乡村投递线路总长度（公里）Q_{22}
			乡村乡镇卫生院诊疗次数（亿次）Q_{23}
		环境条件 Q_3	农作物播种面积（千公顷）Q_{31}
			年降雨量（mm）Q_{32}

注：本研究采用的数据来源于相应年份《河南统计年鉴》、《河南省统计公报》和河南省调查数据。

二　评价分析方法

（一）指标权重的确定

权重的确定包括主观赋权法和客观赋权法，前者主要包括德尔菲法、层次分析法等；后者主要包括主成分分析法、熵值法、变异系数法等。对经标准化处理的数据，这里主要采用客观赋权法进行赋权。二级指标采用 SPSS 软件的因子分析法进行确权，根据主成分的得分系数及其贡献率进行相关换算后作为对应指标的权重，记作 w_k。

考虑到一级指标相互之间，存在不完全替代性，以及相互作用的复杂性，本研究采用计算综合实力三边形面积的方法来对 3 个综合实力的维度进行集成。

（二）模型的构建与计算

1. 数据的标准化

对原始数据进行极差标准化，得到无量纲化数据。

$$A_{ijk} = \frac{X_{ijk} - X_{\min k}}{X_{\max k} - X_{\min k}}$$

上式中，A_{ijk} 表示第 k 个指标的无量纲化数值，$k = 1，2，\cdots，20$；i 表示时间尺度，$i = 2005，2006，\cdots，2014$；$j$ 表示空间尺度，j 取河南 18 个省辖市；$X_{\min k}$ 表示第 k 个指标中的最小值；$X_{\max k}$ 表示第 k 个指标中的最大值。

2. 城乡多维协调度模型

（1）一级指标的值

由一级指标内包含的二级指标标准化后数值与对应权重的积的加和求得。这里的 A_{mn} 即为指标体系中 U_{11} 到 U_{32}、Q_{11} 到 Q_{32} 标准化后数值，w_{mn} 为各指标对应权重，$m = 1，2，3$；$n = 1，2，\cdots，n$。

$$U_m = \sum_{n=1}^{n} w_{mn} \cdot A_{mn}$$

依此类推，可得：

$$Q_m = \sum_{n=1}^{n} w_{mn} \cdot A_{mn}$$

（2）综合实力的值

简单的权重赋值并不能充分体现 3 个维度相互促进、相互制约、相互影响的复杂关系，因此，这里采用计算综合值实力三角形面积的方法得到综合实力值。3 个维度的单项值分别为 a、b、c，任意两个维度之间的夹角为 β（$\beta = 360°/3$），这个综合实力三边形的面积 S 为：$S =（ab + bc + ca）\times \sin\beta/2$，则 3 个三角形的面积之和即为综合实力值：$f（U）$ 和 $f（Q）$。由此可知，综合实力值取决于三个维度乘积之和，本研究就以此数值作为城市、乡村的综合实力指数（SPI），即 $SPI = ab + bc + cd + \cdots$。上式可以很好地体现三个维度之间的不完全可替代关系，更能揭示经济、政府和环境三者之间的相互作用，反映三者共同影响城市、乡村的综合实力。如果一个地方的三个维度较平均，该公式计算后分值更大，意味着该区域的各方向发展较均衡，这无形之中增加了本地的综合实力，使得综合实力值也更大。如果该区域发展中有一短板，那么其将通过拉低面积值而降低本地的综合实力值，这意味着该区域综合实力水平不高，同时区域对内、对外的发展潜力受到制约。

（3）城乡多维协调度值

协调度模型描述两个或两个以上系统相互作用、影响的程度，而城市和乡村正是彼此独立又相互作用、影响的系统。这里借鉴物理学的耦合系数模型构建了城乡多维协调度模型。

$$D = \sqrt{C \cdot T}$$

其中，D 为城乡多维协调度值，综合了城市与乡村的协调系数（C）及城市与乡村综合实力指数（T）的信息。

$$T = \alpha f(U) + \beta f(Q)$$

其中，T 为城市与乡村综合实力指数，它反映城市与乡村的综合实力水平；α 和 β 为待定权重。在城乡统筹发展、城乡一体化理念指导下，城市与乡村综合实力对城乡协调度的贡献同等重要，因此，取 $\alpha = \beta = 0.5$。此外，还有：

$$C = \left\{ \frac{f(U) \cdot f(Q)}{[f(U) + f(Q)]^2} \right\}^k$$

其中，C（$0 \leq C \leq 1$）为协调系数；k 为调节系数，由于大括号内的值小于 1，在城市与乡村综合实力水平一定的条件下，为使城市与乡村的协调系数最大，k 应取最小值，一般来说，在城市与乡村进行组合协调的研究中多取 $k \geq 2$，这里取 $k = 2$。

为使评价结果便于分析比较，本研究对计算结果进行了最大值为 100 的数学转换。同时，为了使评价结果更加直观，本研究对城乡多维协调度值进行了等级划分，见表 3-2。

表 3-2　城乡多维协调度值等级划分

等级	协调度区间	等级特性
1 级	（80，100]	非常协调
2 级	（60，80]	较协调
3 级	（40，60]	一般协调
4 级	（20，40]	不协调
5 级	[0，20]	非常不协调

63

三 评价结果及分析

根据计算结果，可以得到各省辖市对应的城乡综合实力值，如表3-3和表3-4所示。由此，我们可以得到各省辖市的城乡综合实力值变化趋势，如图3-2和图3-3所示。在此基础上，我们可以得到河南各省辖市的城乡多维协调度及其变化趋势，如表3-5和图3-4所示。

1. 城市综合实力

表3-3 河南2005~2014年城市综合实力值

省辖市 \ 年份	2005	2006	2007	2008	2009	2010	2011	2012	2013	2014
郑 州	2.85	3.13	3.62	4.33	4.95	5.35	5.95	6.51	7.12	7.64
开 封	0.61	0.72	0.81	1.02	1.21	1.26	1.43	1.62	1.85	2.11
洛 阳	1.41	1.66	2.14	2.44	2.69	3.07	3.25	3.57	3.84	3.93
平顶山	0.87	1.06	1.15	1.32	1.54	1.73	1.92	2.11	2.26	2.37
安 阳	1.05	1.15	1.31	1.47	1.60	1.79	2.04	2.27	2.46	2.66
鹤 壁	0.62	0.75	0.90	1.03	1.03	1.20	1.37	1.53	1.67	1.80
新 乡	0.80	1.04	1.19	1.41	1.60	1.71	1.99	2.19	2.39	2.57
焦 作	1.08	1.19	1.41	1.60	1.77	1.89	2.14	2.32	2.52	2.70
濮 阳	0.50	0.63	0.66	0.79	0.92	0.98	1.29	1.58	1.58	1.78
许 昌	0.51	0.62	0.78	0.93	1.10	1.22	1.42	1.61	1.81	1.98
漯 河	0.53	0.62	0.78	0.90	1.04	1.19	1.36	1.57	1.78	1.95
三门峡	0.57	0.68	0.79	0.89	1.00	1.08	1.24	1.39	1.55	1.68
南 阳	0.73	0.91	1.08	1.24	1.40	1.47	1.77	2.19	2.49	2.85
商 丘	0.53	0.65	0.80	0.94	1.10	1.24	1.47	1.72	1.87	2.06
信 阳	0.42	0.54	0.69	0.84	1.00	1.10	1.31	1.44	1.66	1.82
周 口	0.12	0.24	0.41	0.53	0.65	0.75	0.93	1.11	1.26	1.45
驻马店	0.19	0.30	0.52	0.68	0.82	0.92	1.10	1.32	1.51	1.71
济 源	0.53	0.64	0.80	0.94	1.04	1.13	1.30	1.48	1.62	1.77

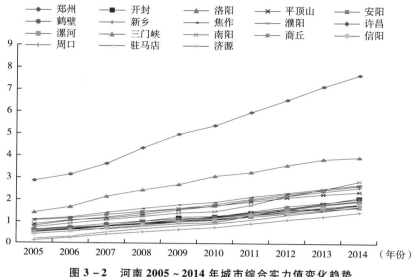

图 3 - 2 河南 2005～2014 年城市综合实力值变化趋势

由表 3 - 3 和图 3 - 2 可以看出，河南 18 个省辖市的城市综合实力值整体变化趋势是逐年增长的，其中，郑州作为省会城市，其综合实力值的起点最高，2005 年就达到了 2.85，年增长速率也是最高的 0.53，2014年，其综合实力值达到了 7.64，位居全省第一。郑州作为省会城市，其独特的区位优势、资源优势、政策优势，为其城市综合实力值的提升提供了重要的支持，使其成为河南的龙头城市。作为副中心城市的洛阳，其综合实力值始终位于全省第二，年增长速率达到 0.28，2013 年后有增长渐缓的趋势，自身转型升级任务重、困难多，应加强政府宏观调控和市场的微观调控，促进经济增长，进一步推动其综合实力值的提升。其他各省辖市的城市综合实力值都有所提升，呈现良好的增长势头，应继续保持，从而形成可持续性的长足发展。由表 3 - 1 可以看出，驻马店和周口的基础较为薄弱，且增长速率也较慢，2005 年和 2014 年，两者的综合实力值均排全省后三名，处于弱势地位，资源和人口流向比较被动，应是政府主要的扶持对象，可提供优惠政策，鼓励经济发展，加强基础设施建设，完善保障制度，推动其经济、政治、文化的进一步发展，以达到提升综合竞争力的目标。

2. 乡村综合实力

表 3-4　河南 2005～2014 年乡村综合实力值

省辖市	2005	2006	2007	2008	2009	2010	2011	2012	2013	2014
郑　州	2.35	2.27	2.36	2.53	2.69	2.75	2.86	2.70	2.60	2.66
开　封	2.19	2.20	2.30	2.34	2.51	2.56	2.46	2.42	2.38	2.56
洛　阳	2.33	2.48	2.54	2.69	2.97	3.01	3.07	2.82	2.81	2.95
平顶山	2.11	1.99	2.09	2.04	2.29	2.56	2.31	2.26	2.29	2.40
安　阳	2.21	2.15	2.27	2.37	2.52	2.56	2.44	2.46	2.50	2.55
鹤　壁	1.06	0.96	0.95	1.08	1.14	1.25	1.05	0.95	0.88	0.87
新　乡	2.32	2.30	2.47	2.60	2.83	3.00	2.87	2.91	2.87	2.92
焦　作	1.62	1.52	1.44	1.53	1.68	1.69	1.88	1.53	1.59	1.70
濮　阳	1.65	1.36	1.54	1.61	1.72	1.98	1.85	1.73	1.75	2.01
许　昌	2.04	2.18	2.22	2.16	2.32	2.53	2.46	1.99	2.08	2.11
漯　河	1.53	1.43	1.65	1.57	1.64	1.71	1.64	1.58	1.69	1.64
三门峡	1.34	1.38	1.43	1.44	1.65	1.59	1.68	1.37	1.33	1.49
南　阳	4.52	4.04	4.49	4.73	5.10	5.43	5.04	5.21	5.23	5.31
商　丘	3.08	3.16	3.38	3.47	3.79	3.96	4.05	3.98	4.26	4.34
信　阳	3.52	3.22	3.65	3.70	3.83	4.16	3.69	4.04	4.08	4.19
周　口	3.60	3.77	4.07	4.20	4.66	4.76	4.51	4.88	5.02	5.07
驻马店	3.87	3.65	3.89	3.93	4.09	4.18	4.06	4.21	4.36	4.60
济　源	0.82	0.79	0.73	0.67	0.60	0.68	0.80	0.66	0.44	0.70

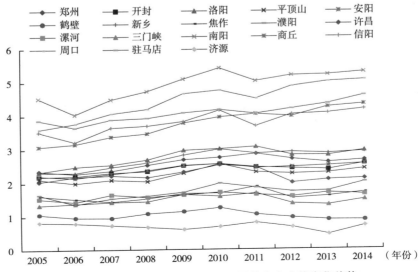

图 3-3　河南 2005～2014 年乡村综合实力值变化趋势

由表3-4和图3-3可以看出，18个省辖市的乡村综合实力值呈现波动性变化。其中，南阳整体呈现增长趋势，但分别在2006年、2011年出现综合实力值的大幅下降，信阳也出现类似的情况。2011年，国务院正式发布相关意见支持中原经济区建设正式上升到主体功能区的国家级发展阶段，由此带来的是一系列相关政策的出台，以及政府工作重点的调整转移，因此乡村的综合实力值在短时间内受到影响，后期又恢复上升趋势。年均乡村综合实力值排序由高到低，依次是南阳、周口、驻马店、信阳、商丘、洛阳、新乡、郑州、安阳、开封、平顶山、许昌、濮阳、焦作、漯河、三门峡、鹤壁、济源，将其按综合实力值高低进行分段划分后，乡村综合实力值处于高水平的省辖市有南阳、周口、驻马店、信阳、商丘，主要分布在豫南；乡村综合实力值处于中等水平省辖市有洛阳、新乡、郑州、安阳、开封、平顶山、许昌，主要分布在豫中；乡村综合实力值处于低水平的省辖市有濮阳、焦作、漯河、三门峡、鹤壁、济源，主要分布在豫东和豫北。这与河南的现状是相符的。河南南部地区乡村面积大，河南省又是农业大省，注重农业的发展，所以南部的乡村综合实力值较高；对中部地区来说，由于城市发展的拉动，使得其乡村经济比较活跃，从而促进了乡村综合实力值的提升。对东北部地区来说，其乡村面积较小，而且处于河南的边缘地区，政府的关注度比不上其他省辖市，因而其乡村综合实力值较小。在乡村综合实力值年均增长速率方面，周口、商丘较高，分别为0.16、0.14，济源和鹤壁处于负增长状态，增长速率分别为-0.01和-0.02。对济源和鹤壁来说，其本身面积很小，而且作为资源型地区，转型升级压力日益增大，经济增长缓慢。近些年两地集中进行城市建设，城市大规模扩建，资源和人力过度流向城市，导致乡村综合实力值的下降。

由表3-3和表3-4对城市综合实力值和乡村综合实力值进行对比，可以明显看出，城市综合实力值起步低，增长速率快，逐年向乡村综合实力值靠拢，并有赶超的趋势。郑州和洛阳城市综合实力值处于全省领先地位，但其乡村综合实力值仅处于全省中等水平。其他省辖市，如南阳、周口、驻马店、商丘、信阳、新乡、开封、平顶山等，其乡村综合实力值是高于城市综合实力值的，这证明河南仍以农业为主，是农业大省，乡村综合实力值是河南综合实力值的重要组成部分，河南应注重乡村的发展。

3. 城乡多维协调度

由表 3-5 和图 3-4 可以看出，大部分省辖市的城乡多维协调度呈稳定上升趋势，其中，驻马店的涨幅最大，年均增长率达到 6.91，其次是周口、南阳，分别是 6.45 和 6.38。2005～2010 年，鹤壁的城乡多维协调度平稳增加，2010 年达到 60.18；2010～2014 年，其城乡多维协调度逐渐下降，但下降的趋势逐渐平稳，并于 2014 年达到 55.24。郑州、洛阳、焦作、三门峡、济源的城乡多维协调度在 2005～2011 年呈稳步上升趋势，2011～2014 年，呈现先下降后上升的趋势，并有短时间的波动。2011 年，中原经济区建设上升到主体功能区的国家级发展阶段；2013 年，十八届三中全会提出城乡一体化，注重城乡的协调发展。由此可见，政府在城乡协调当中起到了十分重要的导向作用。由表 3-5 可见，南阳和驻马店后来居上的趋势很明显。此外，从表 3-6 可以看出，截至 2014 年，南阳的城乡多维协调度位居全省第一。各省辖市排名的年际变化较明显，其中不乏排名倒退的省辖市，如济源、三门峡、鹤壁等排名变化较大。在年均城乡多维协调度方面，郑州、洛阳分居第一、第二位，但鹤壁、郑州、济源的年均城乡多维协调度增速却位于全省后三位，分别为 0.98、0.86、0.72。

表 3-5 河南 2005～2014 年城乡多维协调度

年份 省辖市	2005	2006	2007	2008	2009	2010	2011	2012	2013	2014
郑 州	86.69	87.02	89.68	93.70	96.80	98.04	100.00	96.69	93.92	94.46
开 封	43.56	48.67	52.31	59.37	65.07	66.49	70.45	74.20	77.84	82.18
洛 阳	69.64	75.18	82.56	86.75	91.09	94.73	96.47	95.71	96.58	98.64
平顶山	54.86	60.89	63.28	67.19	72.35	76.64	78.33	80.23	81.91	83.87
安 阳	60.40	63.28	67.46	71.10	74.09	77.57	80.61	83.38	85.61	87.62
鹤 壁	46.44	49.54	52.20	55.73	57.96	60.18	58.66	57.14	55.51	55.24
新 乡	51.77	60.24	64.48	70.23	74.69	77.02	81.91	85.06	87.29	89.63
焦 作	60.67	62.25	64.75	67.90	71.32	72.41	76.64	72.19	73.93	76.43
濮 阳	40.14	46.82	47.85	52.53	56.71	58.56	65.83	69.64	69.96	74.52
许 昌	39.33	44.49	51.22	56.76	62.09	65.29	70.29	72.08	75.34	77.62
漯 河	42.10	46.28	52.20	55.84	59.86	63.23	65.94	68.22	71.43	72.24
三门峡	44.32	48.89	52.42	55.51	58.83	60.35	64.04	63.88	64.75	68.12
南 阳	42.31	51.39	56.65	61.87	66.05	67.57	77.02	87.02	93.37	99.73
商 丘	36.72	42.59	48.56	54.32	59.37	63.66	70.45	77.19	80.72	84.74
信 阳	29.11	36.34	42.86	49.43	55.51	58.28	66.49	69.69	75.67	79.63

续表

年份 省辖市	2005	2006	2007	2008	2009	2010	2011	2012	2013	2014
周　口	9.67	17.00	27.10	33.46	38.08	42.48	50.95	56.82	61.71	67.73
驻马店	14.07	21.29	33.79	41.44	47.20	51.11	58.39	65.73	71.05	76.26
济　源	42.48	45.30	47.42	47.37	45.68	48.51	52.42	47.85	36.77	49.00

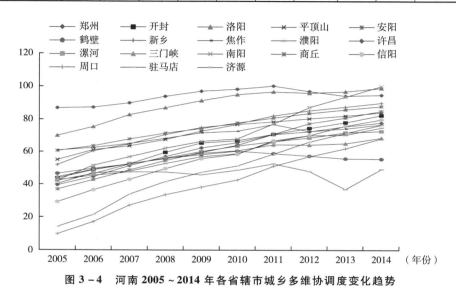

图 3 - 4　河南 2005 ~ 2014 年各省辖市城乡多维协调度变化趋势

表 3 - 6　河南各省辖市城乡多维协调度排名

年份	1	2	3	4	5	6	7	8	9	10	11	12	13	14	15	16	17	18
2005	郑州	洛阳	焦作	安阳	平顶山	新乡	鹤壁	三门峡	开封	济源	南阳	漯河	濮阳	许昌	商丘	信阳	驻马店	周口
2014	南阳	洛阳	郑州	新乡	安阳	商丘	平顶山	开封	信阳	许昌	焦作	驻马店	濮阳	漯河	三门峡	周口	鹤壁	济源
年均	郑州	洛阳	安阳	新乡	平顶山	南阳	焦作	开封	商丘	许昌	漯河	濮阳	三门峡	信阳	鹤壁	驻马店	济源	周口

参照表 3 - 2，本书画出了 2005 ~ 2014 年中 4 个年份的空间分布图，以此来呈现河南各省辖市城乡多维协调度的时空格局变化，如图 3 - 5、图3 - 6、图 3 - 7 和图 3 - 8 所示。由四幅图可以看出，随着时间的推移，各省辖市的城乡多维协调度越来越高。2005 年，城乡非常协调的只有郑州，洛阳、焦作、安阳较协调，豫东南地区多为一般协调、不协调。2014 年，大部分省辖市都达到了城乡非常协调，除了鹤壁和济源是一般协调外，其余省辖市

都是较协调，不存在不协调状态，河南的整体城乡协调程度大幅提升，这一方面是由于市场经济的发展，另一方面也离不开政府的调控。在空间格局上，豫中地区要比豫东南和豫西地区的城乡协调度高，并呈现向周边区域扩散的趋势，这说明城乡协调度高的区域可以辐射、带动周边地区，并促进其提高城乡协调度。

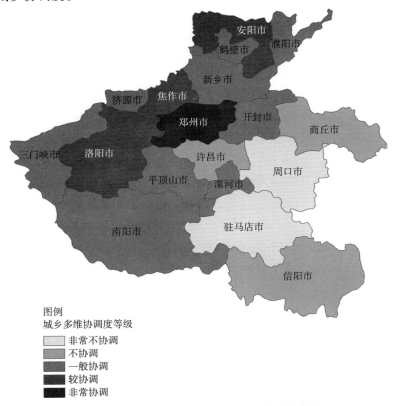

图例
城乡多维协调度等级

非常不协调
不协调
一般协调
较协调
非常协调

图 3 - 5　2005 年河南城乡多维协调度空间格局

四　研究结论

河南的城乡协调水平整体处于较高水平，城乡多维协调度总体呈上升趋势。截至 2014 年，河南各省辖市之间不存在城乡不协调的状况。

1. 产业

河南大部分省辖市的乡村综合实力要高于其城市综合实力，如南阳、周口、驻马店、商丘、信阳等。一方面由于河南是全国的"粮仓"，需要重视农业的发展，保障全国的粮食安全；另一方面，这些省辖市的城市经济水平

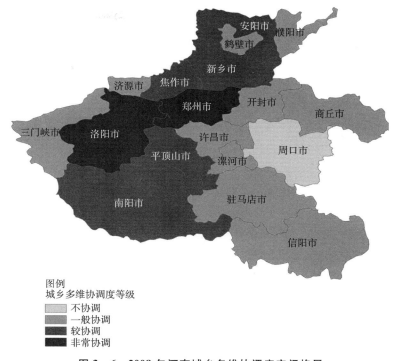

图例
城乡多维协调度等级
■ 不协调
■ 一般协调
■ 较协调
■ 非常协调

图 3-6　2008 年河南城乡多维协调度空间格局

不高，第二、第三产业的实力不强，同时作为支柱产业的农业也存在着生产力水平较低，没有形成规模生产、集中管理，从事生产的人员不专业等问题。

通过组织和引导，鼓励农业生产形成集中规模生产，有利于资金的投入、信息的反馈、技术的应用、管理工作的开展以及专业人员的培养，实现农业现代化、产业化。农业作为经济发展的基础产业，为第二、第三产业的发展提供资源、粮食和剩余劳动力，促进其快速发展。河南作为农业大省，农业占全省经济比重较高，更应重视农业的现代化发展，在保产增收的基础上，提高全省的经济水平。

作为城市发展动力源泉的第二、第三产业，在河南的发展水平相对落后，应加快传统工业的转型升级和新兴产业链的兴起，优化产业结构、提高技术水平，建立集约化、现代化经营模式。第二、第三产业受地域的限制较小，同时以农业为基础，销售市场主要集中在城市，这种特性使其成为城市和乡村的一条重要纽带，这不仅可以加快河南的工业化、现代化进程，而且

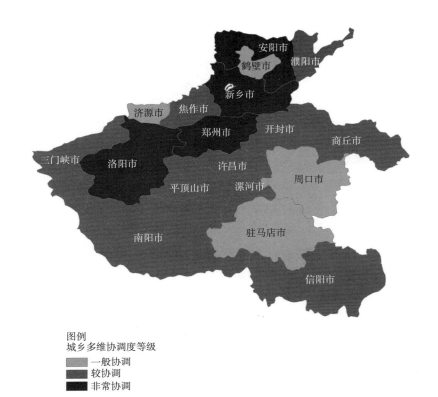

图例
城乡多维协调度等级

一般协调
较协调
非常协调

图 3 - 7　2011 年河南城乡多维协调度空间格局

可以促进河南城乡经济总量的快速增长，也有利于城乡协调发展。

2. 区位

河南中部地区是城乡协调发展水平较高的区域，可以辐射和带动周边城乡地区，促进其城乡多维协调度的提高。郑州作为中原城市群核心圈的成员，经济基础好，是河南经济发展的主要支柱，既是实现经济跨越追赶的核心力量，又是城乡协调发展的坚实基础，起着核心的带动作用。因此，必须强化郑州的龙头带动作用，加快中原城市群建设，加快由政府推动到市场为主的动力转换，建立中原城市群的横向利益分配机制和补偿机制，协调城市间的分工合作。要牢牢把握"一带一路"的契机，形成以郑州为中心的"米"字形的高铁网，加快航空港的建设，加强郑州与周边城市的联系，增强核心圈辐射能力，提升中原城市群的综合竞争力。

3. 政府

政府一方面通过收入的二次分配，以保险和低保的形式缩小城乡差异；

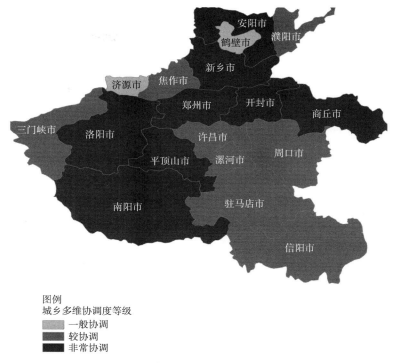

图例
城乡多维协调度等级

　一般协调
　较协调
　非常协调

图 3 - 8　2014 年河南城乡多维协调度空间格局

另一方面通过政策的扶持、优惠政策的实施，以及政策导向保持区域协调发展。同时，由于种种原因，政府在促进区域协调发展过程中也存在一些不足。

　　近年来，城市的快速发展，基础设施的逐步完善，福利、保障制度的逐步健全，吸引了大批的乡村人口向城市转移，然而户籍制度却制约了乡村人口向城市人口的永久性转移，使城乡的要素流通出现了障碍，大批的进城务工人员居无定所，缺乏社会保障，进城子女的入学入托问题无法得到保障。因此，政府应进一步放开户籍制度，使进城务工人员能落户定居，健全和完善社会保障制度，使困难人群能得到最低生活保障，同时要实施城市基础设施扩容提升工程、城市义务教育学校扩容计划和医院服务能力倍增计划，不断提高城市的承载和服务能力，流离失所的人少了，社会秩序就更安稳，城乡协调发展的基础也就有了保障。

第三节　未来河南城乡协调发展的主要领域及路径

一　河南城乡协调的发展阶段及约束条件

1. 发展阶段

在区域协调发展的内涵界定和逻辑分析的基础上，通过定量分析发现，河南城乡协调发展基本上属于区域协调发展的范畴。从河南城乡协调发展的多维协调度评价结果来看，河南城乡协调水平较高，到2014年时，区域内的城乡之间基本实现了协调发展，有些区域甚至呈现非常协调的状态。表3-7和表3-8给出了河南城乡居民的人均可支配收入情况。

表3-7　河南2005~2014年城镇居民人均可支配收入

单位：元

年份 省辖市	2005	2006	2007	2008	2009	2010	2011	2012	2013	2014
郑　州	10640	11822	13692	15732	17117	18897	21612	24246	26615	29095
开　封	7220	8286	9769	11342	12318	13695	15558	17545	19492	21467
洛　阳	9720	10982	12770	14672	15949	17639	20163	22636	24820	26974
平顶山	8723	9897	11715	13531	14721	16208	18348	20610	22482	24393
安　阳	8822	10009	11796	13637	14809	16394	18686	21042	23019	25172
鹤　壁	7898	9089	10912	12491	13628	15059	17255	19284	21228	23113
新　乡	8312	9455	11236	13000	14170	15752	17988	20159	22105	23983
焦　作	8430	9628	11488	13199	14282	15781	18005	20136	22058	23977
濮　阳	7972	8963	11042	12731	13737	15138	17228	19511	21571	23767
许　昌	7769	8891	10741	12448	13619	15171	17503	19685	21717	23753
漯　河	7923	9034	10732	12364	13390	14769	16997	19136	21174	23281
三门峡	8071	9072	10710	12392	13470	15032	17062	19184	20938	22739
南　阳	7831	8913	10713	12395	13498	15077	17289	19544	21653	23711
商　丘	7247	8346	10166	11752	12715	14178	16151	18312	20214	22274
信　阳	6762	7759	9477	11022	12047	13348	15271	17256	19150	21060
周　口	6356	7218	8955	10406	11363	12678	14583	16503	18046	19742
驻马店	6900	7901	9762	11305	12311	13702	15795	17671	19431	21320
济　源	9017	10298	11945	13809	14983	16481	18821	21240	23185	25219

资料来源：相应年份《河南统计年鉴》。

表 3 - 8　河南 2005 ~ 2014 年农村居民人均可支配收入

单位：元

年份 省辖市	2005	2006	2007	2008	2009	2010	2011	2012	2013	2014
郑 州	4774	5559	6594	7548	8121	9225	11050	12531	14009	15470
开 封	2714	3172	3763	4355	4695	5390	6492	7414	8355	9316
洛 阳	2903	3408	4038	4597	4961	5680	6822	7777	8756	9669
平顶山	2688	3150	3733	4420	4778	5504	6578	7518	8541	9489
安 阳	3220	3772	4493	5190	5595	6359	7586	8618	9670	10680
鹤 壁	3469	4062	4827	5495	5940	6813	8271	9388	10608	11709
新 乡	3133	3652	4355	5038	5431	6241	7532	8647	9728	10730
焦 作	3831	4494	5326	6130	6590	7512	8902	10113	11367	12518
濮 阳	2472	2907	3460	4065	4411	5077	6082	6945	7904	8828
许 昌	3643	4269	5046	5840	6302	7197	8651	9819	11007	12140
漯 河	3319	3883	4567	5230	5622	6460	7700	8755	9876	10893
三门峡	2935	3435	4033	4680	5046	5787	6929	7906	8926	9979
南 阳	2894	3386	4014	4570	4931	5666	6776	7752	8729	9741
商 丘	2346	2745	3248	3750	4054	4674	5637	6426	7217	8025
信 阳	2707	3153	3737	4272	4618	5311	6153	7008	7982	8868
周 口	2276	2641	3122	3605	3908	4510	5448	6199	6950	7742
驻马店	2486	2906	3410	3900	4216	4861	5804	6599	7437	8270
济 源	3889	4510	5346	6176	6763	7784	9341	10648	11958	13166

资料来源：相应年份《河南统计年鉴》。

从表 3 - 7 和表 3 - 8 的城乡居民人均可支配收入情况看，河南省区域社会经济发展的总体水平还不高。表中数据显示，2014 年河南只有郑州城镇居民人均可支配收入高于全国平均水平，其他省辖市城镇居民可支配收入均低于全国平均水平。可见，河南区域协调发展虽然已经达到协调状态，但整体还属于低级阶段的协调。

2. 约束条件

河南城乡多维协调度虽然达到协调状态，但整体水平较低。导致这种现象出现的原因是多方面的，除了城镇化水平整体不高（见表 3 - 9）外，其他对河南城乡协调发展影响较大的约束条件包括以下几点。

表 3 – 9　河南 2005～2014 年城镇人口比重

单位：%

年 份 省辖市	2005	2006	2007	2008	2009	2010	2011	2012	2013	2014
郑 州	59.2	60.3	61.3	62.3	63.4	63.6	64.8	66.3	67.1	68.3
开 封	32.7	34.2	35.9	37.7	39.6	36.0	37.8	39.7	41.1	42.6
洛 阳	38.0	39.6	41.1	42.6	44.2	44.3	46.1	47.9	49.4	51.0
平顶山	35.0	37.0	38.8	40.2	41.8	41.4	43.1	45.0	46.4	47.8
安 阳	32.5	34.2	35.8	37.3	38.9	38.6	40.5	42.4	43.8	45.3
鹤 壁	42.6	44.2	46.0	47.8	49.6	48.0	49.8	51.6	52.8	54.1
新 乡	33.6	35.5	37.3	39.2	41.0	41.1	42.9	44.7	46.1	47.6
焦 作	40.0	41.8	43.6	45.3	47.0	47.1	48.8	50.7	52.0	53.2
濮 阳	28.7	30.3	32.1	33.8	35.4	31.5	33.4	35.2	36.7	38.5
许 昌	32.0	33.9	35.8	37.5	39.3	39.1	40.9	42.8	44.2	45.7
漯 河	31.7	33.3	35.7	37.5	39.3	39.2	40.9	42.8	44.2	45.7
三门峡	39.3	40.8	42.4	43.9	45.4	44.3	46.0	47.6	48.9	50.4
南 阳	30.0	31.6	33.2	34.9	36.6	33.0	34.9	36.8	38.3	39.6
商 丘	26.1	28.1	30.1	31.5	33.4	29.8	31.5	33.5	35.0	36.5
信 阳	27.4	29.3	31.2	32.6	34.1	34.4	36.3	38.2	39.7	41.1
周 口	19.0	20.9	26.0	27.7	29.5	29.7	31.5	33.4	34.8	36.2
驻马店	18.7	20.6	25.9	27.7	29.5	29.8	31.5	33.4	34.9	36.4
济 源	40.0	42.1	45.0	47.6	49.0	49.4	51.4	53.3	54.8	56.4

资料来源：相应年份《河南统计年鉴》。

（1）目标和责任确定的困难

为了简化分析，这里仅以区域经济协调为例展开论述。河南各省辖市的城乡多维协调度不同，协调发展的阶段也有差异。根据协调发展的内涵分析，协调发展的应有之义是：在一段时间内，相关各方为了某个目标帮助其中一方完成。这里的困难就是，这个目标不一定是大家共同的目标，或至少不是同一周期内的共同目标，如果这里有协调的因素那也只能是经济理性范畴内的自发协调，即互利互惠型的初级协调，而这种协调对于区域发展战略目标的实现是不够的。如果协调发展的目标是由该系统所属的更高一级系统决定的，先不考虑子系统之间是否能协调发展，那么首先应该考虑的是目标的科学性和可实现性，但这涉及人类认知的局限性和系统目标本身的复杂性等主客观原因导致的约束。

这种约束一直伴随着人类进化的历史，为克服这种约束，人类一直在用试错的方式前行，但随着公民社会系统的日趋复杂，这种试错方式的代价也越来越大。因此，各系统在制定一定时期内的经济发展目标时绝大多数时候是根据自身对区域内外的了解，这里不能排除那些以自以为是的方式做出的决定，而"区域"一词本身就有差异的意思，所以区域间的目标在某个时期内很难达成一致。如果是高一层级系统做出的决定，如没有相应的协调补偿机制，目标达成依然会成问题，换句话说，目标的确定和责任划分的清晰程度会在一定程度上成为城乡协调发展的约束条件。

（2）城镇化水平低的约束

从前面的城乡多维协调度评价来看，河南在城乡多维协调度方面达到了协调的水平，在现阶段，如果仅仅看省内的城乡多维协调度，河南应该是表现不错的，当把河南当前的形势和国内外的形势结合起来看时，河南城乡协调发展如想要有层级上的提升，较低城镇化水平和大量的非市民化的农民工的存在对城乡协调发展的约束就会显现出来。

河南省的城镇化水平在50%左右，如果需要再进一步提升，一方面需要有产业的支持，另一方面需要有相应的就业人口。在此先不考虑其他因素的影响，仅仅产业发展和提升的难题就难以轻易解决，原因在于，目前国际和国内经济由于还没从经济危机中完全恢复，市场基本处于收缩状态，中国经济也处在去产能的初期，这些情况将制约城市依靠传统产业规模扩张来吸纳就业并推动城镇化水平提高，而新型产业不但需要相应的产业技术，还需要相应的产业工人，它们的共同点是与有创新能力和意愿的人有关。产业技术需要培育，产业工人需要培训，无论是产业培育还是工人培训都需要一定的时间和资金投入，这些投入并不能保证取得成功，正是这个原因导致部分城市管理者更愿意发展短期能够产生效益而且风险较低的传统产业。一旦此路不通，城镇化进程便会受到制约。接下来讨论的是人才的问题，城市中大量的非市民化的农民工人由于不能在医疗、教育、养老和其他方面享受同城市产业工人一样的待遇，这无疑会提高这些人在城市生活的成本，即使能够做到和城市工人一样同工同酬，其生活水平也会因为生活成本过高而降低，这种情况对保持或提升其创新能力和意愿是不利的，明显是一种资源浪费。可见，目前河南城乡协调发展水平在短期内提升的具有可行性的突破方向应该包括：通过农民工市民化提升城市产业化水平以促进城镇化；促进农业现代化以提高为城市服务的能力和水平。

二 有序推进农业转移人口市民化

河南是农业大省，农业人口众多，人均耕地面积少，大量剩余农业劳动力从农村进入城市，形成庞大的农民工队伍，而且农民工长期游离于城市与乡村之间，在城市一端的农民工由于缺乏归属感，生产能动性没有充分发挥，在农村一端的留守农民由于缺乏现代农业知识、生产技能和从业意愿，农业生产效率也一直得不到提高。"农民工"已经日益成为制约河南工业化、城镇化与推进农业现代化的"约束因子"。给予该群体以充分的关注，并从城市和农村两端发力，分别施策，切实推动农民工转型为城市产业工人和城市市民，同时，大力提升农业生产力，才能有效弥补国民经济发展"短板"，真正实现河南城乡协调发展的局面。

1. 传统农民的分化

随着经济社会发展和农业剩余劳动力的转移，当前河南农业、农村、农民情况发生了重大变化。一方面，"十二五"期间农业增加值在国民经济中的比重持续下降。2015年，第一产业增加值在GDP中的占比由2010年的14.2%降为11.4%。与之相伴的是，农村剩余劳动力不断向城市转移，城市农民工数量持续增加，规模日趋庞大。据统计，截至2015年末，河南共有2814万农民工，占农村人口、总人口的比重分别为33.1%和26.3%。该群体的生产形式、生活方式和生存环境与普通农民有很大区别，基本上已从传统意义上的农民中异化和分离出来。2004年中央"一号文件"明确指出，"进城就业的农民工已经是产业工人的重要组成部分"。但是，进城就业的农民工在城乡二元体制下，尚不能与城市产业工人享有同等的城市公共资源和社会福利，还未完全成为真正意义上的"城市产业工人"。与此同时，农民工依然享有农村土地承包权和农村宅基地分配权，随时可以退城返乡、退工返农。

2. 农民工问题对河南城乡协调发展的影响

农民工与农民的差别表现在很多方面，从年龄与文化构成看，进城农民工多是接受过基础教育或职业教育的青壮年，而留守农村的农民多是老弱病残或鳏寡孤独人员，留守农民整体文化教育水平要低于进城农民工、年龄要大于进城农民工。农民工与农民的这种城乡分布格局造成了农村生产力水平长期低下，农田水利基础设施长期得不到改善，农业现代化难以推进，缺乏先进农业生产知识与技能的农民长期固守于细小化、碎片化的小农耕作。2013 年，我国农业劳动力人均增加值只有 784.7 美元，与同期法国农业劳动力人均增加值 7.7 万美元相差 97 倍，也比世界农业劳动力人均增加值低 446.3 美元。

农民工与农民的分化也造成了农村贫困的代际传递，制约了农业现代化的推进。由于大量农民工携带子女进城就学，农村地区适龄上学儿童逐步减少，政府农村教育投入不足，优质教师流向城市；反过来，农村教育资源流失、师资力量薄弱又造成教育质量低下，农村入学率、升学率、录取率大大低于城市居民，在农村形成了"低人力资本投资—低生产力—低收入—低人力资本投资"的恶性循环，导致贫困在农民之间的代际传递。

2015 年，河南省常住人口城镇化率为 46.9%，户籍人口城镇化率仅为 20.6%，两者之间存在 26.3 个百分点的缺口，这可以由未实现市民化的、规模庞大的农民工迁徙于城乡之间来解释。城市中相当一部分农民工流动性强，工作和生活不稳定，这使得城镇化率虚高，户籍城镇化率远远低于常住人口城镇化率。这种现象还会误导城市的规划者和管理者，形成错误信息下的正确反应导致的合成谬误，既影响城市发展，又制约农民工的市民化进程。

3. 产业结构优化的重要环节

2015 年，河南第一、第二、第三产业的结构比为 11.4∶49.1∶39.5，第三产业占比低于全国 11 个百分点。在当前制造业产能过剩的背景下，只有加快发展第三产业，推动产业结构战略性调整，才是河南稳增长、增后劲以及实现经济长期平稳运行和持续健康发展的重要着力点。值得注意的是，当前河南第三产业发展的劳动力等要素供给已经发生深刻变化，如劳动力价格上升、劳动力素质不能满足需要、劳动力队伍不稳定等。推动农民工市民化和农民工转型，可以为第三产业加快发展提供源源不断的高素质劳动力，也能一定程度上缓解第三产业发展面临的人力资本约束问题。

破除城乡二元体制，形成有利于劳动力资源在城乡之间合理配置的体制机制，两端发力，分别施策，需要把农民工问题放在补齐城乡协调发展、全面建成小康社会"短板"的高度给予重视。

在城镇一端，积极形成有利于吸纳农民工的产业载体和社会保障体系，让进城农民工"留得下"。一是积极发展有利于吸纳农民工的产业体系，增强经济增长对农民工的吸纳能力。农民工市民化和农民工转型离不开产业的支撑。在谋划产业发展布局和承接产业转移方面，把农民工放在重要位置，积极发展有利于承载、吸纳农民工的劳动密集型产业集群，使人口、劳动力和农民工继续成为河南参与国内国际竞争的成本优势。二是加快重点领域改革，多措并举，增强进城农民工的城市归属感。进一步深化户籍制度改革。改革创新城市户籍准入制度，实行多元化的农民工落户政策，消除由城乡户籍带来的公共服务和福利差异。实施城乡一体化的社会保障制度。统一城乡居民基本养老、基本医疗以及失业救助等各项社会保障制度，使留在城市的农民工享有与城市居民同等的社会保障，不因社会保障和社会福利差异，阻碍农民工的优化转移。同时，加快实现医疗、养老等社会保障资金在城乡之间、不同地域之间的转移、结算和接续、缴存，为农民工在城乡之间有序转移提供制度保障。拓展农民工就业创业空间。制定鼓励农民工创业扶持政策，加大扶持政策宣传力度，工商、税务、国土、金融等部门对创业者在办证、税收、用地、信贷等方面可给予一定优惠，简化服务手续。加强农民工劳动权益保护。构建公平的劳动者权益保护制度，保障农民工就业合法权益，健全农民工收入分配制度，统一城乡劳动力市场，完善最低工资保障制度，提高农民工收入。加大农民工就业技能培训。依托职业技术院校、行业协会、农民工所在企业等，加大各级政府投入，持续提供免费技能培训，提升农民工就业再就业技能。成立专门农民工就业中介服务机构，加强劳动力市场统计监测和信息发布，为企业和农民工提供信息对接平台。

在农村一端，大力优化农村生产生活及创业环境，让在农业生产经营方面有比较优势的农民"愿意留"。一是大力改善农村生产方式，让留守农民尽快转型为现代农业产业工人。根据农村人口流动现状，及时对农村土地进行合理分配，对已在城市就业落户的农民工及其家属，鼓励其逐步退还农业用地和宅基地，同时，通过产权制度改革，实现农地承包权、经营权、使用权的流通、转让，让大量土地集中在有农业生产经营比较优势的农民手中，以实现农业现代化、规模化经营，提高农业生产率。二是推进农村基础设施建设和城乡基本公共服务均等化，改善农村生产生活环境。在农村公共产品和准公共产品方面，加大政府投入，加大"水、电、网、路、气、房"建设，大力改善农田水利等制约农业生产的关键基础设施，加快实现农村公路"村村通"，全面改善农村饮水、用电、用网问题，推进乡村公共照明建设，建设乡村公共活动场所，加快农村住房改造和新农村建设。三是优化农村创业环境，鼓励大众创业。根据当地优势，有针对性地鼓励和扶持创业项目，发展优势行业产业链，提升核心竞争力。依托现有农业产业园区等，整合发展农民工返乡创业园区，完善园区内交通、物流、网络等基础设施建设，加强财政资金引导，以投资补助、贷款贴息等方式对园区内产业孵化提供支持。进一步减少"三农"收费项目，降低收费标准，切实减轻农民工在农村地区的创业成本。设立农民工创业绿色通道，简化农民工创业行政审批手续，减免农民工创业各项税费负担。

在加快农民工市民化的同时，还需要加大农村农业信贷投入，支持农业现代化。加大对农村农田水利、道路、电力、网络等基础设施建设的中长期信贷扶持，改善农业生产基础条件。扩大农业合作社、家庭农场等新型农业主体的信贷投放，有效盘活农地、农房、林地等可抵押农业资源，支持高效农业、规模农业、集约农业发展。加大金融扶贫力度，通过金融支持、项目带动、异地搬迁等形式消除农村贫困人口，改善农村地区支付环境和信用体系建设，提升农村金融可获性和便利性。

只有这样从农村和城市两端着手，才能让人力资源得到更充分的利用，为城乡协调发展提供基本条件。

三　推进城乡发展一体化

城镇化是伴随着工业化发展，非农产业在城镇集聚、农业人口向城镇集中的自然历史过程，是人类社会发展的客观趋势，是现代化建设的核心内容。改革开放以来，特别是近年来，河南省坚持把城镇化放在事关经济社会发展全局的突出位置，不断完善发展思路、发展举措，积极探索新型城镇化发展道路，城镇化进程明显加快，取得了显著成效。

1. 城镇化水平

2013年河南城镇常住人口为4123万人，比2007年增长22.46%，城镇化率为43.8%，高于2007年9.5个百分点。中心城市和县城2007～2013年累计新增常住人口、户籍人口分别为650万人和310万人，分别占全省新增城镇常住人口、户籍人口的85.4%和93.9%，是河南城镇化发展速度较快的时期。

2. 现代城镇体系初步形成

郑州国家区域性中心城市地位不断提升，地区性中心城市组团式发展深入推进，县城规模不断壮大。由表3-10可知，2012年河南城区人口规模超过20万人的城市有39个，其中郑州中心城区常住人口超过500万人，洛阳超过 200 万人；有建制镇 1014 个，正在形成以城市群为主体形态、大中小城市和小城镇协调发展的格局。河南城市（镇）数量及其变化情况如表 3 - 10 所示。

表 3 - 10　河南城市（镇）数量及其变化情况

单位：个

	2000 年	2012 年
500 万以上人口城市	—	1
100 万 ~ 500 万人口城市	2	2
50 万 ~ 100 万人口城市	8	9
20 万 ~ 50 万人口城市（县城）	7	27
20 万人口以下城市（县城）	108	85
建制镇	844	1014

3. 城镇综合承载能力明显提升

城市道路面积、人均住宅面积、燃气普及率、人均公园绿地面积等指标大幅提升，由表 3 - 11 可知，2012 年河南城市生活污水集中处理率和生活垃圾无害化处理率分别为 87.8% 和 86.4%，人居环境不断改善。社会保障覆盖面不断扩大，教育、卫生、文化、体育、养老等公共服务设施不断完善，公共服务能力显著增强。河南城市综合承载能力变化情况如表 3 - 11 所示。

表 3 - 11　河南城市综合承载能力变化情况

指标	2000 年	2012 年
燃气普及率（%）	43.4	77.9
道路面积（万平方米）	6938	26458
生活污水集中处理率（%）	10.8	87.8
生活垃圾无害化处理率（%）	58.1	86.4
人均公园绿地面积（平方米）	6.07	9.2
人均住宅面积（平方米）	8.9	34.7

4. 产城互动发展成效显著

三大体系（现代产业体系、自主创新体系、现代城镇体系）、五大基础（交通、信息、水利、能源、生态环境）建设深入推进，产业集聚区载体作用日益突出，第二、第三产业快速发展，城镇产业支撑能力不断增强。2013 年全省产业集聚区规模以上工业主营业务收入占全省比重为 47.9%，累计吸纳就业人口占全省新增就业人口的50%以上，实现了省内转移就业人口超过省外转移就业人口的历史性转变。

5. 河南城乡一体化进程中的主要问题

大量农业转移人口难以融入城市，市民化进程滞后。截至2013年年底，全省共有2600多万农民工，其中在省内的有1500多万。受城乡分割的户籍制度影响，大量农村转移人口未能在教育、就业、医疗、养老、保障性住房等方面平等享受城镇居民的基本公共服务，特别是在省外务工的面临困难更多。同时，城乡二元结构和城市内部二元结构矛盾突出，2020年之前，还有1000多万农村人口亟待转移，城市建成区内涉及200多万户的城中村、棚户区需要改造。

城市发育水平低，空间分布和规模结构不合理。中原城市群密切城际联系、加快一体化发展的任务繁重；郑州区域性中心城市核心辐射带动能力不强，地区性中心城市区域服务功能弱、节点支撑不够；县级城市现代化水平低，集聚产业和人口的潜力没有充分发挥；小城镇数量多，规模小，功能有待提升。

城市可持续发展能力亟待增强，管理服务水平不高。少数城市无序开发，重城市建设、轻管理服务，重地上、轻地下，重经济发展、轻环境保护，大气、水、土壤等环境污染不断加重，城乡建设缺乏特色，人居环境较差，城市运营管理效率不高，公共服务供给能力不足；个别大城市出现了交通拥堵、环境恶化等"城市病"现象。

体制机制尚不健全，阻碍了城镇化健康发展。户籍管理、土地管理、社会保障等方面的制度改革滞后，农民转市民后财产权益的保护和实现机制尚不完善，多元化的城市建设投融资体制机制尚未完全建立，城市建设资金不足、过度依赖土地出让金；一些地方城镇建设规模扩张过快，占地过多，用地粗放，制约了城镇化健康发展。

6. 河南城镇化的金融扶持

城镇化进程中，无论是产业培育还是产业工人的培训都需要投入，在这方面河南的城镇化进程得到了较大的金融支持。①

银行。截至2013年末，河南银行业金融机构网点12161家，较年初新增208家，其中非地方法人一级分行26家，地方法人机构230家。2013年河南地方法人金融机构改革步伐加快，城市商业银行机构布局不断优化，新

---

① 熊德平：《农村金融与农村经济协调发展研究》，社会科学文献出版社，2009。

设分支机构 36 家，县域覆盖率达到 100%；全省共有村镇银行 61 家，村镇银行法人机构覆盖 76 个县（市），覆盖率达到 77%，总量、覆盖县域数量居全国第 4 位、中部省份第 1 位。

截至 2013 年末，河南银行业金融机构本外币贷款余额 23511.4 亿元，同比增长 15.8%，较年初增加 3144.2 亿元，同比增加 493.4 亿元。考虑到表外贷款增加 1209.8 亿元，以及核销剥离不良贷款、以物抵债 91 亿元，全口径本外币贷款实际新增 4445 亿元。

证券保险。截至 2013 年末，河南共有证券、基金经营机构 228 家，期货经营机构 76 家，省级保险分公司 60 家，地市及以下保险公司分支机构 5648 家。2013 年河南资本市场实现融资 467.38 亿元，其中，辖区上市公司实施并购重组再融资涉及金额 210.38 亿元；保险业累计提供风险保障 12.36 万亿元，同比增长 52.16%，其中，农业保险累计为 942.32 万户农民提供风险保障 359.19 亿元。

非银行业金融机构。近年来，河南信托公司、小额贷款公司、融资性担保公司、农村资金互助组织等非银行业金融机构发展较快，资金多投向地方政府融资平台、小微企业等，对城镇化起到了一定促进作用。据统计，2013 年非银行业金融机构投放到实体经济的资金规模在 78 亿元左右。

四 实现农村现代化

从城乡协调发展的内涵分析可知，城乡协调发展不是单方面让城市协助乡村，也不是相反，而是强调双方的协作，实现共同发展，除了发展水平提高外，还需要提高发展的能力。河南也不例外，前面已讨论了城市发展过程中产业兴城的农民工市民化的举措，它们是相辅相成的，对提高河南城镇化水平无疑是有效的，农民工输出本身就是城乡协调发展的表现，但同时农民工输出后的农村现代化的目标及如何实现问题就成为关键，它关系到河南城乡协调发展的可持续性。

关于农村现代化的理论有很多，从 20 世纪早期梁漱溟、晏阳初的乡村实践运动开始，中国的农村现代化探索已尝试近 100 年了，但现实却不容乐观。这里无意贬低以前的研究，恰好是从另一个角度证明了农村现代化的复杂性和难度。河南近 10 年来的农村人均纯收入和农村固定资产投资水平及其变动情况，也证实了中国农村现代化还任重道远。结合图 3-9、图 3-10 可以清晰地发现，农村农户固定资产投资远远低于城镇水平，农村的现代化目标如果是工业化，不但投资的效率低于城市，而且其自我实现的概率接近于零，直接原因是劳动力和投资的严重不足。

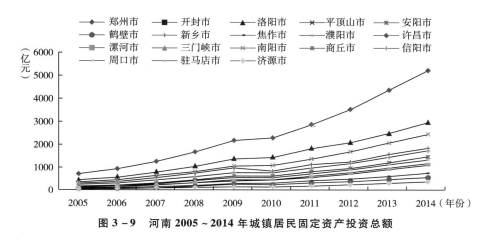

图3-9 河南2005~2014年城镇居民固定资产投资总额

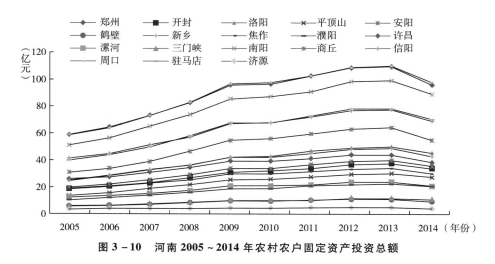

图3-10 河南2005~2014年农村农户固定资产投资总额

农村现代化不能以工业化为目标，也不能依靠自给自足式的家庭经营去较大幅度地提高农村的生活水平。如农村不能为越来越多的城市人口提供充足而又健康的农产品服务时，城乡各自发展都会成问题，当然更谈不上城乡协调发展了。因此，农村现代化必须结合各地的实际情况，大力发展绿色农业，开展乡村文化保护，为乡村旅游提供资源，这样才能不断提高乡村为系统内外服务的能力，才能具备实现城乡协调发展所需的前提条件。

第四章
促进产业协调发展，加快构建现代产业体系

第一节　河南产业协调发展的现实基础

本节主要从产业经济的整体发展水平、产业结构、产业链、产业技术、产业组织等方面对河南产业协调发展的基础条件展开分析。

一　产业发展的整体水平

改革开放以来，河南的产业经济发展取得了令人瞩目的成就，现已建立了门类齐全的产业体系，并初步实现了从前工业化阶段向工业化中后期阶段的迈进。特别是自"九五"以来，面对复杂严峻的国内外经济形势，河南主动适应经济发展新常态，坚持调中求进、改中激活、转中促好、变中取胜，使全省经济呈现总体平稳、稳中有进、稳中向好的发展态势。

1. 产业发展的主要成就

"九五"以来，河南深入贯彻中央扩大内需、促进增长的一系列宏观经济调控政策，认真落实省委全会、省人大确定的各项任务，努力扩大内需，着力调整结构，稳步推进改革开放，积极实施"东引西进"，使得国民经济运行质量和效益显著提高，综合经济实力迈上一个新台阶。据统计，在"十二五"末期的2015年，全省全年三次产业生产总值已达3.7万亿元，仍居全国第五位，人均生产总值3.9万元，按可比价格计算，两者均为2010年的1.6倍。以产业来看，第一产业增加值4209.6亿元，同比增长4.4%；第二产业增加值18189.4亿元，同比增长8.0%；第三产业增加值14611.3亿元，同比增长10.5%。具体来看，当前河南的产业经济发展体现

出以下几个特点。

（1）农业生产形势良好

河南粮食总产量连续增产 12 年，圆满完成粮食生产核心区的中期目标。2015 年全省粮食产量实现"三个突破"，即夏粮总产量第一次超过 700 亿斤、秋粮总产量第一次超过 500 亿斤、粮食总产量第一次超过 1200 亿斤。

（2）工业生产平稳增长

2015 年全省规模以上工业增加值增长 8.6%，高于全国平均水平 2.5 个百分点。从所有制类型看，民营经济和涉外企业取得不凡业绩。在国有企业增加值下降 1.4% 的同时，股份制企业增长了 9.4%，外商及港澳台商投资企业增长了 10.4%。从三大门类来看，制造业仍是工业的中流砥柱。在采矿业和电力热力供应业均下降的同时，制造业逆势增长，增幅达 10.2%。从大类来看，40 个大类行业中有 32 个行业增加值保持同比增长。其中，装备制造业的全部子行业，以及非金属矿制品、农副食品加工、化学原料和化学制品制造等需求旺盛部门均表现亮眼，增幅远超行业平均水平。

产业集聚区建设为工业稳定增长提供了有力支撑。2015 年，产业集聚区规模以上工业增加值同比增长 13.3%，增幅超过全省工业平均水平 4.7 个百分点。产业集聚区工业增加值达到全省工业总体比重的 60.4%，对全省工业增长的贡献率高达 89.8%，拉动全省工业增长 7.7 个百分点。

（3）产业转型升级取得重大进展

第三产业成为拉动增长、扩大就业的生力军。2015 年第三产业增加值占生产总值的比重达到 39.5%，比"十一五"末期的 2010 年提高了 8.9 个百分点。高成长性制造业和高技术产业托起了河南工业的半壁江山，2015 年这两类产业增加值占工业总体的 56.3%，比 2010 年提高了 15.5 个百分点，其中的装备、食品行业主营业务收入均超过万亿元。产业创新能力持续增强，国家级研发中心数量翻番。国家重点实验室新增 9 家，达到 14 家。河南粮食作物协同创新中心成为国家首批协同创新中心。可见光通信、客车智能驾驶等核心关键技术研发取得重大突破。

2. 产业发展的突出问题

当然，河南产业发展在取得巨大成就的同时，也暴露出增长后劲乏力、盈利能力弱化等问题。

（1）产业增长速度趋缓

尽管河南地区生产总值在总量规模方面连续多年排名全国第五，但增长速度却不尽如人意。自"十一五"以来，河南地区生产总值的增速下滑趋势较为明显，这一趋势在第二产业的表现尤为突出。近十年间，河南地区生产总值的增长速度从"十一五"期间的年均12.9%下降到"十二五"期间的年均9.6%，下降了3.3个百分点。同期第二产业的增速从"十一五"期间的年均15.5%下降到"十二五"期间的年均10.4%，下降了5.1个百分点（见表4-1）。从工业品的市场占有率来看，2011~2014年，河南规模以上工业企业销售收入占全国工业总体市场的比重从7.0%下降到6.6%，减少了0.4个百分点，这也从一个侧面反映出河南工业竞争力水平的下降趋势。

表4-1 河南地区生产总值指数比较（上一年指数定为100）

	2006年	2007年	2008年	2009年	2010年	"十一五"期间
地区生产总值	114.4	114.6	112.1	110.9	112.5	112.9
第二产业	117.8	118.1	114.6	112.4	114.8	115.5
	2011年	2012年	2013年	2014年	2015年	"十二五"期间
地区生产总值	111.9	110.1	109.0	108.9	108.3	109.6
第二产业	113.2	111.4	109.6	109.4	108.6	110.4

资料来源：相应年份《河南统计年鉴》。

河南工业增长速度显著下滑的主要原因是纺织服装、建材、机械工业和电子通信等行业增速的全面下降。这既有全国宏观经济形势严峻的整体影响，又是本地产业结构调整升级进入攻坚阶段的现实反映。上述产业大多与我国当前的住房、电子通信等消费热点密切相关，这些产业发展后劲的强弱将直接影响河南工业发展的长足表现。

（2）产业盈利能力下降

近年来，河南工业的盈利能力也表现出明显的下滑态势。从表4-2可以看出，在企业资产获利能力方面，近十年间，河南工业的总资产贡献率从"十一五"期间的年均22.5%下降到"十二五"期间的年均18.6%，下降了3.9个百分点。从"成本费用利润率"指标所表示的工业成本投入获利能力来看，下降趋势同样明显，在"十一五"期间的均值为10.0%，而"十二五"期间的均值降为8.5%，下降了1.5个百分点。2015年，全省工业企业实现主营业务收入7.2万亿元，同比增长6.6%。但同期发生的主营业务成本为6.3万亿元，增长7.4%。从产成品的销售态势来看，2015年底，全省工业企业应收账款4899.6亿元，同比增长12.1%。产成品存货

1572.2 亿元，增长了 7.0%。

表4-2 河南工业经济效益指标比较

单位：%

	2006 年	2007 年	2008 年	2009 年	2010 年	"十一五"期间
总资产贡献率	20.7	23.5	24.7	21.0	22.4	22.5
成本费用利润率	9.1	11.6	9.5	9.6	10.2	10.0
	2011 年	2012 年	2013 年	2014 年	2015 年	"十二五"期间
总资产贡献率	22.7	18.9	16.9	15.8	22.7	18.6
成本费用利润率	9.5	8.3	8.2	7.8	—	8.5

资料来源：相应年份《河南统计年鉴》。

盈利能力是影响产业未来发展的关键因素。近年来，河南工业盈利能力表现出的下滑趋势值得警惕，它将损害工业资源的优化配置效率，影响产业可持续发展的能力。

二 产业结构升级

改革开放以来，河南的产业结构走出了一条不断调整和优化的道路。从"六五"时期一般消费品工业占主导迅速向"七五"时期的新型耐用消费品工业为主转变。"八五"和"九五"时期，河南重工业发展迅猛，电子通信和电器机械产业飞速成长，成为名副其实的支柱产业。"十五"以来，河南的产业发展目标开始从侧重经济效益向经济效益与社会效益并重转变。同时，高科技等新兴产业不断崛起，基础产业发展状况也有了较大改观。总体来看，近年来河南产业结构调整与转型升级的步伐明显加快，可将产业结构的演化特征总结如下：

1. 三次产业结构

三次产业结构持续优化，产业结构的及时有效调整在很大程度上适应和促进着产业发展和经济社会进步。如表4-3所示，2006~2015年，全省三次产业产值比例由 15.1:53.8:31.0 变化为 11.4:49.1:39.5。2015年第一产业的产值比重相比 2006 年下降了 3.7 个百分点，第二产业的产值比重下降了 4.7 个百分点，第三产业的产值比重上升了 8.5 个百分点。三次产业产值比重的此消彼长，与河南的工业化进程有关，也同发达国家工业化进程中的产业结构变动规律相吻合。

89

在第一产业内部，农业产业化政策的实施推动农业内部结构更趋合理。因应市场供求关系的发展变化，非农产业得到更快发展，已成为农业经济进一步发展的"亮点"。服务业成为支撑经济增长的重要力量。2015年，服务业对全省经济增长的贡献率达37.9%，拉动全省经济增长3.1个百分点。全省经济增长动力已从主要由第二产业拉动向第二、第三产业共同拉动的格局转变。工业产业结构继续优化。高技术产业增加值增长20.0%，高于全省工业增速11.4个百分点，占全省规模以上工业增加值的比重达到8.8%。高成长性制造业增加值增长11.4%，高于全省工业增速2.8个百分点，占全省规模以上工业增加值的比重达到47.5%。

表4-3 河南三次产业产值结构演变

单位：%

	2006年	2007年	2008年	2009年	2010年
第一产业比重	15.1	14.4	14.5	13.9	13.8
第二产业比重	53.8	54.3	55.9	55.1	55.5
第三产业比重	31.0	31.3	29.7	31.0	30.6
	2011年	2012年	2013年	2014年	2015年
第一产业比重	12.8	12.5	12.3	11.9	11.4
第二产业比重	55.1	53.7	52.0	51.0	49.1
第三产业比重	32.1	33.8	35.7	37.1	39.5

资料来源：相应年份《河南统计年鉴》。

从表4-4河南三次产业从业人员结构演变来看，第一产业就业比重呈现整体下降趋势，第二、第三产业就业比重呈现逐年上升趋势。将表4-4的从业人员结构与表4-3的产值结构相比较可以大致发现，第一产业的生产效率明显低于第二、第三产业，但随着第一产业过剩劳动力的持续外流，其与第二、第三产业的相对效率差距有缩小的趋势。

表4-4 河南三次产业从业人员结构演变

单位：%

	2006年	2007年	2008年	2009年	2010年
第一产业比重	53.3	50.6	48.8	46.5	44.9
第二产业比重	23.6	25.8	26.8	28.2	29.0
第三产业比重	23.0	23.7	24.4	25.4	26.1

续表

	2011 年	2012 年	2013 年	2014 年	2015 年
第一产业比重	43.1	41.8	40.1	40.7	39.0
第二产业比重	29.9	30.5	31.9	30.6	30.8
第三产业比重	27.0	27.7	28.0	28.7	30.2

资料来源：相关年份《河南统计年鉴》。

"十一五"以来，河南三次产业的结构比例持续优化，但与全国平均水平相比，仍存在一定差距。2014 年，我国国民经济中三次产业产值比例为9.2∶42.7∶48.1。相比之下，河南第一产业产值比重过高，高出 2.7 个百分点。第二产业产值比重高出 8.3 个百分点，第三产业产值比重则落后 11 个百分点。如果说河南是我国的农业大省，承担着保障国家粮食安全的重任，农业产值比重偏高有其合理性，那么第三产业产值比重严重偏低，则说明河南服务业的发育迟缓。

2. 工业结构

"九五"以来，工业在国民经济发展中的主导地位日益增强，不断加速的工业化进程在河南经济发展中发挥着举足轻重的作用。河南的工业化不但注重对经济发展的推动作用，更注重内在体系的完善和质量的提高。目前，河南工业体系以机械、电子、石油、化工、冶金、建材、煤炭、电力为主体，并已培育出安玻、双汇、莲花、许继、新飞等一批在国内外市场有较强竞争力的企业集团和名牌产品。总体来看，河南工业结构的演变主要体现出以下特征。

（1）重工业比重缓慢下降，轻工业比重逐渐上升

以重工业的迅猛增长拉动经济发展的时代已经过去。从表 4-5 可以看出，经历过改革开放初期轻工业的飞速赶超和 20 世纪末重工业的迅猛发展后，近年来河南轻重工业增加值比重逐渐形成 3∶7 的稳定状态，未发生显著变化。其中，轻工业占河南工业增加值的比重从 2006 年的 29.2% 缓慢提升到 2014 年的 32.1%，增长了 2.9 个百分点；重工业增加值比重从 2006 年的70.8% 下降到 2014 年的 67.9%，下降了 2.9 个百分点。

从表 4-5 来看，重工业增加值比重的长期下降趋势是显著的。从表 4-6 所反映的相对增长速度来看，2006~2014 年，重工业增加值增速慢于轻工业的有 7 年，快于轻工业的有 3 年。这说明河南已经逐渐越过了以重化工业带动经济增长的发展阶段。

表 4 - 5　河南省轻重工业增加值比重

单位：%

	2006 年	2007 年	2008 年	2009 年	2010 年
重工业比重	70.8	69.8	69.3	68.3	69.0
轻工业比重	29.2	30.2	30.7	31.7	31.0
	2011 年	2012 年	2013 年	2014 年	2015 年
重工业比重	69.4	68.4	67.1	67.9	67.7
轻工业比重	30.6	31.6	32.9	32.1	32.3

资料来源：相关年份《河南统计年鉴》。

表 4 - 6　河南轻、重工业增加值指数变化（上一年指数定为 100）

	2006 年	2007 年	2008 年	2009 年	2010 年
重工业增加值指数	122.8	123.9	117.6	115.0	118.8
轻工业增加值指数	124.6	125.0	124.8	113.7	120.0
	2011 年	2012 年	2013 年	2014 年	2015 年
重工业增加值指数	119.2	113.9	111.9	111.7	108.1
轻工业增加值指数	120.4	116.2	111.5	110.4	108.9

资料来源：相应年份《河南统计年鉴》。

（2）传统产业比重持续下降，高成长性产业比重上升

产业结构高级化趋势明显。近年来，河南传统产业的发展速度普遍放缓，产值比重下降，在国际、国内的竞争力趋于下降。2015 年，河南冶金、建材、化学、轻纺、能源这五大传统支柱产业的主营业务收入增长率仅为 1.5%（见表 4 - 8）。而同期，电子信息、装备制造、汽车及零部件、食品、现代家居、服装服饰这六大高成长性制造业的产值增长率达到 12.2%（见表 4 - 7）。两者在盈利能力方面的差距更为显著，五大传统支柱产业的利润总额同比下降 8.4%（见表 4 - 8），而六大高成长性制造业的利润总额则增长了 7.6%（见表 4 - 7）。

凭借增长速度快、区域聚集度高、资金技术投入相对密集、创新能力强等特点，以电子信息、装备制造和汽车及零部件为主的高技术制造业持续快速增长，拉动产业结构的全面升级。由表 4 - 7 可知，2015 年，河南电子信息产业的主营业务增长率达 25.7%，利润增长率达 23.6%；汽车及零部件制造业的主营业务增长率达 15.4%，利润增长率达 18.2%；装备制造业的主营业务增长率达 11.5%，利润增长率为 3.6%。

表 4 - 7　河南 2015 年规模以上工业高成长性制造业主要财务指标

行业	主营业务收入		利润总额	
	2015 年（亿元）	同比增长（%）	2015 年（亿元）	同比增长（%）
高成长性制造业合计	33528.22	12.2	2507.80	7.6
其中：电子信息产业	3656.09	25.7	149.99	23.6
装备制造业	11404.93	11.5	796.39	3.6
汽车及零部件产业	2643.05	15.4	244.42	18.2
食品产业	10603.04	8.3	885.05	5.2
现代家居产业	2765.65	12.9	234.89	7.4
服装服饰	2455.46	11.3	197.07	12.8

资料来源：河南省统计局官网。

表 4 - 8　河南 2015 年规模以上工业传统支柱产业主要财务指标

行业	主营业务收入		利润总额	
	2015 年（亿元）	同比增长（%）	2015 年（亿元）	同比增长（%）
传统支柱产业合计	33996.51	1.5	1887.75	-8.4
其中：冶金工业	8435.50	1.0	271.76	-9.9
建材工业	8143.84	7.1	686.34	-1.8
化学工业	5497.98	1.7	321.55	5.8
轻纺工业	6677.66	7.7	560.34	6.5
能源工业	5241.54	-11.9	47.75	-79.2

资料来源：河南省统计局官网。

（3）主导产业群内部结构调整

由表 4 - 9 可以看出，按照增加值比重排序的 2014 年河南前五大支柱产业依次是非金属矿物制品业、农副食品加工业、有色金属冶炼及压延加工业、化学原料及化学制品制造业、黑色金属冶炼及压延加工业。这五大产业的增加值比重均超过 5%，合计占河南工业总增加值的 37.7%，是名副其实的主导产业。从部门类型来看，这些产业凸显了河南的资源优势，都属于资源型或资源依托型产业。

与 2006 年相比，近年来增加值比重提升较快的产业包括：有色金属冶炼及压延加工业（从 5.2% 到 7.0%，排名上升了 2 位）、化学原料及化学制品制造业（从 4.5% 到 5.6%，排名上升了 2 位）、黑色金属冶炼及压延加工业（从 4.2% 到 5.5%，排名上升了 2 位）。值得关注的是，河南主导产业中能源、金属矿采选及冶炼加工业的较高速度增长主要依靠增加资本和劳动力投入，以及提高产品价格的外延粗放型增长方式，这种增长模式的可持续性不强。

与 2006 年相比，位次变化最大的是纺织业，该产业彻底退出了前十名的行列，而其位置被新进入的计算机、通信和其他电子设备制造业代替。2014 年，该产业占工业总产值的比重为 4.3%，在十大产业中排名第七。此外，专用设备制造业的比重和排名也出现了明显的提升（从 3.2% 到 4.7%，排名上升了 3 位）。这说明，以电子信息产业为代表的新兴产业，以及以电气机械为代表的高新技术产业在河南产业体系中的主导地位正在提升。

表 4-9　不同时期河南支柱工业增加值比重排序

排名	2006		2014	
	产业名称	增加值比重	产业名称	增加值比重
1	非金属矿物制品业	11.9	非金属矿物制品业	11.4
2	农副食品加工业	9.9	农副食品加工业	8.2
3	煤炭开采和洗选业	7.4	有色金属冶炼及压延加工业	7.0
4	电力、热力的生产和供应业	6.1	化学原料及化学制品制造业	5.6
5	有色金属冶炼及压延加工业	5.2	黑色金属冶炼及压延加工业	5.5
6	化学原料及化学制品制造业	4.5	专用设备制造业	4.7
7	黑色金属冶炼及压延加工业	4.2	计算机、通信和其他电子设备制造业	4.3
8	通用设备制造业	3.8	通用设备制造业	4.1
9	专用设备制造业	3.2	电力、热力的生产和供应业	4.1
10	纺织业	3.2	煤炭开采和洗选业	4.1
合计		59.3		58.8

资料来源：根据相应年份《河南统计年鉴》计算得出。

三　产业组织演进

近年来，河南产业组织结构进一步优化与调整，不断发生着深刻变化。产业集中度、企业的规模构成和专业化协作水平都在持续改善和提高，行业内的资源配置变得更为合理和高效。

1. 产业集中度稳步提升

从表4-10可以看出，2006～2013年河南工业总产值中大型企业产值比重稳步提升，从21.3%增长到34.3%，提高了13个百分点；中型企业比重也有明显提升，共计增长12.1个百分点。与大、中型企业产值比重的提升相对应的是小型企业产值比重的下降，小型企业产值比重从2006年的62.9%下降到2014年的37.8%，共计下降了25.1个百分点。这说明，近年来河南工业的集中度稳步上升，小型企业不断成长为中型和大型企业，大、中型企业在产业发展中的主体作用日益突出。

表4-10　河南大、中、小型企业产值比重变化

单位：%

	2006年	2007年	2008年	2009年
大型企业产值比重	21.3	31.9	29.5	27.0
中型企业产值比重	15.8	27.6	29.1	30.9
小型企业产值比重	62.9	40.5	41.4	42.2
	2010年	2011年	2012年	2013年
大型企业产值比重	23.6	25.5	34.0	34.3
中型企业产值比重	29.8	30.6	27.4	27.9
小型企业产值比重	46.5	43.8	38.6	37.8

资料来源：相应年份《河南统计年鉴》。

2. 企业平均规模不断扩大

从表4-11可以看出，2006～2013年，河南工业企业的平均规模稳步增长。2013年规模以上工业企业的平均资产额达到2006年的2.3倍，销售收入达到2006年的2.4倍，增加值达到2006年的2.3倍，利润达到2006年的2倍。2013年规模以下工业企业的增加值也达到2006年的1.4倍。

从不同规模工业企业的数量分布来看，2006～2013年，规模以上工业企业数从11895家增加到20583家，增长了73.0%；规模以下工业企业数则从696587家缩减到613201家，减少了12.0%。规模以上与规模以下工业企业数量的此消彼长，恰好反映出近年来企业规模整体攀升的长期趋势。

表 4 – 11　河南工业企业平均规模变化

		2006 年	2007 年	2008 年	2009 年
规模以上工业企业	企业数（家）	11895	13518	15795	18592
	平均资产（亿元）	0.9	1.0	1.0	1.1
	销售收入（亿元）	1.2	1.4	1.6	1.5
	增加值（亿元）	0.3	0.4	0.5	0.4
	利润（亿元）	0.1	0.1	0.1	0.1
规模以下工业企业	企业数（家）	696587	780941	664548	756548
	增加值（万元）	24.3	24.1	31.2	29.7
		2010 年	2011 年	2012 年	2013 年
规模以上工业企业	企业数（家）	19574	18336	19245	20583
	平均资产额（亿元）	1.2	1.6	1.8	2.1
	销售收入（亿元）	1.8	2.6	2.7	2.9
	增加值（亿元）	0.5	0.6	0.7	0.7
	利润（亿元）	0.2	0.2	0.2	0.2
规模以下工业企业	企业数（家）	743585	719527	663253	613201
	增加值（万元）	27.6	33.2	36.5	34.9

　　资料来源：相应年份《河南统计年鉴》。

　　3. 大型工业企业大而不强，缺乏行业龙头企业

　　省内的大型工业企业主要分布在电力、石化、钢铁、自来水等能源、原材料和基础部门，这些大型工业企业主要因行业进入限制和传统的政策倾斜而形成。大型工业企业在一般竞争性行业中所占比重较小。河南的服装、食品、建材、日化等产品产量居世界前列，但进入世界前列的企业与品牌却屈指可数。

　　从工业经济效益指标来看，河南大型企业显得"大而不强"。2014 年，河南大型工业企业总户数占全国的 6.8%，但销售收入仅占全国大型工业企业总额的 5.6%，资产总额占 4.6%，利润总额占 4.7%。这组数据的对比说明，在资产规模、销售收入、盈利水平方面，河南大型工业企业的平均表现低于全国大型工业企业的一般水平。

四　产业技术进步

　　产业技术实力强，具备一定的专业化优势，才能更好地把握行业发展方

向，准确选择技术创新跨越点。2006 年 5 月，河南省委、省政府提出"实施自主创新跨越发展战略，建设创新型河南，是实现中原崛起的必然选择"。在自主创新跨越发展战略的大力带动下，河南产业技术层次逐步升级。

1. 产业研发投入水平大幅提升

在"自主创新跨越发展"战略的推动下，河南产业部门的科技资源投入水平空前提升，投入结构更趋合理。2009～2014 年，全省大中型工业企业 R&D（研究开发，即研发）投入从 125.4 亿元增长到 309.1 亿元，投入额增长近 1.5 倍。

从表 4 - 12 可以看出，2009～2014 年，全省大中型工业企业从事 R&D 活动的人员从 8.0 万人增长到 15.9 万人；企业从业人员中，科技人员所占比重从 2.9% 提升到 3.6%。同时，全社会 R&D 投入总额中来源于企业的资金比重稳定维持在 80% 以上，企业的研发主体地位已经确立。

表 4 - 12　大中型工业企业科技投入情况

	2009 年	2010 年	2011 年	2012 年	2013 年	2014 年
R&D 投入（亿元）	125.4	171.9	203.9	237.8	244.2	309.1
企业占全社会 R&D 投入的比重（%）	82.3	81.7	83.7	81.8	84.4	81.8
企业 R&D 活动人员（人）	80074	90813	111577	124159	148109	158822
企业办科技机构（个）	828	856	880	953	1062	1098
企业项目数（个）	5665	6086	7169	7704	9296	9903
R&D 投入／销售收入（%）	0.7	0.7	0.7	0.7	0.7	0.7
科技人员的比重（%）	2.9	3.1	3.0	3.1	3.3	3.6

资料来源：相应年份《河南统计年鉴》。

当全社会大力倡导自主创新、推崇原创技术时，对已有新技术的引进、吸收和再创新也未被忽视。企业的技术引进不再以急于求成的成套设备进口为主，而是将大量的投入用于引入技术的后期改造和再创新。由表 4 - 13 可知，2014 年，河南大中型工业企业技术引进支出与技术消化、吸收和改造支出的比例为 1:12.8。而在韩国通过技术引进走上技术强国之路的发展阶段，这一比例为 1:8。被重新重视起来的技术引进、吸收和再创新，正逐渐将引进的技术内化为本土企业的优势技术，从而帮助企业实现从"河南制造"到"河南创造"的巨大跨越。

表 4-13   河南大中型工业企业科技投入情况

单位：亿元

	2009 年	2010 年	2011 年	2012 年	2013 年	2014 年
引进国内、外技术经费支出	15.1	9.8	15.8	11.2	12.7	9.0
消化吸收经费支出	4.96	3.11	3.77	3.6	3.64	3.91
技术改造经费支出	158.73	136.49	161.34	132.96	141.92	111.04
技术引进支出与技术消化、吸收和改造支出的比例	1:10.8	1:14.3	1:10.5	1:12.2	1:11.5	1:12.8

资料来源：相应年份《河南统计年鉴》。

产业创新平台的建设进展顺利。2009~2014 年，河南大中型工业企业建成的各类科技机构从 828 个增长到 1098 个。这些科技机构所承担的研发项目从 5665 个增长到 9903 个，增长了 74.8%。这些科技机构的实验装备也有了显著改善，实验室仪器和设备原价从 68.9 亿元增长到 135.3 亿元，其中的进口仪器设备原价从 10.6 亿元增长到 18.5 亿元。截至 2012 年，河南省已建成国家级重点实验室 8 家、国家级工程实验室 20 家、国际联合实验室 12 家，建成国家级科技企业孵化器 12 家、国家火炬计划特色产业基地 8 家、国家级高新技术基地 14 家。自 2009 年中国产学研合作促进会河南工作站宣告成立以来，河南风电、小麦、花卉、耐火材料、盾构、生物疫苗与诊断试剂、中药、轨道交通等产业已陆续成立产业技术创新战略联盟。

2. 产业创新产出能力显著提高

创新能力的培育工作初显成效。2006~2014 年，全省年获得专利授权量从 5242 项增至 26833 项，增长了 4.1 倍。发明专利占专利总授权量的比重从 8.6% 增长到 11.8%。规模以上工业企业新产品产值占总产值的比重从 14.7% 增长到 21.9%，全员劳动生产率从 11.1 万元/人·年增至 17.2 万元/人·年。种植业耕地产出率从每公顷 2.6 万元增长到每公顷 4.2 万元。节能技术也得到长足发展，全社会单位 GDP 综合能耗由 1.34 吨标准煤/万元下降为 0.86 吨标准煤/万元。

在电子信息元器件、新材料、生物制药和中药现代化等高技术产业领域，培育了一批有竞争力的优势企业，形成了一批新的经济增长点。郑州拓普轧制技术有限公司成为国际顶级轧制企业，金龙精密铜管集团成为世界第一大精密铜管加工企业，宇通客车成为亚洲最大的客车生产厂家，许继集团成为我国电力系统继电保护研究生产领域的排头兵。这些企业的成功都得益于它们持续不断的技术创新，形成了人无我有、人有我优、人优我强的强大竞争优势。

在工业体系中增长势头最为迅猛的电子信息产业也逐步向高技术、高品质、高附加值的领域迈进。在继续保持以彩管玻壳为代表的元器件产品高速发展的同时，将计算机、通信和消费类产品相融合的数字化产品不断涌现，立体电视、光学元件、原材料、绿色电池、网络产品等成为产业发展的新热点。

3. 产业技术水平参差不齐

尽管河南工业的技术水平在快速提升，但行业之间和各行业内部都存在着不同程度的技术差距。总体上看，企业的自主创新能力尚显不足，核心技术和核心零部件还主要掌握在跨国公司手中。

在高新技术产业中，电子及通信设备制造业的技术创新能力较强，产业本身的研发实力和产业效益较好。但电子计算机制造业的技术进步不快，以加工组装的代工生产为主。仪器仪表制造业的主要核心技术掌握在合资的外方手中，国内企业缺乏自主创新能力。医药制造业除了在部分器材制造领域有一定优势，其他多以模仿为主，产业研发实力落后于发达省区。

传统工业部门的产业技术水平参差不齐，其中食品饮料制造、造纸和建材业的设备水平相对较高，但钢铁冶炼制造、纺织服装等行业的技术、设备和工艺水平较低。传统产业创新能力不足、技术人才短缺的问题比较突出，资源综合利用技术和环保技术普遍应用不足。

第二节　河南产业协调发展的诊断分析

本节对河南产业协调发展能力的解读主要涉及三个层次：一是分析产业大类间的投入－产出关系是否合理；二是分析产业间横向的资源流动和纵向的链式合作是否高效；三是分析产业内大、中、小企业间的竞争是否有序。

一　部门间的投入－产出关系

为了更深入地了解河南各产业部门的协调发展水平，本研究将使用投入产出分析法，探讨三次产业内各细分行业对产业和经济发展的感应度与影响力，从而判别产业间的关联关系。

1. 三次产业内各行业的需求及经济带动作用

首先对《2012年河南投入产出基本流量表》中的相关行业进行感应度系数和影响力系数的基本测算，识别出对国内经济各部门供应产出较多的行业，以及生产需求波及度较大的行业，从而根据产业间的需求及带动状况，判断三次产业协调发展的能力。

从表4-14对各行业感应度系数的计算来看，第一产业（农、林、牧、渔产品和服务）的感应度系数为1.8，在所有42个行业中排名第六，说明该产业为其他行业供给了较多的产品和原材料，产业的需求感应度高，基础性行业地位明显。

在第二产业中，化学产品的感应度系数达到3.1，金属冶炼和压延加工品为2.7，非金属矿物制品为1.7，数值较高。可见，在河南当前的产业结构现状下，这些行业的产品需求量较大，这一现象可能是由于上游的设备制造、汽车制造、房地产业等对其产生大量产品需求所致。另外，一些资源及能源供应领域的基础性行业感应度系数较高，如电力、热力的生产和供应达到1.9，石油、炼焦产品和核燃料加工品为1.3，煤炭采选产品为2.2，这些行业对其他行业的支撑度较高，有着较高的需求感应度。

在第三产业中，批发和零售的系数最高，为2.0，交通运输、仓储和邮政的感应度系数为1.6，这些流通及服务行业在国民经济体系中所提供的服务相对较多。其他第三产业部门的感应度系数普遍偏低，科学研究和技术服务为0.4，信息传输、软件和信息技术服务为0.5，教育为0.4，感应度系数都小于1，这些科技服务和信息服务行业在国民经济发展中还不能起到足够的支撑作用。近年来增长迅猛的建筑和房地产的感应度系数也较低，两者均为0.5。

从影响力系数来看，第一产业的生产需求波及度不高，影响力系数为1.0。第一产业粗放的生产及经营模式，对第二、第三产业的需求低，可能是其生产需求波及度偏弱的主要原因。

在第二产业中，专用设备、通用设备、电气机械和器材的影响力系数较高，分别为1.4、1.3和1.2，这说明装备制造业对其他部门的生产拉动作用相当强。作为传统支柱产业的纺织品，影响力系数也达到了1.2。当前河南上述产业的发展规模逐渐壮大，行业内分工十分发达，但企业的发展水平和层次还不够高。金属制品、机械和设备修理服务业及废品废料的影响力系数较高，分别达到 1.4 和 1.3，但这些行业要么规模偏小，要么技术含量有限，难以作为支柱产业来发展，对国民经济的整体带动效应不足。而像交通运输设备及通信设备、计算机和其他电子设备等附加值高、对经济发展带动作用大的行业影响力系数并不高，均为 1.1。

第三产业的影响力系数普遍较低。除金融的系数达到 1.3 外，其他行业的影响力均较为有限。租赁和商务服务为 1.2，交通运输、仓储和邮政为 1.1，科学研究和技术服务系数为 0.7，信息传输、软件和信息技术服务为 0.5。在第三产业中，信息技术服务、交通运输服务业、技术服务业的影响力系数低于各部门影响力系数的平均值，没有充分发挥其带动作用。建筑及房地产的影响力系数同样不高，分别只有 0.7 和 0.9。

表 4 – 14　2012 年河南主要行业感应度系数与影响力系数测算值

感应度系数		影响力系数	
行业	数值	行业	数值
化学产品	3.1213	金属制品、机械和设备修理服务	1.3892
金属冶炼和压延加工品	2.7126	专用设备	1.3741
煤炭采选产品	2.1787	金融	1.3054
批发和零售	1.9755	废品废料	1.2938
电力、热力的生产和供应	1.8514	通用设备	1.2616
农林牧渔产品和服务	1.8095	批发和零售	1.2614
非金属矿物制品	1.7483	纺织品	1.2105
交通运输、仓储和邮政	1.5956	电气机械和器材	1.2047
金属矿采选产品	1.4856	石油和天然气开采产品	1.2044
食品和烟草	1.4477	石油、炼焦产品和核燃料加工品	1.1953
造纸印刷和文教体育用品	1.3601	造纸印刷和文教体育用品	1.1946
石油、炼焦产品和核燃料加工品	1.3450	食品和烟草	1.1813
住宿和餐饮	1.1068	金属制品	1.1703
金融	1.0893	租赁和商务服务	1.1561
通信设备、计算机和其他电子设备	1.0003	纺织服装鞋帽皮革羽绒及其制品	1.1556
石油和天然气开采产品	0.9246	非金属矿和其他矿采选产品	1.1483
纺织品	0.9228	通信设备、计算机和其他电子设备	1.1419
通用设备	0.9044	交通运输设备	1.1316
金属制品	0.8694	住宿和餐饮	1.0934
电气机械和器材	0.8227	交通运输、仓储和邮政	1.0728

续表

感应度系数		影响力系数	
行业	数值	行业	数值
非金属矿和其他矿采选产品	0.7817	金属矿采选产品	1.0710
木材加工品和家具	0.7800	农林牧渔产品和服务	1.0235
专用设备	0.7491	非金属矿物制品	1.0108
金属制品、机械和设备修理服务	0.7397	燃气生产和供应	0.9412
纺织服装鞋帽皮革羽绒及其制品	0.6535	电力、热力的生产和供应	0.9392
废品废料	0.6485	公共管理、社会保障和社会组织	0.9372
租赁和商务服务	0.5824	木材加工品和家具	0.9243
交通运输设备	0.5734	金属冶炼和压延加工品	0.9050
信息传输、软件和信息技术服务	0.5275	文化、体育和娱乐	0.9038
燃气生产和供应	0.5274	房地产	0.8812
房地产	0.5259	煤炭采选产品	0.8692
建筑	0.4604	水利、环境和公共设施管理	0.8112
仪器仪表	0.4546	卫生和社会工作	0.7940
教育	0.4498	仪器仪表	0.7868
其他制造产品	0.4405	化学产品	0.7506
文化、体育和娱乐	0.4394	其他制造产品	0.7419
居民服务、修理和其他服务	0.4375	建筑	0.7138
科学研究和技术服务	0.4292	科学研究和技术服务	0.6681
水的生产和供应	0.4276	居民服务、修理和其他服务	0.6288
公共管理、社会保障和社会组织	0.3767	水的生产和供应	0.6056
水利、环境和公共设施管理	0.3704	教育	0.4873
卫生和社会工作	0.3534	信息传输、软件和信息技术服务	0.4592

资料来源：根据《2012年河南投入产出基本流量表》整理计算。

从各部门感应度系数与影响力系数的关联情况来看，第一产业属于感应度系数较高，而影响力系数较低的部门。该产业为其他部门提供产品或原材料较多，但辐射带动能力差，因此其发展也更多地受限于其他产业部门的发展情况。

在第二产业中，石油、炼焦产品和核燃料加工业品及食品和烟草、造纸印刷和文教体育用品属于感应度系数与影响力系数均较高的部门，对其他各部门的带动作用强，是名副其实的基础部门和支柱产业。专用设备、通用设备、电气机械和器材属于影响力系数较高，而感应度系数较低的行业，该类产业的生产需求波及度高，对经济发展带动作用大，受其他产业的制约少。

在第三产业中，批发和零售的感应度系数与影响力系数均较高，关联带动作用最强。交通运输、仓储和邮政的感应度系数高而影响力系数低，为其他产业提供服务较多，是其他产业良好发展的基础。科学研究与技术服务及信息传输、软件和信息技术服务，还有教育等部门的感应度系数和影响力系数都较低，说明该类产业在经济发展中的作用偏低。建筑及房地产的感应度系数和影响力系数也出现双低现象，若依靠这两个行业拉动经济增长将难以达到预期目标。

2. 三次产业内重点行业的部门技术经济联系

通过测算完全消耗系数，我们将进一步了解那些对国民经济发展具有重大推动作用的行业，以及其发展主要受到哪些部门的影响。

从表 4 - 15 来看，农林牧渔产品和服务对化学产品、食品和烟草、非金属矿物制品、金属冶炼和压延加工品等行业的需求较高，对煤炭采选产品与电力、热力的生产和供应以及石油、炼焦产品和核燃料加工品等基础性能源供应的完全消耗系数也相对较高，这说明该行业的产出消耗主要集中在食品生产、农业生产资料、基础化学原料及能源行业。此外，农林牧渔产品和服务对第三产业中的批发和零售与交通运输、仓储和邮政，以及金融的需求处于前三位，对信息技术行业需求较低，这或许正是当前农产品供需矛盾突出、价格波动频繁的原因之一。

表 4 - 15　河南农林牧渔产品和服务的完全消耗系数测算值

排名	行业	系数值	排名	行业	系数值
1	农林牧渔产品和服务	0.3239	6	煤炭采选产品	0.0332
2	化学产品	0.2049	7	非金属矿物制品	0.0320
3	食品和烟草	0.1678	8	金属冶炼和压延加工品	0.0312
4	批发和零售	0.0602	9	电力、热力的生产和供应	0.0289
5	交通运输、仓储和邮政	0.0334	10	石油、炼焦产品和核燃料加工品	0.0262

注：本表仅列出农林牧渔产品和服务完全消耗系数测算值排在前十位的行业数据。

资料来源：根据《2012 年河南投入产出基本流量表》整理计算。

从表 4 - 16 来看，完全消耗系数较大的行业表现出高度的一致性，金属冶炼及压延加工品、化学产品、专用设备、通用设备等行业在多数影响力大的行业中完全消耗系数都较高，这些行业应重点提升发展。电力、热力的生产和供应与煤炭采选产品，以及石油、炼焦产品和核燃料加工品等能源行业的重要性凸显，批发和零售及交通运输、仓储和邮政是需求较多的服务性行业，而科学研究和技术服务与信息传输、软件和信息技术服务，以及教育、金融等现代服务业的需求不高。

表4-16 河南第二产业主要部门的完全消耗系数测算值

排名	行业	专用设备	行业	通用设备	行业	电气机械和器材	行业	通信设备、计算机和其他电子设备
1	金属冶炼和压延加工品	0.5276	金属冶炼和压延加工品	0.6011	金属冶炼和压延加工品	0.4278	通信设备、计算机和其他电子设备	0.5793
2	批发和零售	0.1966	批发和零售	0.2038	化学产品	0.2668	金属冶炼和压延加工品	0.2956
3	化学产品	0.1889	金属矿采选产品	0.1902	电气机械和器材	0.1918	化学产品	0.1913
4	金属矿采选产品	0.1690	通用设备	0.1718	批发和零售	0.1764	电气机械和器材	0.1806
5	专用设备	0.1593	化学产品	0.1378	金属矿采选产品	0.1575	批发和零售	0.1608
6	通用设备	0.1354	电力、热力的生产和供应	0.1100	非金属矿物制品	0.1211	金属矿采选产品	0.0996
7	非金属矿物制品	0.1105	非金属矿物制品	0.1013	电力、热力的生产和供应	0.0980	电力、热力的生产和供应	0.0896
8	电力、热力的生产和供应	0.1026	煤炭采选产品	0.1010	煤炭采选产品	0.0922	非金属矿物制品	0.0845
9	煤炭采选产品	0.0982	交通运输、仓储和邮政	0.0945	通信设备、计算机和其他电子设备	0.0909	煤炭采选产品	0.0794
10	交通运输、仓储和邮政	0.0963	金属制品	0.0812	交通运输、仓储和邮政	0.0803	交通运输、仓储和邮政	0.0783

续表

排名	行业	交通运输设备	行业	石油和天然气开采	行业	纺织品	行业	造纸印刷和文教体育用品
1	金属冶炼和压延加工品	0.5263	化学产品	0.1612	农林牧渔产品和服务	0.5599	造纸印刷和文教体育用品	0.6858
2	交通运输设备	0.2429	非金属矿物制品	0.1434	纺织品	0.3277	化学产品	0.3428
3	化学产品	0.2124	金属冶炼和压延加工品	0.1162	化学产品	0.2016	批发和零售	0.1856
4	批发和零售	0.1965	专用设备	0.1138	批发和零售	0.1087	农林牧渔产品和服务	0.1293
5	金属矿采选产品	0.1760	金属制品、机械和设备修理服务	0.0890	食品和烟草	0.0865	纺织品	0.1079
6	通用设备	0.1257	电力、热力的生产和供应	0.0865	电力、热力的生产和供应	0.0691	金属冶炼和压延加工品	0.0921
7	电力、热力的生产和供应	0.1021	煤炭采选产品	0.0768	煤炭采选产品	0.0589	电力、热力的生产和供应	0.0884
8	交通运输、仓储和邮政	0.1013	批发和零售	0.0756	交通运输、仓储和邮政	0.0583	煤炭采选产品	0.0851
9	煤炭采选产品	0.0970	交通运输、仓储和邮政	0.0596	金属冶炼和压延加工品	0.0434	交通运输、仓储和邮政	0.0844
10	非金属矿物制品	0.0749	石油、炼焦产品和核燃料加工品	0.0514	纺织、服装、鞋帽、皮革、羽绒及其制品	0.0400	食品和烟草	0.0601

注：本表仅列出第二产业主要部门完全消耗系数测算值排在前十位的行业数据。

资料来源：根据《2012 年河南投入产出基本流量表》整理计算。

从表 4-17 来看，为第一、第二产业发展提供较多服务的是交通运输、仓储和邮政以及批发和零售。前者对石油、炼焦产品和核燃料加工品的完全消耗系数为 0.3，对金融的完全消耗系数为 0.2，但对信息与科技服务类行业的需求不高。批发和零售对食品和烟草、化学产品等相关轻工行业的完全消耗系数较高。金融的发展较多依赖其他行业，包括造纸印刷和文教体育用品，住宿和餐饮，交通运输、仓储和邮政，信息传输、软件和信息技术服务，租赁和商务服务，房地产等。可见，在第三产业的主要部门中，完全消耗系数较大的行业也存在一致性，主要集中在能源供应、物流运输及与本行业发展密切相关的行业。

从科学研究和技术服务及信息传输、软件和信息技术服务等高技术部门的完全消耗系数来看，此类行业主要对化学产品、造纸印刷和文教体育用品、能源类、电子类等工业品，以及住宿和餐饮，交通运输、仓储和邮政，批发和零售，租赁和商务服务等服务行业的需求较高。可见，这些对经济社会发展带动大的服务性行业，与影响力系数较高行业的经济技术联系相对密切。

表 4-17　河南第三产业主要部门的完全消耗系数测算值

排名	行业	交通运输、仓储和邮政	行业	批发和零售	行业	金融
1	石油、炼焦产品和核燃料加工品	0.2551	交通运输、仓储和邮政	0.0441	造纸印刷和文教体育用品	0.1619
2	交通运输、仓储和邮政	0.2273	金融	0.0328	住宿和餐饮	0.0778
3	金融	0.1548	住宿和餐饮	0.0220	化学产品	0.0665
4	煤炭采选产品	0.1182	食品和烟草	0.0191	食品和烟草	0.0637
5	化学产品	0.0942	化学产品	0.0188	金融	0.0610
6	住宿和餐饮	0.0732	石油、炼焦产品和核燃料加工品	0.0177	交通运输、仓储和邮政	0.0604
7	电力、热力的生产和供应	0.0728	批发和零售	0.0149	信息传输、软件和信息技术服务	0.0566
8	批发和零售	0.0707	煤炭采选产品	0.0133	租赁和商务服务	0.0551
9	石油和天然气开采产品	0.0598	房地产	0.0130	批发和零售	0.0541
10	金属冶炼和压延加工品	0.0539	电力、热力的生产和供应	0.0125	房地产	0.0539

排名	行业	科学研究和技术服务	行业	信息传输、软件和信息技术服务	行业	教育
1	造纸印刷和文教体育用品	0.2060	住宿和餐饮	0.1054	文化、体育和娱乐	0.0955
2	化学产品	0.1414	造纸印刷和文教体育用品	0.0924	石油、炼焦产品和核燃料加工品	0.0620
3	住宿和餐饮	0.1355	食品和烟草	0.0694	造纸印刷和文教体育用品	0.0555
4	批发和零售	0.1042	租赁和商务服务	0.0664	房地产	0.0552
5	金属制品	0.0936	化学产品	0.0560	木材加工品和家具	0.0392
6	金属冶炼和压延加工品	0.0910	农林牧渔产品和服务	0.0510	化学产品	0.0373
7	交通运输、仓储和邮政	0.0910	通信设备、计算机和其他电子设备	0.0497	食品和烟草	0.0372
8	食品和烟草	0.0842	批发和零售	0.0466	住宿和餐饮	0.0338
9	农林牧渔产品和服务	0.0657	电力、热力的生产和供应	0.0421	交通运输、仓储和邮政	0.0317
10	石油、炼焦产品和核燃料加工品	0.0614	交通运输、仓储和邮政	0.0406	煤炭采选产品	0.0313

注：本表仅列出第三产业主要部门完全消耗系数测算值排在前十位的行业数据。

资料来源：根据《2012 年河南投入产出基本流量表》整理计算。

投入产出分析法虽然能够清晰反映国民经济各部门、各层次、各产品之间的联系，但其指导思想——将产业结构协调的内涵界定为"各产业间比例的协调均衡"仍有失偏颇。实际上，在非均衡经济增长条件下，产业间的比例平衡是经过长期调整的最终结果，是一种短暂现象，因此将产业间比例均衡绝对化的静态观点是不合理的，其难以解释部分创新型先导产业高速增长从而带动产业结构升级的现象，甚至可能导致产业政策走上低水平重复循环的缓慢增长道路。有鉴于此，本节将继续从产业间、企业间的资源流动、链式合作、有序竞争和协同发展等不同角度，进一步揭示河南产业发展的协调性现状。

二 产业间的资源流动

1. 产业间资源流动是反映产业结构协调程度的重要指标

产业结构是一个有机的开放系统，因而产业结构的协调也是一个动态的渐进过程，只能是对均衡与协调状态的逼近，不应将其理解为绝对的均衡和完全的协调。从这层意义上来看，产业间的协调发展就应表现为各产业能够依据各生产要素的比较收益与获取成本适时地调整要素的相对密集程度，从而实现整个产业经济活动中较高的资源配置效率。

根据各产业资源使用成本和资源收益水平的差异与动态变化，资源在不同的产业间流动。在这一流动过程中，产业资源得到了最合理、最高效的运用，因此可以把这个流动的过程看作是产业结构的协调化过程。可以说，产业结构协调的本质取决于它的自组织能力，供求结构的适应性仅是产业结构协调的一种表象，产业资源的自由流动机制将自动熨平产业间的供求失衡问题，实现产业协调发展。

或许会有人质疑，产业资源向高效率行业的自由流动是否会导致重复建设，从而与产业结构协调的初衷背道而驰。其实，产业的高效多源于更加频繁的技术创新或更高水平的成本控制，资源向这些领域的流动是有利于社会总体福利提升的。资源自由流动所导致的个别产业暂时过剩也是自由市场机制下的一种正常现象，只要产业结构合理，这一现象将会直接反映在下一期的产业投资回报率上，并由产业的自发投资行为加以纠正。

综上，产业结构的协调化不应仅停留在产业间比例关系协调、供需结构适应等表象上，更应体现于产业经济资源向最优化配置状态逼近的能力。因此，我们可以将产业结构的有机性、结构演进的动态性及产业结构的自组织能力也纳入产业结构协调程度的判定标准。

2. 产业间协调程度的测评方法

要素投入水平对要素收益变化的敏捷反应能力是产业间协调的重要体现。这一研究思路可追溯到 Wurgler，他在研究金融配置效率时指出，资本配置效率的提高意味着在高资本回报率的行业内继续追加投资，在低回报率行业内及时削减资金流入。[①]

---

① Wurgler J. , "Financial Markets and the Allocation of Capital," *Journal of Financial Economics* 27 , 2000.

那么，我们如何判断要素投入水平对要素收益变化的反应是否足够"敏捷"呢？国内学者韩立岩、蔡红艳[①]提出如下模型来定量刻画这种资本配置效率：

$$\ln\left(I_{i,t}/I_{i,t-1}\right) = \alpha_t + \eta_t \ln\left(V_{i,t}/V_{i,t-1}\right) + \varepsilon_{i,t} \tag{4.1}$$

式（4.1）中的 I 为固定资产存量，V 为利润，i 为行业代码，t 为年份。η_t 正是我们所需要的弹性指标，表示第 t 年工业各行业的资金流动对盈利水平变化的弹性大小。若 $\eta_t > 0$，表明投资增长率增加的百分比是利润增长率增加的百分比的 η_t 倍，于是高盈利行业流入相对更多的资金。反之，若 $\eta_t < 0$，表明盈利能力弱的行业得到更多追加投资。若 $\eta_t = 0$，则表明各行业吸引资金的能力与其盈利水平并不相关。

资本配置的最直接方式就是资金的流动，上述方法直接从资金的流量和流向出发描述资本配置效率，并考虑这种反应的迅捷性。当资金的流动在更大程度上是由所投资对象的价值创造能力所决定时，将有一个较高的资本配置效率。

产业间的协调发展还可以从要素投入量对要素成本变化的敏捷反应程度中体现。在协调的产业间要素流动机制下，要素相对使用成本的提升导致产业迅速削减要素投入，而成本下降又会促使产业迅速追加要素投入。按照这一思路，我们构建了模型（4.2）和（4.3），用以测算成本效应对产业要素配比的影响力大小。我们使用了增长率指标以尽量减少产业间资本密集度的天然差异对测评结果的影响。

$$\ln\left(K_{i,t}/K_{i,t-1}\right) = \alpha_t + \beta_t \ln\left(CC_{i,t}/CC_{i,t-1}\right) + u_{i,t} \tag{4.2}$$

$$\ln\left(L_{i,t}/L_{i,t-1}\right) = \alpha_t + \beta_t \ln\left(LC_{i,t}/LC_{i,t-1}\right) + u_{i,t} \tag{4.3}$$

式（4.2）中的 $K_{i,t}/K_{i,t-1}$ 表示固定资产投资额增长率，$CC_{i,t}/CC_{i,t-1}$ 表示资本要素的成本增长率，鉴于数据的可得性，此处的资本成本用利息支出与固定资产投资额之比来表示。式（4.3）中的 $L_{i,t}/L_{i,t-1}$ 表示从业人数增长率，$LC_{i,t}/LC_{i,t-1}$ 表示劳动要素的成本增长率，此处的劳动力成本用行业人均工资来表示。i 为行业代码，t 为年份。β_t 的经济含义是第 t 年内各行业的要素追加投入对要素成本变化的弹性水平。如果 $\beta_t < 0$，表明要素投入增

---

① 韩立岩、蔡红艳：《我国资本配置效率及其与金融市场关系评价研究》，《管理世界》2002年第 1 期

长率的增长幅度是要素成本下降率的下降幅度的 β_i 倍。此时，β_i 的绝对值越大，则表明要素成本的上升带来的投入削减越迅速，说明产业的要素进退机制越顺畅。

3. 对要素投入反应灵敏度的测评

我们将分别从产业要素投入水平对要素收益水平变化的反应能力和对要素成本变化的反应能力这两个层次进行测评。测评结果将为我们展示不同产业根据要素相对成本和相对收益适时地吸纳和流出部分生产要素的能力。

（1）产业要素投入水平对要素收益变化的反应能力测评

表 4-18 是 2001~2014 年河南制造业各部门 $t-1$ 年边际投资利润率与 t 年新增固定资产投资额增长率的相关系数。其中的边际投资利润率为新增利润额与新增固定资产投资额的比值。

表 4-18　边际投资利润率与新增固定资产投资额增长率的相关系数

产业类型	全部制造业	高民营化率制造业	低民营化率制造业
相关系数	0.719 *	0.595 *	0.950 *
产业类型	机械电子制造业	资源加工业	轻纺制造业
相关系数	0.920 *	0.486	0.753 *

注：*表示在 5% 的水平上显著。①机械电子制造业包括：金属制品、通用设备制造、专用设备制造、交通运输设备制造、电气机械及器材制造、通信设备制造、仪器仪表及办公用机械制造业；②资源加工业包括石油加工及炼焦、化学原料与化学制品、医药制度、化纤制造、橡胶制品、塑料制品、非金属矿物制品、黑色金属冶炼及压延加工、有色金属冶炼加工业；③轻纺制造业包括食品加工、食品制造、饮料制造、烟草制品、纺织、服装、皮革毛皮制品、木材加工、家具制造、造纸、印刷、文教体育用品制造业；④低民营化率制造业指国家和集体资本占实收资本的比重小于或等于 10% 的产业；⑤高民营化率制造业指国家和集体资本占实收资本的比重大于 10% 的产业。

资料来源：根据相应年份《河南统计年鉴》整理计算。

从表 4-18 可知，2001~2014 年，河南全部制造业当年边际投资利润率与次年新增固定资产投资额增长率的正相关关系显著，相关系数为 0.7，这显示了近年来投资体制、金融体制的改革成效。

如果将全部制造业进一步划分为机械电子制造业、资源加工业和轻纺制造业这三类，则机械电子制造业的产业协调度最高，当年的边际投资利润率与次年的新增固定资产投资增长率相关系数达到 0.9，产业结构的资源转换器功能得以充分发挥。

轻纺制造业的产业协调度高于全部制造业的平均水平，当年边际投资利润率与次年新增固定资产投资增长率之间的相关系数为 0.8。这类部门较高的产业协调度与产业较低的进退壁垒有关。2014 年，河南轻纺制造业的人均固定资产额为 54.6 万元，仅为当年全部制造业平均值的 73.3%。较低的必要资本量进入壁垒、技术进入壁垒和政策性进入壁垒，有利于产业经济资源的自由流动。

相比之下，资源加工业的产业协调度最低。该类产业具有显著的规模经济特性，2014 年，行业人均固定资产额为 92.9 万元，是全部制造业平均值的 1.2 倍。特别是其中的石油加工及炼焦、黑色金属冶炼及压延加工、医药制造、化学原料与化学制品行业的人均固定资产额更达到全部制造业平均水平的 2.1 ~ 5.4 倍。较高的固定资产存量在产生必要资本量进入壁垒的同时，又提高了行业的退出壁垒，使得投资行为对边际投资利润率的反应比较迟钝。

制造业中的高民营化率产业（国有和集体资本占实收资本比重小于或等于 10% 的产业）比低民营化率产业的产业协调度低。可见河南制造业的协调化进程在很大程度上是由低民营化率产业拉动的。这显然不同于"民营化率越高，产业投资行为越理性"的一般认识。由此可知，资本可得性确实对产业协调度产生了重要的外部制约作用。

（2）产业要素投入水平对要素成本变化的反应能力测评

以人均工资表示劳动力成本，以利息支出与固定资产投资额之比表示资本成本，我们得到表 4 – 19。从表 4 – 19 来看，要素成本与新增固定资产投资额之间基本不存在统计意义上的相关性，而劳动要素的投入量与要素成本显著负相关。相比之下，轻纺制造业的劳动投入增长与人工成本的关系最为密切，资源加工业次之，机械电子制造业最低。总体来看，制造业的劳动力密集程度越明显，则产业的人力投入对用工成本变化的响应能力越强。

表 4 – 19 要素成本与新增固定资产投资额增长率的相关系数

成本类型	全部制造业	机械电子制造业	资源加工业	轻纺制造业
资本成本	0.0176	0.103	– 0.021	0.004
人工成本	– 0.249 *	– 0.023 *	– 0.253 *	– 0.801 *

注：* 表示在 5% 的水平上显著。

资料来源：根据相应年份《河南统计年鉴》整理计算。

三 产业链协作

产业协调发展不仅表现在产业间投入 – 产出关系的静态协调层面，更体现在产业链上下游之间的高效协作方面。产业链内部的结构、价值构成是否合理、产业链内部各节点之间和产业链之间是否协调、产业链是否具有成长性等因素也早已成为衡量区域产业结构是否协调的重要指标。

目前，河南已形成门类齐全的产业体系，各行业内部及行业之间已基本形成自己独有的产业链条和产业链联系。随着经济的迅速发展，各产业部门的专业化程度不断提高，生产过程的再加工程度逐渐深化，产业间的技术经济联系日益密切。下面我们将选择若干代表性行业，对其产业链协作的现状加以分析。

1. 生产性服务与制造业

生产性服务业在全球范围内的迅速崛起及其持续快速发展的态势引起了国内外众多学者的关注。实际上，生产性服务业的发展是制造业功能外化的一种表现。制造部门的持续扩大会对相关的配套服务产生大量需求，而生产性服务业的发展反过来又会提高制造部门的竞争力。可以说，两者是相互促进、相得益彰的。制造业是生产性服务业发展的前提与基础，生产性服务业则是制造业竞争力提升的支撑与保障。

自 2006 年以来，生产性服务对河南工业经济发展的瓶颈制约未见消除迹象。批发和零售、住宿和餐饮等传统服务业在整个第三产业中仍居主导地位，代表现代产业高度化进程的现代服务业的发展则不尽如人意。本节所研究的生产性服务业主要包括交通运输、仓储和邮政，信息传输、软件和信息技术服务，批发和零售，金融和保险，租赁和商务服务，科学研究和技术服务。据核算，2006～2014 年，河南生产性服务业增加值与工业增加值的比值从 0.24 提升到 0.42，增幅为 75.0%。增势虽然喜人，但与全国平均水平的比较却反映出差距。2006～2014 年，我国生产性服务业与工业增加值的比值从 0.43 提升到了 0.79，增幅为 83.7%。可见，无论从生产性服务业与工业产值之比的绝对值，还是从该比值的变化趋势来看，河南的生产性服务业发展都明显落后。伴随着未来河南工业化进程由中期向中后期阶段的加速演进，生产性服务业滞后于工业发展的趋势将继续存在下去。

2. 资源加工与原料产业

自 2006 年以来，河南的产业链高加工度化有较大突破。河南产业体系内的采掘、原料部门的相对比重不断下降，加工工业的相对比重不断上升，产业链正由低附加值产业、低加工度产业占优势比重向高附加值产业、高加工度产业占优势比重的方向演进。可以认为，河南近年来的结构调整政策已有力地提升了以食品加工与制造、纺织服装、石油加工为代表的资源型产品和农产品的加工深度。河南工业增长对原料部门的依赖度正逐渐下降，中间产品的利用能力正不断增强，产业链结构在持续优化。

在表4-20中我们计算了产业链上不同环节的增加值之比。具体来看，2006~2014年，河南在农产品—食品加工、造纸—印刷、石油开采—石油加工、煤炭开采—电力供应、非金属矿采选—非金属矿制品、金属矿采选—金属矿加工产业链上，均呈现深加工趋势，下游深加工产业的产值与上游原料产业的产值之比均有明显增长趋势。在纺织—服装、金属矿加工—金属制品产业链上所显示的比值下滑现象，与河南纺织工业和金属原材料工业的庞大规模基数有关，同时也反映出两大问题：一是上述产业在推行产业链结构升级方面所面临的结构惯性问题比较严重；二是这些深加工产业在近年来虽保持快速增长，但其产品质量、性能和需求结构与加工工业的升级要求还有一定差距。

表4-20　河南产业链高加工度化进展情况

	2006 年	2014 年
（农副食品加工＋食品制造）/农业	0.48	1.05
纺织服装、鞋帽制造/纺织	0.45	0.40
印刷业和记录媒介的复制/造纸	0.27	0.46
石油加工及炼焦/石油和天然气开采	1.07	5.41
电力热力及供水/煤炭开采和洗选	0.61	1.00
非金属矿物制品/非金属矿采选	5.13	17.50
金属矿冶炼及压延加工/金属矿采选	3.14	4.68
金属制品/金属矿冶炼及压延加工	0.21	0.20

资料来源：根据相应年份《河南统计年鉴》整理计算。

3. 能源供应与工业

河南能源工业发展对工业化进程的支持作用是值得肯定的。能源工业主要包括煤炭开采和洗选、石油和天然气开采、电力热力及供水、石油加工及炼焦、煤气生产和供应。2014年，河南能源工业增加值占工业总增加值的比重为11.0%。其中，煤炭开采和洗选、电力热力及供水这两大能源供应部门在工业体系中的比重分别为5.3%和3.4%，属于支柱产业。河南能源部门的集约式增长特征正日益显现，自2006年以来，能源生产过程中的加工转换效率从64.9%迅速提升到72.5%，到如今已与我国能源工业72.9%的加工转换效率基本持平。可见，能源生产在工艺流程和车间管理方面的浪费现象已受到遏制。

但我们要警惕建立在产品价格提升基础上的能源工业增长。自2006年以来，河南工业品出厂价格累计增长24.3%，同期燃料、动力价格的累计增幅高达53.4%。在目前煤炭供给仍然短缺的情况下，燃料、动力价格的高速增长将给工业发展带来能源瓶颈制约。

4. 装备制造与工业

装备制造业主要包括金属制品、普通机械制造、专用设备制造、交通运输设备制造、电气机械及器材制造和仪器仪表及文化、办公用机械制造。装备制造业不仅自身具有较高的技术含量，而且能通过产品关联向下游厂商溢出技术，在产业链高技术化的进程中肩负着基础作用。自2006年以来，河南装备制造业发展迅猛，全员劳动生产率从12.6万元/人·年增长到2014年的19.9万元/人·年。装备制造业增加值在工业总增加值中所占比重也从2006年的14.3%提升到2014年的23.7%，增长了9.4个百分点。装备制造业在河南产业体系中的重要作用日益凸显。

但河南装备工业的各个细分产业发展并不平衡，钢铁工业中优质薄型板材和特种钢材的生产能力不足，重加工化的装备制造业发展滞后。目前，全社会固定资产投资中设备投资的2/3依赖进口，石油化工装备的80%及轿车工业装备、纺织机械、胶印设备等的70%要靠进口，一些本地产装备产品的国内市场占有率呈下降趋势。有选择地发展部分装备工业来推动河南产业链结构的高技术化是当务之急。

5. 信息产业与工业

信息产业包括电子及通信设备制造、邮电通信，以及信息传输、计算机服务和软件业。走新型工业化道路，以信息技术改造传统制造业，需要加速信息产业发展，为信息化进程奠定产业基础。制造业信息化过程要求信息产业的引擎作用不断增强，然而，2014年河南信息产业产值仅占工业总产值的3.5%，该项比值尚不及全国平均水平的1/2。在以信息产业高度发达著称的广东省，信息产业产值占工业总产值的比重高达36.7%。通过省际比较发现，河南信息产业在区域间的激烈竞争中呈现弱势，在制造业信息化的时代背景下，河南的纺织服装、食品加工、建材等绝大多数低技术传统产业亟待信息产业的关联带动，但从目前来看，河南信息产业的发展态势尚无法适应产业链结构高技术化的升级要求。

6. 产业链循环利用

进入 21 世纪以来，靠大规模增加资源投入来满足经济增长的需要变得越来越不现实。产业发展必须以可持续发展为目标，实现资源的良性循环利用。目前河南部分省辖市已通过实践探索出一条发展循环经济、实现资源综合利用的道路，在显著提高经济效益的同时又能保护环境、促进生态平衡。

河南义马是一个典型的煤炭资源型城市，近年来该市逐步构建起煤化工、铬化工、新型建材三大产业循环链，已初步形成特色鲜明的循环经济体系，探索出了一条资源型城市可持续发展的新路子。目前，义马的资源生产率已由 310 元/吨提高至 680 元/吨，资源循环利用率由 9% 增长到 11.3%，万元工业产值能耗由 3.1 吨标准煤下降至 2.95 吨标准煤，万元工业产值用水量由 49 立方米下降至 44 立方米，万元工业产值固废排放量由 1.8 吨下降至 1.4 吨。

河南孟州是一个集平原、滩区、岭区三种地貌于一体的偏远小市，缺乏传统意义上的自然资源。该市以改善生态环境为切入点，设计、推广了"猪—沼—果"生态果园、"畜—沼—粮"农牧复合生态家园等多种生态农业模式。猪粪入池产沼气，解决了牲畜粪便对环境的污染。沼肥是无公害有机肥料，每年又可节省大量的化肥施用量。用沼液喷洒果树叶面，可增强光合作用，同时还能防病祛虫，一年可少喷洒 5 遍农药。另外，使用沼肥还可以改善果品质量与产量，使苹果色泽与口感更加宜人，每公斤单价可提高 0.4 元。

四　大、中、小企业有序竞争

产业协调不仅要实现产业之间的协调，即不同产业之间的互补、互动，还要实现产业内企业间的协调，即产业内企业间的互补、互动。企业间的协调发展要求生产要素能够在企业间有序流动。当生产要素能够最大限度地向要素利用效率最高的规模形态集聚，产业组织结构将会不断向经济资源得以最有效配置的最优化状态逼近。

1. 大、中、小型企业的要素生产率比较

国家统计局在 2011 年大幅变动了大、中、小、微型企业的划分标准。例如，根据新标准，2011 年全国大型工业企业数是 2010 年的 2.4 倍。因此，为了保证分析的严谨性，本节将分析时段划分为 2006～2010 年和 2011～2014 年这两个区间。

从表 4-21 可知，不同规模企业的要素利用能力存在波动，但相对来

说，小型企业是最具效率性的规模形态。2006～2010年，小型企业的总资产贡献始终高于大、中型企业，而中型企业的总资产贡献率又高于大型企业。从变化趋势来看，河南大型企业的总资产贡献率下降了3.0个百分点，同期中型企业的总资产贡献率提升了4.2个百分点，而小型企业的总资产贡献率提升了7.6个百分点。可以说，这一时期小型企业的资产利用效率最高，中型企业次之，大型企业最低。

在2011～2014年，河南不同规模企业的总资产贡献率均呈现下滑趋势，但下滑幅度有所不同。其中，小型企业的总资产贡献率下降最为显著。但通过观察和对比我们发现，小型企业的总资产贡献率在这一时期仍始终高于大、中型企业，而中型企业的总资产贡献率又高于大型企业。因此，在这一时期，小型企业的资产利用效率仍然最高，中型企业次之，大型企业最低。

2006～2010年，河南不同规模工业企业的全员劳动生产率呈现整体增长趋势。其中，大型企业的全员劳动生产率增幅为40.9%，中型企业的全员劳动生产率增幅为103.1%，小型企业的全员劳动生产率增幅更高达110.2%。2006年，河南小型企业的全员劳动生产率与大型企业基本相当，两者都明显高于中型企业。到了2010年，河南小型企业的全员劳动生产率已经比中型企业高出24.6%，比大型企业高出53.1%。可见，在全员劳动生产率快速增长的时期，小型企业能实现更高的劳动要素利用效率，中型企业的效率次之，大型企业的效率最低。

2011～2014年，河南大型企业的全员劳动生产率显著上升，而中、小型企业的全员劳动生产率下降。但相比之下，小型企业的全员劳动生产率仍显著高于其他规模企业。2014年，河南小型企业的全员劳动生产率比中型企业高47.4%，比大型企业高43.1%。因此，可以说，小型企业在这一时期的劳动利用效率仍然是最高的，大型企业次之，中型企业最低。

表4-21　大、中、小型工业企业的要素生产率比较

	全员劳动生产率（万元/人）				总资产贡献率（%）			
	2006年	2010年	2011年	2014年	2006年	2010年	2011年	2014年
大型	11.5	16.2	14.7	20.2	16.3	13.3	14.8	12.7
中型	9.8	19.9	22.2	19.6	17.2	21.4	24.4	16.9
小型	11.8	24.8	29.6	28.9	33.6	41.2	34.3	19.4
微型	—	—	—	7.1	—	15.0		10.6

资料来源：根据相应年份《河南统计年鉴》计算得出。

近年来，小型企业的效率提升与模块化的产业发展趋势关系密切。模块化生产方式是以分工为前提的，但它绝不等同于以追求专业化为核心目标的分工生产方式。分工强调的是生产过程的"专"与"精"，而模块化的重点还包括"弹性"。两者的本质差别就是模块化生产方式还要在"分"的基础上体现"聚"的作用①。正是近年来日益流行的模块化生产方式为小、微型企业带来了新的优势。在众多适于分散生产经营的领域和风险性创新领域，逐渐有越来越多的小企业以其灵活、创新和快速应变赢得市场，在社会化服务体系的支撑下迅猛成长，并使这些领域充满了蓬勃生机。

2. 企业间的生产要素流向

产业的协调化过程要求实现企业间要素的合理配置，即实现生产要素迅速地、最大限度地向技术先进、经营管理完善、成本低和效益高的优势企业集聚，产业内通过有效率的企业规模形式淘汰无效率的规模形式。在前文我们已对河南大、中、小型企业的要素生产率进行过横向比较，那么接下来，我们将通过分析产业内企业间的生产要素流向，从企业间资源竞争的角度探讨产业组织的协调发展水平。

（1）资本要素的流向

从表4-22可知，2006~2010年，河南工业中的资本要素迅速地向小型和中型企业集中。中、小型企业的总资产在产业资产总额中的比重稳步提升，其中，中型企业的资产比重从2006年的26.6%提升到2010年的32.8%，提升了6.2个百分点；小型企业的资产比重从2006年的16.7%提升到2010年的24.0%，提升了7.3个百分点；而同期大型企业的资产比重从56.7%下降到43.1%，下降了13.6个百分点。

2010~2014年，河南工业中的资本要素继续向中型企业集中。这一时期，中型企业的资产比重下降了6.6个百分点，小型企业的资产比重提升了0.8个百分点，大型企业的资产比重下降了5.8个百分点。

考虑到2006~2014年河南大、中、小型企业的总资产贡献率变化特征，可以说，2006~2010年，河南工业资本向小型和中型企业的流动有一定的合理性。但是在中型企业总资产贡献率表现下降的2011~2014年，工业资本继续向中型企业的集中则缺乏合理性。

---

① 胡晓鹏：《企业模块化的边界及其经济效应研究》，《中国工业经济》2006年第1期。

表 4－22　生产要素在大、中、小型企业间的流动

	资产比重（％）				劳动力比重（％）			
	2006 年	2010 年	2011 年	2014 年	2006 年	2010 年	2011 年	2014 年
大型	56.7	43.1	47.1	41.3	21.1	30.2	37.6	37.0
中型	26.6	32.8	24.1	30.7	18.4	31.0	30.0	34.4
小型	16.7	24.0	28.8	28.0	60.6	38.8	32.4	28.7

资料来源：根据相应年份《河南统计年鉴》计算得出。

　　生产要素从效率相对较高的小型企业持续流出，这种违背资本逐利性特征的现象在一定程度上反映出河南现有资本分配制度的缺陷。中国在 20 世纪 50 年代以来所推行的"赶超战略"是一种试图通过人为扭曲要素的结构直接培育出"规模经济"的经济战略，在"赶超战略"的驱动下，由于金融体系的缺陷，小型企业无法分享金融资源，从而难以进入一些效率和盈利能力可以明显改善的资本密集型经济部门，而大、中型企业则相对易于获取投资所需的信贷资金。

　　（2）劳动要素的流向

　　从表 4－22 可知，2006～2010 年，河南工业中的劳动力要素迅速地向大、中型企业集中。大、中型企业的劳动力人数在产业从业人员总数中的比重稳步提升，其中，大型企业的劳动力比重从 2006 年的 21.1％提升到 2010 年的 30.2％，提升了 9.1 个百分点；中型企业的劳动力比重从 2006 年的 18.4％提升到 2010 年的 31.0％，提升了 11.6 个百分点；小型企业的劳动力比重则从 60.6％下降到 38.8％，下降了 21.8 个百分点。

　　2010～2014 年，河南工业中的劳动力要素继续向中型企业集中。这一时期，中型企业的劳动力比重提升了 4.4 个百分点，大型企业的劳动力比重下降了 0.6 个百分点，小型企业的劳动力比重下降了 3.7 个百分点。

　　考虑到 2006～2014 年河南大、中、小型企业的全员劳动生产率变化特征，小型企业的劳动要素利用效率一直是最高的，但小型企业的劳动力比重却是持续下降的，显然，工业部门中劳动力持续从小型企业流出的现象同样缺乏合理性。

第三节　未来河南产业协调发展的前景及展望

　　本节针对数据统计分析所发现的问题，从产业协调发展的战略规划、模

式选择、任务设计和政策支撑四个角度逐一展开分析。

一　产业协调发展的战略思路、重点与目标

1. 战略思路

目前河南正处于工业化中后期阶段，仍要依靠多元化的结构变动和多种产业并行发展来保持高速的经济增长。要引导各产业朝着分工细化、协作紧密的方向发展，通过实施工业强基工程和智能制造工程，支持战略性新兴产业发展，推动生产性服务业向专业化和价值链高端延伸，逐步形成结构优化、技术先进、清洁安全、附加值高的现代产业体系，为加快中原经济区建设提供强大支撑。

建设先进制造业大省。实施"中国制造 2025 河南行动"，一手抓高成长性制造业和战略性新兴产业的高端突破，一手抓传统支柱产业的现代化改造，推动制造业向智能化、集群化、服务化、绿色化的方向转型升级。按照竞争力最强、成长性最好、关联度最高的原则，明确重点产业的发展方向，依托龙头企业带动壮大电子信息产业，以知名品牌引领食品工业增加创新优势，以产品提质升级为突破口推动高端装备制造业跨越发展，将产业链延展作为原材料工业转型发展的主攻方向，积极培育形成"百千万"亿级优势产业集群。

建设高成长服务业大省。以现代物流和现代金融引领生产性服务业的跨越发展，以精细化、品质提升为导向促进生活服务业的提速发展，打造中西部地区服务业高地。推动现代物流与电子商务的融合发展，建设以集散型物流为骨干的区域性集疏运枢纽。实施"引金入豫"工程，建设郑州区域性金融中心。突出"老家河南"的宣传主题，打造郑汴洛焦国际文化旅游名城，以及太行山、伏牛山、桐柏－大别山和沿黄生态旅游区。推动传统商圈向体验式、智慧化转型，促进健康养老向品牌化、规模化、专业化方向发展。培育发展研发设计、商务服务、节能环保服务、通用航空服务等新型服务业态。

建设现代农业大省。以集约、高效、绿色、可持续为大方向，推进农业机械化、标准化和信息化，继续提高农业综合生产能力以及农产品质量、效益，建设全国新型农业现代化先行区。大力建设品牌优势突出、高质量高效益、全链条全循环的现代农业产业化集群。延展农业产业链和价值链，创新农业经营管理模式，开发农业多种功能。

建设网络经济大省。推动新一代信息技术与经济社会各领域的深度融合，实施产业组织、商业模式、供应链、物流链创新，发展体验经济、社区经济和分享经济。发展大数据产业链和交易市场，建设全国重要的区域性数据中心，深化云计算在重点领域的运用。将郑州建成通达世界、国内一流的现代信息通信枢纽。

2. 战略重点

在当前经济增速放缓，经济发展的内外部制约因素增加的新常态下，强调以下战略重点，将为河南产业经济的协调发展提供新的动力来源。

（1）以第二、第三产业为支撑，促进第一产业的规模化生产经营及效率提升

第一产业较高的感应度系数和较低的影响力系数说明该产业的基础地位明显，为其他行业的生产供给了较多产品和原料，但对相关产业的需求低，生产的需求波及度弱。规模化生产和现代化经营是河南农业发展的必然趋势。合作社、家庭农场等形式的农业规模化经营将有利于提高农业生产效率和产品品质，为第二、第三产业提供更强大的物质基础。

第一产业规模化经营的实现还需要第二、第三产业的支撑。从完全消耗系数来看，第一产业对能源供应，以及与农业生产关系密切的工业、交通运输及仓储、批发和零售、金融的完全消耗系数较高。因此，要实现农业的规模生产，应首先保证能源的充足供应和价格稳定。其次要重点支持农业设备制造、肥料及农药、食品及酒精饮料等行业的发展，制造能适应大规模生产的农用设备，提供符合绿色环保要求的肥料与农药。推动食品及酒精饮料业与农业之间建立入股合作关系，以保证农业生产的供需平衡和价格稳定。完善金融及保险服务业，帮助第一产业规避生产经营风险。加强信息技术服务，建立交通运输及仓储、批发和零售体系，为农产品的生产和销售提供良好的信息引导和流通保障。

（2）从第一、第三产业探寻第二产业转型升级的突破口

当前河南第二产业面临产能过剩、附加值低、能耗高等一系列问题，可以从产业协调发展角度出发，在第一、第三产业中寻找突破口。

第二产业中的电子计算机制造、家用视听设备制造、通信设备及雷达制造、机械及其他设备制造类行业的感应度和影响力系数都较高，应重点关注。通过进一步分析这类产业与第一、第三产业的关联，发现在其完全消耗系数中，金融、交通运输及仓储、批发和零售等部门的系数值较高。因此，

加快完善金融服务体系，构建更顺畅的产品流通和生产销售体系，将有助于上述第二产业部门克服资金瓶颈、提升运营效率。

大规模、机械化的第一产业也将为机械制造、钢铁压延及加工等行业发展提供新的市场机遇，这些行业现存的过剩产能可逐步转向农用机械生产方向。另外，食品及酒精饮料、纺织服装等行业在附加值水平、原料品质和安全标准等方面也将获益。

目前，第二产业各行业对研究与实验发展、信息技术服务等行业的完全消耗系数并不高，但这类行业对第二产业的提升发展具有重要意义，应着力提升这类服务部门的发展水平。

（3）提升信息技术、仓储物流、金融、研发等服务业对第一、第二产业的带动作用

信息技术、仓储物流、金融等行业的感应度系数都很高，发展这类服务行业可以有效带动第一、第二产业发展。可以通过农业科技培训班、远程网络课程等方式加快农业科技信息的传播推广，提高科技的生产转换效率，提高农业产品品质和生产效率。提高信息技术服务于农业物流的水平，使现代农业物流贯穿农产品生产布局、消费流向、储运、加工增值等各环节。创新金融信贷服务方式，如通过允许土地承包权抵押、农机具抵押等促进农村信贷发放。将政策性银行的贷款领域扩展到农企生产及基础设施建设项目上去，通过完善农业保险机制有效降低农业生产经营风险。

推动信息技术与电子计算机制造、电子元器件制造、家用视听设备生产、机械制造业等第二产业重点部门的深度融合，提高产品附加值。通过信息技术改善钢铁、能源生产、有色金属、纺织服装等行业的生产工艺与过程控制，促进管理信息化、生产绿色化。促进仓储物流的信息化、网格化，注重物流效率对企业成本控制的重要作用。

3. 发展目标

产业结构协调发展目标：在未来五到十年内，河南应继续发展壮大由食品工业、汽车和装备制造、煤化工、以铝工业为主的有色金属工业和电子信息产品制造业组成的主导产业群，提升主导产业群的引领带动作用；继续大力推动新一代信息技术、新能源、新材料、高端装备制造、生物、公共安全等领域的高新技术产业发展，拉动产业结构的全面升级；通过先进适用技术和高技术改造提升传统产业，延伸传统产业的产业链条，延长传统产品的生命周期，形成新的产业生态；形成全国区域性金融、物流、商贸、会展、旅

游、信息服务等现代服务业中心，并打造运营高效、布局合理的商贸服务、商务会展等传统服务业体系。

产业链协调发展目标：发挥产业链核心环节作用，协调链上节点间关系，向产业链高附加值和高技术环节攀升，提升产业链延展性，注重产业链绿色化。具体来说，在未来五到十年内，河南石油化学工业将形成技术结构和价值结构相协调的产业链，掌握市场前景好、具有高附加值的有机化学制品业、合成材料制造业和专用化学品制造业的关键技术；汽车工业产业链将向纵深方向延伸，在产业链高附加值的下游品牌和营销环节，建立自己的国内、国际营销网络。产业链节点的宽度进一步提高，带动石化、钢铁、纺织、橡胶等相关行业发展；在造纸产业链上，热敏纸、墙体与木材装饰纸、水松纸、耐磨纸等高附加值产品得以快速发展，实现生产环节的低污染、低能耗、高利用率和高循环率；在纺织服装产业链上，依托现有中低档产品的竞争优势，实现产业用纺织品、专用纤维及高科技纤维、绿色环保及生态新纤维面料等高品质纺织品和高档服装等产业链节点的迅速成长；在建材产业链上，实现新型保温耐热材料及智能化、自动化控制的建筑卫生陶瓷等链环企业的迅猛发展，使现代建材产业链展现环境友好、资源集约的新特征；电子信息产业链将向核心集成电路芯片的制造、高端数据通信制造、功能性软件的开发等高端环节延伸和发展，逐渐形成具有自主知识产权的技术和产品，形成自主支配的国内外营销网络。

产业组织协调发展目标：企业的规模构成、专业化协作水平和产业经济效益都将有较大提高。企业规模将出现集中与分散、大型与小型"双向协同"发展的趋势。具有制造或经营优势的大企业的规模继续横向扩张，在重点发展的主导产业中，将产生更多具有国际竞争力的大型龙头企业和企业集团。具有灵活性优势的小企业的数量继续增长，在众多适于分散生产经营的领域和风险性创新领域，大量小企业以其灵活、创新、快速应变赢得市场机遇。大、中、小企业间基本形成高度系列化、专业化的分工协作体系。

二 产业协调发展的模式选择

1. 高效生态农业发展模式

河南农业发展基础好，但各省辖市之间的农业结构问题突出、农业生产组织化程度低以及农产品加工水平落后，这些都是新时期实现河南农业协调发展要解决的当务之急。①

为此，要立足本区域农业资源的现实优势，顺应高效生态农业的发展要求，大力推进农业产品结构的绿色化，构建农业产业链网。除了继续大力倡导节地、节水、节能、节肥、节药型生态农业和有机农业的发展，更要关注循环型农业产业链网的构建。积极探索推广"四位一体"生态农业模式、"上农下渔"种养模式、大型农牧场生态农业模式、粮棉油种植－农区饲养模式、枣（林）粮间作型生态农业模式、枣菜间套模式等。此外，要重视循环型农业系统的开放性，加强农业与其他产业、自然环境之间的循环，促进产供销"一条龙"、农工贸一体化发展，推动生态养殖、循环种养和绿色能源建设的有机结合，发展农产品再循环产业、贸易产业、涉农工业与农业一体化的多层面链式复合循环农业发展模式。

2. 环境友好型工业集聚发展模式

构建有效的利益协调机制，促进集聚效应的充分发挥。如前所述，河南域内已基本形成以石油化工、纺织服装、食品加工、建材、机械电子、汽车及零配件为特色的产业集聚发展态势。但企业在地理空间上简单集聚所形成的园区经济体与新型产业区理论所描述的产业集群性经济体仍存在着一定差距。园区经济往往产业狭窄、边界明显，而集群经济很少有明确的地理边界，相反更可能由社会关系所规定。例如，美国的药业集群横跨新泽西州和宾夕法尼亚州，德国的化工集群延伸到同属德语区的瑞士。集群经济的形成并不是简单的企业扎堆，更在于经济体内部成员之间的密切互动和网络联系。因此，未来的集聚区发展务必要突破园区明显的地域边界乃至行政边界的限制，以集群经济为引力场，整合周边大学和研究机构、中介组织等有利的创新资源，在集群之间、集聚区与周边，以及区内企业之间构建起一种相互依存的开放型产业发展网络体系。②

改革合作创新机制，推动企业内部一体化发展。企业内部一体化是将各协作企业整合在一家公司内部，以内部分工节省交易成本、强化信息分享、提高整体效率。可以按照产业分工和产业链的要求，通过要素嫁接的方式，将同一类型企业组建为大的企业集团，促进资金、技术、管理等要素有效流

① 陈哲、张维义：《胜利油田孤岛油区生态环境演化研究》，《中国石油大学学报》（社会科学版）2008 年第 4 期。

② 刘忠远：《基于要素整合的区域内产业协调发展研究——以黄河三角洲为例》，博士学位论文，武汉理工大学，2011。

动，以达到高效利用的目的。① 继续大力引进优质的跨国公司、大企业集团入驻，形成与之相匹配的上下游产业链条，带动中小微企业的持续成长。

完善要素流动机制，加快企业虚拟一体化发展。虚拟一体化是企业一体化的另一模式，是指企业仅保留其核心、关键功能，通过外包或合作的形式借助外部企业来完成其他功能。整个产销体系中的所有企业在统一的决策框架下合作运营，具有共同的战略目标，但不属于同一个企业。企业虚拟一体化模式的关键是将有限的资源集中在高附加值环节，而将低附加值环节虚拟化。虚拟化一般采取合作研发、合作营销、技术贸易、专门生产权、专门经营权及股权投资等形式。河南可利用现有企业的加工制造能力和技术力量，吸引域外高新技术产业加工组装环节、大型企业部分生产环节的转移，建立紧密的产业协作关系，实现省域内外企业虚拟一体化发展新模式。

加快产业升级改造，推进新雁行发展模式。区域产业结构升级具有渐进性，而在某些领域又要强调跨越性。新雁行转移就是在产业结构转移中呈现跳跃式、非循序渐进式特征的结构演进路线。其表现为产业发展及结构演进并不完全依赖于外部优势产业的转入，而是依托于在转入产业的基础上通过创新活动形成内生能力，从而摆脱对先进国家或地区下一轮产业转出的依赖，实现跨越式发展的终极目标。

3. 现代服务业发展模式

借鉴国内外先进经验，大力促进生产性服务发展。继续提升金融、保险、法律、商务和经纪等知识密集型专业服务业，改善以研发、广告、市场研究为主要内容的信息处理服务业，推进以商品销售与存储、废弃物处理、设备安装与维护为代表的商品服务业。将郑州主城区打造成高智力、高集聚、高成长、高辐射的现代服务业高地。

创新金融合作机制，实施区域金融一体化战略。遵循"独立运营、独立核算"的基本原则，加快在区域内自有银行、信贷公司、担保公司等金融机构之间建立起具有资金融通、信贷担保、利益分享及风险分担等功能的协作机制，打造区域金融机构的虚拟一体化合作体系。

遵循市场经济规律，推进现代物流业协同战略。目前河南的物流业态还只停留在商品运输或少量仓储上，在港口建设和物流园区规划上，比较重视

① 莫建备、徐之顺：《区域一体化发展：拓展和深化——长江三角洲区域经济社会协调发展研究》，上海人民出版社，2007。

"物"的流动，却轻视"物"在流动中的增值。为此，要遵循优胜劣汰的市场法则，消除行政障碍，打破地区封锁，加快推进河南现代物流业协整战略，从传统仓储运输式物流向生产链式物流模式迈进。

三 产业协调发展的主要任务

1. 巩固和加强农业基础地位，加速调整农业和农村产业结构

围绕农民增收和保证粮食安全，合理调整农业生产结构。在重视粮棉油等基础农业的同时，以实现农业增效、农民增收为目标，大力发展无公害蔬菜、优质高效经济作物、优质专用粮食作物和适销对路的优质农产品，调整优化种植业结构。发展畜牧养殖业、特种水生经济作物、水禽业，调整优化牧渔业结构。大力发展生态农业、绿色农业、观光农业、休闲农业、特色农业、创汇农业，促进传统农业向现代农业的转变。

用工业化理念发展现代农业，实现农业产业化和农村工业化的良性互动。农业产业化的实质是农业工业化，这是解决"三农"问题的根本出路。农业工业化就是用工业化的理念、生产方式、组织方式及工业化提供的生产手段和资本去改造传统农业，包括农业生产过程的工业化和生产结果的工业化。农业生产过程的工业化强调农业生产的规模经营、专业化分工协作，大力推动大型商品粮基地、优质粮食产业工程建设。农业生产结果的工业化就是要积极发展农产品精、深加工，提高产品附加值。要以市场为导向，以优势资源为基础，建立由公司、农户、市场、基地、加工流通企业、消费者、政府等主体共同形成的农业产业链，形成生产、加工、销售各环节的利益分享和风险共担机制，把农业优势转化为工业优势和经济增长点。

建立健全农业社会化服务体系，积极培育农产品市场。以"三个强化"为核心要求建立健全农业社会化服务体系。一是强化信息服务。重点是搞好涉农部门的信息服务和拓展网上信息服务。二是强化科技服务。加强与省内外大专院校、科研单位和农技部门的横向联系，组织科技兴农巡回讲团，定期召开效益农业推广会。三是强化产销服务。坚持"调整结构与开拓市场"同步推进，多渠道开辟产销渠道。建立培育多层次的、统一规范的粮食和农副产品批发市场，并提供配套服务。

增强现代科技对农业建设的支撑力度。在加强农业科研的同时，把技术开发、技术推广、教育培训相结合。建立健全农业技术推广体系，疏通科技物化渠道。建立雄厚的农村技术储备体系，增强农业发展后劲。加强科技示

范工程和种子工程建设，为农村产业结构的调整提供优良的动植物新品种。

强化政府在调整优化农业产业结构中的主导作用。政府要进一步加大农业投入，加强农村基础设施建设、布局调整和农田水利整治，特别是加大对粮食主产区的扶持力度，改善农民的生产生活条件。要加强农业科技储备和技术推广，提高农产品的产量和质量，增强市场竞争力。深化粮食流通体制改革和农村税费改革，切实减轻农民负担。

2. 以技术进步为基本动力，促进工业结构优化升级

加快采用高新技术改造提升传统产业。要抓住信息化带动工业化的机遇，通过微电子、计算机、网络技术的应用，推动传统产业研究开发、设计、制造及工艺技术的变革。充分发挥科研机构和高等院校现有科技力量的作用，积极引进和推广国内外高新技术和先进适用技术。紧密围绕增加品种、改善质量、节能降耗、防治污染和优化进出口商品结构，加大对技术改造的支持力度。支持建立和完善以企业为中心的技术创新体系，加快建立大企业技术开发中心和依托中心城市面向中小企业的技术服务体系。进一步加强产学研合作，优化科技资源配置，加强技术集成，解决科技与经济脱节的问题。要适当集中相关资源，发挥政府产业政策在发展高新技术产业方面的导向作用，在信贷、财政、税收、外贸等方面给予相应支持。

以产品调整为切入点，拉长产品链条，推动优势资源转化和深加工，带动相关产业的调整和升级。要进一步拉长小麦、畜产品和果品深加工链条。推进石油、煤炭和天然气等资源的精深加工，发展煤化工和精细化工产品。优化铝工业生产和建设布局，发展高精度铝板带箔等深加工产品。加快林纸一体化项目建设，发展高档文化、生活和特种用纸等产品。积极引进先进技术，提升纺织、服装和装饰面料等产品档次。

大力培育高技术产业和新兴产业，加速产业优化升级。根据有限目标、量力而行的原则，逐步形成河南高技术产业的群体优势和局部强势。壮大郑州、洛阳、新乡、许昌、安阳、鹤壁六个高新技术产业集群，逐步形成安阳—许昌沿京广高新技术产业带。充分发挥郑州、洛阳等中心城市的技术优势，把电子及信息设备制造业、机电一体化产品制造业、新材料、医药及生物技术产业作为高新技术行业发展的重点。以形成产业化为目标，重点提升电子元器件、新型电源两个优势产业，做强硅半导体材料及太阳能电池、新型显示材料及精深加工、超硬材料及制品三大产业链，发展生物医药、生物能源、新型功能材料三个高成长性行业，培育数字视听、网络及通信、计算

机、软件四类优势产品。

以信息化带动工业化，走新型工业化道路。充分利用现代信息技术，实现生产过程自动化、管理系统化，建立企业物流、信息流、资金流等信息网络平台，提高企业在全球获取信息和交流信息的能力。积极推进企业网络工程，营造企业信息化建设的社会环境。

3. 调整服务业结构，大力发展现代服务业

大力发展现代物流业。发挥河南的区位优势，以郑州航空港为依托，以郑州打造国家商都和自贸区为契机，打造具有区域影响力的物流龙头，力争形成"立足河南、融合周边、辐射全国"的物流体系。鼓励建设企业物流、第三方物流、中小企业集群物流信息平台，实现货物运输、加工贸易、商贸流通等互联互通和国际、国内物流信息网络化。建设综合、特色物流园区，以发展专业特色物流为重点，促进物流基础设施建设，构建物流网络体系。

大力发展商贸服务业。改造提升传统商贸企业，推动连锁经营、仓储超市、专业配送、电子商务等新型业态发展，积极引进国内外名店和大型连锁企业（集团），创建"大、强、优"型商贸商务综合体。积极培育建设大型专业批发市场和特色市场，实现大流通带动大市场，大市场促进大生产目标。加快实施"万村千乡市场工程"建设，进一步完善农村流通网络。

大力发展文化旅游产业。以河南丰富的历史文化资源为基础，将文化旅游打造成国民经济支柱产业，促进河南由文化资源大省向文化强省转变。继续加大对旅游重点景区开发建设的投入，着力开发相关旅游产品，促进旅游配套产业、关联产业同步联动，提高旅游产品和旅游业的综合竞争力，围绕"行、游、住、食、购、娱"六大要素，拉长旅游产业链条，培育综合旅游产业体系，力争跨入全国旅游大省行列。

大力发展科技服务业。围绕科技创新和产业发展需求，统筹配置服务资源，促进大数据、云计算、移动互联网等现代信息技术与科技服务业融合，提升科技服务整体水平。打造开放共享的公共研发服务体系，引导高等院校、科研院所和企业开放创新资源，面向市场提供专业化研发服务。搭建功能完备的创业孵化服务体系，推进众创空间等新型创业服务平台建设，构建集"众创空间、孵化器、加速器、产业园区"于一体的创客文化园区，优化创新创业生态环境。鼓励科技服务机构开展跨领域融合，以市场化方式整合现有科技服务资源，发展全链条式的科技服务。拓展科技创新综合服务平台功能，建立科技大数据，绘制"创新地图"，设立"政策超市"，发展线

上线下相结合的集成化服务模式，为社会提供"一站式"综合科技服务。

四 产业协调发展所需的宏观环境建设

加快转变政府职能。认真贯彻《行政许可法》，推进政企分开、政资分开、政事分开、政社分开，坚决把不该由政府管的事交给企业、市场、社会组织和中介机构。将能够由行业协会行使的管理职能尽快转移给行业协会。各级政府应把主要精力放到经济调节、市场监管、社会管理和公共服务上来。在履行好经济调节和市场监管职能的同时，更加注重强化社会管理和公共服务职能；在加强政府对经济社会发展组织指导的同时，最大限度地减少政府对微观经济活动的干预。

进一步提高行政效率，构建服务型政府。加大政府改革力度，加快行政审批制度改革步伐，积极推行政务公示制、告知承诺制、行政审批责任制和过错追究制；加快电子政务建设，促进政务公开，提高办事效率和服务水平；加强行政服务中心建设；清理和规范收费行为，减轻企业负担，建立企业经营环境保护机制，提高服务水平和办事效率。

实行产业倾斜政策。通过土地、税收、投融资等优惠政策，重点支持高科技产业、汽车、机械装备、食品加工等主导产业和战略产业的发展壮大；加快向"高技术、高加工、高附加值"产业的升级步伐，更大力度地发展服务业，使服务业成为富有成长性的新的经济增长点，成为吸纳就业的主渠道；继续加强对农业和农村的支持力度，大力推进农业产业化，结合城镇化进程积极发展非农产业。

以鼓励创业和创新为核心设定政策环境。在政策上要集中围绕技术创新资本投入、技术创新风险分担、技术成果转化中介、技术创新收益分配、知识产权保护、产学研一体化机制以及技术人员引进与流动等主要方面进行研究和设计，以推进技术创新体系的建立和完善。

按照自由竞争原则培育中介结构。大力发展咨询机构，资信评级机构、会计师事务所、律师事务所和资产评估机构等中介服务机构，积极引导资信评级、资信担保等各类业务发展。鼓励、支持和引导以智力密集型为特征的科技中介服务机构建设，健全服务功能社会化、网络化的科技中介服务体系。

完善对外开放服务功能。加强区域性对外贸易中心、文化交流中心、物流交通枢纽和对外金融、信息等服务体系建设，大力发展会展经济，努力为对外商务交往活动提供完善的配套服务。加强航空、铁路、公路口岸建设和新开国际航线航班的建设工作，提高通关和出入境效率。

扩大招商引资，推动利用外资上规模、上档次。以优化外商投资布局为指导，搞好统一的招商项目库建设，围绕高新技术产业、现代制造业和现代服务业等重点领域，按照大项目、产业链与产业集群的基本思路，确保项目服务有序、高效运行。积极吸收跨国公司到河南设立地区总部、制造基地和研发中心。合理引导外资投向农业、高新技术产业、汽车及机械制造业、原材料工业等，加快第三产业利用外资的步伐。积极采用项目融资、股权投资、企业并购、境外上市等方式，吸引跨国公司和境外投资机构来河南投资建厂。大力引进国外先进技术和科学管理经验，扩大关键技术装备和短缺资源进口。

第五章
加快中原城市群一体化发展，
构筑"一极三圈八轴带"格局

城市群是现代经济中一个具有划时代意义的概念，是极其重要的现代经济区域类型。当今大城市发展的一个重要特点是从单体发展向城市群体发展转变。通过加快城市群的发展，带动本国或区域经济的发展，提升经济竞争力，是发达国家现代化过程中的一条重要经验，也是一些发展中国家或地区经济发展的重要途径。有关专家预言，21世纪将是城市群的世纪，经济的主要动力将越来越源于城市群特别是大城市群。城市群之间的分工、合作和竞争决定新的世界经济格局。为适应经济全球化和区域一体化发展态势的要求，我国城市群的构建应运而生并成为各地制定区域发展战略规划的重要选择。

第一节　城市群的内涵界定与形成机制

城市群的出现是一个历史过程。伴随着城市规模的扩大和城市之间交通条件的改善尤其是高速公路的出现，相邻城市辐射的区域不断接近并有部分重合，城市之间的经济联系越来越密切，相互影响越来越大，就可以认为形成了城市群。城市是一个区域的中心，通过极化效应集中了大量的产业和人口，获得了快速的发展，随着规模的扩大、实力的增强，对周边区域产生了辐射带动效应。城市群是区域经济活动的空间组织形式。城市群并不仅仅是若干个城市在空间上的聚集现象，也是区域发展的引擎和增长极，在一定程度上起到了中心城市对周边区域的发展带动作用。城市群地区既是创造就业和人口居住的密集区，也是支撑经济发展、参与国际竞争的核心区。高密集的城市群是一个庞大的社会经济体系，能产生更大的聚集效应。它既不同于相距较远的松散的城市群，又不同于完全集中的单一大城市，它与绝对化的聚集相比，既有集中的优势或超大城市的优势，又避免了过分集中或城市过大的一些弊病，使经济效益、社会效益和环境效益得以较好统一，而且使三个效益相互促进，通过"强相互作用"和"连锁反应"产生可持续发展的力量。

一　城市群的概念内涵

随着经济社会发展，不断涌现的城镇群体化现象促使人们对城市空间的研究不得不由个体走向群体，从而开拓了城市空间研究的新领域——城镇群体空间研究。城市群这一概念，无论在国内还是国外都有不同的称呼，而对空间尺度的大小，看法则因人而异。国际上，关于城市群比较典型的叫法有 Megalopolis、Metropolitan Area、Urbanized Area、Urban Agglomeration、Metropolitan Complex、City – Region、Daily Urban System 等。我国学者对城镇密集区的研究所使用的城市群或都市带等概念主要来自对国外资料的相应翻译，因此同一概念的译文并不统一，这造成了许多相同或相近概念的不同称呼，如都市区、都市带、城市群、都市群等，我们在这里统称城市群。实际上，这些概念在具体的界定指标上可能会稍有差异，但实质都是指当城市化发展到一定阶段时出现的一种城镇高度密集、城镇体系庞大、空间联系复杂的城镇空间组织形式。

英国城市学家霍华德①最先从城市群体的角度来研究城市，他在 1898 年提出了"城市联合体"概念，而"城市联合体"正是通过组合"群体"来协调和发展的。随后，许多欧美学者对城市群理论进行了更深入的研究。目前，国际上比较公认的最先明确提出的城市群概念是美籍法国地理学家戈特曼（Jean Gottman）在 20 世纪 50 年代提出的。1957 年戈特曼在《大城市群：东北海岸的城市化》② 一文中首先使用了"大城市群"这一概念。1961

---

① 〔英〕埃比尼泽·霍华德：《明日的田园城市》，金经无译，商务印书馆，2010。

② Jean Gottman, "Megalopolis or the Urbanization of the North Eastern Seaboard," *Economic Geography* 33, 1957.

年戈特曼在《大城市群：城市化的美国东北海岸》^① 一书中把美国东海岸五大城市圈连接成了一个有 3000 万人口的地区，总称为大城市群。他认为城市群是城市发展到成熟阶段的最高空间组织形式，是在地域上集中分布的若干城市和特大城市聚集而成的庞大的、多核心的、多层次的城市集团，是大都市区的联合体。戈特曼认为，大城市群的形成有五个基本条件或标准：①区域内有比较密集的城市；②有相当多的大城市形成各自的都市区，中心城市与都市圈外围地区有密切的社会经济联系；③有联系方便的交通走廊把核心城市连接起来，各都市区之间没有间隔，且联系密切；④必须达到相当大的规模，人口在 2500 万以上；⑤属于国家的核心区域，具有国际交往枢纽的作用。

在日本，"都市圈"主要是指以一日为周期，在一天的时间内可以接受中心城市某一方面功能服务的地域范围。随着这一概念被用来泛指任意时空尺度的地域，"城市群"这个术语也被用于泛指任意时空尺度的城市影响地域。城市群尽管主要是指日常生活圈，然而围绕大城市还有更大的联系地域。其中包括劳动力（人口）流入圈、商业批发圈和物流圈、中枢管理职能圈、电信交流圈等。因此，从更为一般的意义上讲，城市群是指城市发挥其机能时与周边地域所形成的种种密切联系所波及的空间范围，因此它是一个超越城市行政地域、景观地域、功能地域的概念。

总体来讲，城市群概念可以从以下几个方面进行界定。

城市群可以理解为一个地理上的概念，是一定区域内特定的城市群体。现代意义上的城市群一般是指以一个或者两个在群体内具有主导地位的城市为核心形成的由很多城市共同组成的城市群体，这些城市往往具有地理上的相近性，且通过网络或者在社会经济上存在着较为密切的联系，可以相互影响和相互带动。

城市群的城市之间具有一定的等级性，是由核心城市和边缘城市共同形成的网络结构。随着交通运输能力不断提高，现代交通设施不断拉近城市之间的距离，因此，一个或两个核心城市的辐射能力也随之增强，城市群的规模和范围也不断扩大，从区域经济学的视角来看，城市群的结构体系有着扁平化和网络化的典型特征。

---

① Jean Gottman, *Megalopolis*: *The Urbanized Northeastern Seaboard of the United States*（New York: The Twentieth Century Fund, 1961）.

　　城市群内部有着完善的协调机制和相对统一的区域治理结构，且城市之间可以产生强烈的联动交互作用。城市群的城市之间有着不同的层级结构，但同时也有着共同的利益诉求，因此会有着频繁的经济交往，有着市场一体化的倾向，各种生产要素在城市群内部可以无壁垒地进行流通，各城市之间形成相对合理的产业分工和较为成熟的产业链。在现实中，城市群体间往往具有相同的文化和习惯，甚至有着高度的行政统一性，即隶属于相同的中央政府或者地方政府，有着统一的治理机制和利益协调机制，这一方面是城市群形成的重要原因，另一方面也是城市群形成的重要表现。

　　总之，城市群往往是具有一个或多个核心城市，与核心城市有密切的社会、经济联系且带有一体化倾向的邻接城镇与地区所组成的圈层式结构。城市群不仅仅是一个地域范围的概念，也是一个具有密切的职能联系的经济实体和社会实体。从本质上讲，城市群首先是一个经济区域，因为城市群形成的根本动力在于中心城市和周边地区两种异质空间在相邻条件下的相互作用，这种作用力以"流"的形式表现为各种要素和经济活动在空间上的聚集与扩散。因此，城市群可以被看作是一种经济活动的地域组织形式，在这里，各种产业和经济活动彼此聚集，并相互联系，构成一个高度一体化和体系化的有机整体。其次，高度经济一体化的城市群不仅聚集了各种生产要素和经济活动，而且聚集了大量的人口和社会活动。因此，城市群不仅是一个经济区域，也是一个社会地域。经济一体化带来的完善、发达、便捷的交通和通信网络加强了城市群内人口的流动和地区间的交流与合作。因此，城市群内各地区间的社会活动也呈现一体化的趋势。同时，城市群内人们的生产、生活和文娱休闲等活动也不再局限于某一城市或地区，而更多的是在整个城市群域内完成。密切的社会联系使城市群成为一个有机联系的完整的社会实体。

　　综上所述，城市群是在城市化过程中，在一定的地域空间上，以物质性网络（由发达的交通运输、网络、通信、电力等组成）和非物质性网络（通过各种市场要素的流动而形成的网络）为纽带，在一个或几个中心城市的组织和协调下，由若干个不同等级规模、城市化水平较高、空间上呈密集分布的城市通过空间相互作用而形成的城市集合体。它反映了经济的紧密联系，以及产业分工与合作、交通与社会生活、城市规划与基础设施建设等相互影响。城市群是科技进步、规模经济效益促使产业与人口在空间上集聚与扩散运动的结果，是城市化发展的必然阶段。它是城市化发展到成熟阶段（即地带性城市化阶段）的城市地域空间组织形式，是城市化进入高级阶段的标志。

二　城市群发展的相关理论

（1）中心地理论

现代比较完整的中心地理论是由德国地理学家克里塔勒、廖什、贝里和加里森等学者共同建立的一套理论体系，又被称为中心地方论。1933年，德国的地理学家克里塔勒在研究德国南部城市的聚集情况之后首先提出了中心地理论的雏形。他从经济学视角，找出了城市形成和发展的最为重要的原因，即经济活动。在克里塔勒的研究中，城市的数量、区位、形成原因和条件及最终的发展都是重要的研究因子，在所有的因子中，根据不同的具体城市群落，找到影响该群落空间结构最为重要的关键因子，并建立起一定的理论范式是其最终的理论思路。

中心地理论在界定了一些重要概念的基础上，提出了中心地形成过程中最为关键的三个因素，分别是市场因素、交通因素和行政因素，并据此建立了相关的理论模型。该理论认为，中心地可以分为高级、中级和低级中心地三个等级，等级越高，中心地的数量反而越少，不过中心地辐射的区域却不断增大，在一个中心内部所能提供和流通的商品和服务的成本会越来越低，进而流通的数量会越来越多。在这一切聚合和分化现象的背后，是经济因素在起重要的作用。比如，市场中心论（市场因素为主而形成的中心地，下同）可以说是整个中心地理论的系统基础，它的主要特点是：中心地具有严格的等级性并按既定的市场规则进行布局；中心地及各个城市形成的体系呈现明显的网络化特征；中心之间的距离、市场大小、中心地的数量等变量之间呈几何级数变化。而交通中心论中一个重要的结论是每一个中心地都会处于另外两个比该中心地高一个层级的中心地之间的中心位置；行政中心论的一个重要结论是对低级中心的最优策略是依附于其他高级中心地，而不是把自己单独隔离。因此，三个中心地理论分别与中心地的最优配合应该是高级中心地遵从交通原则，中级中心地遵从行政原则，而低级中心地则以市场原则为指导进行整体规划和分布。

值得一提的是，德国的经济学家廖什于1940年也提出了与克里塔勒基本相同的中心地理论模型。与克里塔勒不同，廖什是以相关经济学理论为指导，通过数学推导而得出的。当然，国外学者如嘎里逊、贝里、哈格特、格拉逊、戴西、普赖德等，国内学者如周一星、李小建、李国平、曾刚、覃成林等都对中心论的完善和应用做出了一定的贡献。

中心地理论是研究城市群的重要基本理论之一。经济的发展有先有后，城市的发展也随之会出现等级结构，加上交通和行政等其他因素的存在，这一等级结构会表现得特别明显。因此，完全可以根据具体一个城市群落的发展状况，利用既定的中心地理论模型进行深入研究。

（2）增长极理论

增长极理论是由法国经济学家弗朗索瓦·佩鲁于1950年首次提出来的，是经济不平衡发展理论的重要理论之一。之后法国的经济学家布代维尔将增长极理论引入区域经济理论研究中，美国经济学家弗里德曼、瑞典经济学家缪尔达尔、美国经济学家赫希显曼等都分别在不同角度对该理论进行了延展和丰富。增长极理论认为一个国家或者一个经济区域要实现平衡发展在实际当中是不可能的，只能存在于理想的层面。经济增长的实际路径是通过一个或者几个"增长中心"逐渐地向其他领域进行"墨渍"式的传递。其中，增长中心可以是一个或者是几个，但都会通过影响周边领域或行业进行第二级、第三级甚至更多层级的增长中心的同时带动，从而达到整个区域经济的向前增长。这个增长中心或者叫增长极，可能是偶然性因素导致，也可能是某个行业或者领域科技创新的结果。与此同时，增长极也有可能对其他周边地区的经济发展产生负面影响，因此，区域经济的发展应着重引导和发挥出增长极的扩散和辐射效应，着力发展其上、下游产业，定位好周边区域在整个产业链条当中的位置，把增长极的带动与周边地区的发展结合起来，加强产业联运和融合。

因此，增长极理论认为城市往往会成为带动一个国家或地区经济向前增长的"增长极"，是经济发展和社会发展的驱动力量。城市群在形成初期，个别城市一般会成为区域内的"增长中心"，充当着带动其他地区经济发展的"增长极"的角色，城市通过支配效应、乘数效应、极化和扩散效应对经济活动进行带动和影响，从而促使整个经济的巨大进步 。一方面，中心城市利用其强大的极化作用不断向周边区域聚集各种优质生产要素；另一方面，会形成第二级、第三级等新的"增长中心"，这种不断深化和广化的扩散效应会不断促进周边中小城市的向前发展，于是开始形成以内在经济联系为基础，空间联系为形式的城市群落。

（3）核心－边缘理论

核心－边缘理论是由美国经济学家弗里德曼在总结增长极理论的基础上于 1966 年提出的，该理论主要用于解释区域经济发展不平衡、城乡经济发展不平衡的现象。弗里德曼将一个内部分为边缘地区和中心地区两个组成部分，这样就组成了一个二元的空间经济结构。中心地区因为具有某种优势，聚集着大量优质资源，经济发展也比较快，对外围地区具有引导作用；外围地区发展的客观条件比较落后，经济发展速度缓慢，受到中心地区经济发展的较大限制。弗里德曼认为，在初始阶段，这种核心－边缘的结构表现得非常明显，这种结构被称为是单核结构；随着经济的发展及核心区域和边缘区域之间经济的联系和互动，经济出现多核结构；最后，随着经济的进一步发展，特别是在经济高度发达的情形下，政府为平衡各区域的经济发展，往往会采用一些干预的措施，此时，之前的中心和外围分界线慢慢变得模糊，区域内部趋于平衡。

这一理论可以用于解释、指导和预测城市群经济的发展模式和发展轨迹。在城市群发展初期，生产要素特别是优质生产要素会不断向中心城市聚集，确定中心城市的核心地位，随着核心城市规模的不断扩大，扩散效应不断明显，边缘城市开始不断发展，最终形成一个完整的城市群经济空间。

（4）循环累积理论和协同论

循环累积理论也是基于增长极理论延伸出来的用于解释区域内经济发展水平差距的理论之一，其主要结论是核心区域和边缘区域之间的作用机制是非常灵活的，是一个互动的动态过程，有着循环累积、互为因果的内在作用机理。其用于解释的重要机理是"扩散效应"和"回波效应"，前者表现在生产要素主要由核心区域流向不发达区域，这一效应的结果是核心区域和边缘区域的差距会不断减小，后者的作用机理正好相反，生产要素会由边缘区域流向核心区域，这一效应的结果无疑会加大两区域之间的差距。该理论认为，市场经济的博弈结果往往会使"回波效应"远远大于"扩散效应"，因此，区域经济发展的不平衡是必然现象，解决的办法只有政府出面干预。

协同论是由物理学家哈肯于 1976 年提出的，是系统科学的重要分支，是以系统论、信息论、控制论、突变论为基础的一个新兴学科。哈肯的协同论最初研究的是远离平衡态的开放系统在与外界有物质和能量交换的情况下，如何通过自己的内部协同作用，自发地出现时间、空间和功能上的有序结构。

在经济学领域，协同论认为经济发展的不平衡是一个普遍现象，这种失衡表现在地区发展不平衡及不同行业部门之间发展水平的不均衡，其潜在原因是区域经济系统的开放本身就是不平衡的。开放性可以指各种生产要素在不同区域之间的流动，也可以指信息流动甚至财务流动。因此，平衡的核心就是不同区域之间的密切联系和经济交流，可以是市场行为，也可以是政府行为。生产要素的合理配置、环境资源的共享与分配等都是区域经济发展不断趋于协同的重要手段。

三　城市群的主要特征

不同城市群有不同的表现形式，但都具有地理和经济双重属性，地域分工协作性、结构体系完整性、集聚辐射性和互动开放性是城市群的基本特征。

地域分工协作性。城市群首先是一个地域概念，具有特定的空间地理范围。城市群内的周边地区和次一级的中心城镇也具有相当的人口规模与人口密度。此外，城市群的形成是社会经济长期发展演化的结果，是区域内产业间分工的重要体现，各个层级的城市利用自己在整个城市群体当中的位置进行人流、物流、资金流及信息流的交互作用，不断加强与其他城市间的互动，以实现整个城市群的优势互补和分工协作。国外城市群大多位于适宜人类居住的中纬度地带，是高度城市化地区。

结构体系完整性。城市群的空间形态表现出明显的圈层结构，至少有一个或多个城市化水平较高、经济发达并具有较强城市职能的中心城市为核心，这些城市成为城市群经济活动的集聚中心和扩散源。通过辐射和集聚作用，中心城市对整个区域的社会经济发展起着组织和主导作用，从而形成由几个到几十个不等的中小城市组成的城市群体，各级城市之间分工明确，整个城市群有着完整的规模等级，有着完整的信息和商品服务流通体系。在整个城市群当中，每一个层级的城市的职能作用可以通过已经形成的结构体系高效、有序地拆散到整个城市群体系当中。从时间尺度上看，往往是首先形成单中心城市群，进而发展成为多中心大城市群；从空间尺度上观察，小空间范围是单中心城市群，而大空间范围是多中心大城市群。

集聚辐射性。城市群是若干城市的集合体，在有限的地域范围内聚集了一定数量的城市，或者说城市分布达到较高的密度。城市群各个城市之间的层级结构互动表现在中心城市对边缘城市的辐射作用，以及边缘城市之间及边缘城市与城市周边的影响上。辐射的同时，聚集效应也在不断发挥作用，各个生产要素包括商品和服务通过已经形成的经济交往渠道不断进行流通和交流，从而实现集聚效应和辐射效应的有机统一。城市群内不同规模、不同等级的城市之间存在着较为密切的社会经济联系，并逐步向一体化方向发展。从这个意义上讲，城市群是一个单位区域在不断发展，特别是在工业化进程和城市化的过程中所形成的一种以更快速度和更高效率发展的集约化模式的选择。

互动开放性。城市群不仅仅是自然地理意义上的城市密集分布，也是一个以经济联系、社会联系及生态联系为核心形成的一体化区域。城市群内具有相对发达并高度一体化的基础设施网络，尤其是交通网络，使各个城市不管身处哪一个层级，都在时时刻刻地与其他城市保持着紧密的互动。城市群就是借助现代化的交通工具、综合运输网络和高度发达的信息网络而构成的有机联系整体。

四 城市群的形成机制

戈特曼认为大城市群是城市化历史进程在工业社会和后工业社会的必然表现形式。[①] 人口、资金、技术、智力及交易等各种生产要素的高度聚集、相互交织会产生巨大的"化合"作用，由此引发的孵化器功能反过来会对区域人口、产业、空间及城市生活方式的发展趋势产生重大影响，从而成为除区位和历史条件外，影响大城市群形成的重要基础条件。

1. 城市群形成及演进的动力

从区域经济学的观点来看，城市群形成与演化的内在动力来源于对聚集经济效益的追求。聚集经济是指一种通过规模经济和范围经济的获得来提高效率和降低成本的系统力量。产业的发展有赖于聚集经济，这是因为产业通过在空间上的聚集，可以获取一种因共享区位而由相邻企业相互提供的"免费服务"，包括降低交易费用、实现规模经济、培训劳动力和创新及扩散等。产业对聚集经济的追求使得生产要素和经济活动不断向城市聚集，最终导致城市规模的扩大和空间范围的扩张。

---

① Jean Gottman, "Megalopolis or the Urbanization of the North Eastern Seaboard," *Economic Geography* 33, 1957.

当城市规模达到一定程度时，它对周边地区的辐射和影响力逐步变大，同时在城市内部，高密度聚集和空间有限性之间的矛盾所带来的各种城市问题（聚集不经济）也促使城市开始向外扩散。中心城市通过对外进行产品输出、技术转让和产业空间重组，将一部分生产要素和经济活动向外疏散，这种疏散保证了城市本身规模的适度和产业结构的优化。

在空间上，中心城市的扩散表现为城市沿主要交通轴线圈呈层状蔓延，在蔓延的过程中，中心城市加速了周边地区的发展，并与次一级的中心城市融合而形成更大一级的城市群，因此，扩散的结果往往是在更大的空间尺度上实现聚集。聚集和扩散两种力量的互动最终推动城市群的空间形态不断演化，实现城市群域内地域空间组织的优化。

2. 城市群的形成与演进机制

城市群的生成与发育实质上是城市在内外力作用下的空间成长与整合。促使城市群生成的内外部力量主要有城市经济总量的增长、区域产业结构的调整、城市功能的演变、国家宏观政策的变动、区域规划的制定等。这些经济、社会、政治、环境等多方面因素的共同作用促进了城市群的生成与发育。概括起来，城市群的生成机制主要包括以下几个方面。

对规模经济的追求是城市群生成和发育的根本动力。区域发展的不平衡性使某些具有自然优势的地区首先发展成为区域的经济中心城市，各种生产要素从其他地区向这个中心聚集，形成相对完备的基础设施、相对雄厚的资本和科技力量、相对集中的消费市场等。但这种聚集并不能无限发展下去，当城市过度膨胀而导致交通拥挤、地价上升、环境污染等规模不经济现象出现时，区域中心就必须通过扩散来重新获取规模经济效益。此时，生产要素沿着"中心城市—中小城市—乡镇和农村"的梯度链逐级向外扩散。在这种聚集、扩散、再聚集、再扩散的循环反复中，城市化在更大的空间范围内推进，从而形成城市群的空间组织形式。

区域协调是城市群生成和发育的前提和保证。协商、对话、制定共同行动准则无疑是全面推进区域经济一体化进程的必备要素。在城市群的发展过程中，有必要建立由区域内城市共同参与的协商制度。应加强城市间的协作和互补，及时处理跨地区问题，推动建立大市场，形成城市群分工体系，构造集成竞争优势。

城市间的相互作用是城市群生成和发育的运行条件。城市之间（城乡之间）的相互联系与作用是形成城市群的有力链条，使城市群成为一个协调有序、紧密联系的有机整体。从空间相互作用的观点来看，中心城市的成长及城市化过程就是通过中心城市与外围中小城市或城乡之间的相互作用使城市功能在中心城市不断提升的过程。当中心城市与外围中小城市或城市与农村之间形成经济结构的高度关联时，城市群也就得以形成了。

技术进步是城市群生成和发育的知识依赖。城市群的本质特征是城市之间及城乡之间的密切联系，而密切程度与外围地区的经济发展水平和非农化水平直接相关。首先，技术进步减少甚至部分消除了传统区位因子对产业布局的约束，改变了"城市－工业"和"乡村－农业"的城乡分工结构，城乡关系进入城乡非农产业共同发展的新阶段。其次，技术进步加速了城市之间及城乡之间产业结构的更新和重塑，服务业取代制造业成为中心城市的主导产业，而传统制造业则逐步从中心城市向周边城市、地区转移。由此，中心城市和外围地区的产业结构同时产生互动转换，建立起新的产业关联。最后，技术进步也带来了交通技术的改进，大大扩展了人类活动的空间，进一步促进了城市群的一体化进程。

完善的基础设施是城市群生成和发育的物质基础。城市之间、城乡之间的相互作用主要体现为人员、物资、资金、信息等各种"流"的作用，而"流"的传递和扩散必须借助于交通、通信等基础设施来实现。完善的基础设施可以大大提高区域的通达性，减少相互作用过程中能量的损耗，促进城市群内城市、地区间的相互联系。

正确的空间规划指引是城市群生成和发育的制度保证。空间规划作为政府的空间政策是政府宏观调控的手段之一，是保证城市群建设整体效益的有力措施。规划对城市开发的控制和引导从宏观层面上促进了城市空间扩张的合理化和土地使用的有效性，从而保证了城市群的良性发展。在规划中要注意借鉴运用中外先进的手法和理念，充分展现各类城市的特色和风格，努力实现个体与群体、局部与整体的和谐与统一。同时城市和城市群建设是一个持续的过程，规划一旦制定，就必须将其纳入法制化轨道。

第二节　中原城市群的总体态势与特点

中原城市群是北京、武汉、济南、西安之间，半径 500 公里区域内城市群规模最大、人口最密集、经济实力较强、工业化进程较快、城镇化水平较高、交通区位优势突出的城市群。中原城市群与东部沿海地区长三角、珠三角、京津冀三大城市群及其他城市群发展相互呼应，并起着重要的支撑作用，是河南乃至中部地区承接发达国家及我国东部地区产业转移、西部资源输出的枢纽和核心区域之一。

中原城市群是我国新型城镇化规划中重点培育发展的中西部地区三大城市群之一，是国家"十三五"规划重点打造的五大区域性城市群之一；省会郑州是我国中西部地区发展速度最快、潜力最大的区域性中心城市之一。2015 年，全省设市城市达 38 个、县城 86 个，其中特大城市 1 个、大城市 2 个、中等城市 8 个、小城市 113 个，初步形成以中原城市群为主体形态，大中小城市、小城镇协调发展的现代城镇体系。

一　中原城市群发展蓝图的由来及演变

我国现有长三角、珠三角等 7 个国家级城市群，中原城市群是其中之一。中原城市群自提出构想以来，对河南各城市发展的促进作用不断增强，正成为河南新型城镇化发展的"领头雁"。

1. 中原城市群的概念界定

中原城市群的概念有狭义和广义之分。狭义的中原城市群是指以河南省省会郑州为中心，洛阳、开封为副中心，许昌、新乡、焦作、平顶山、漯河、济源等 9 个省辖市为核心层，连同新郑、卫辉、汝州等 55 个县或县级市和 380 个建制镇共同构成的，具有高度紧密社会经济联系的城市群，是中原经济区的核心。广义的中原城市群是指在 2009 年河南明确地把全省 18 个省辖市纳入中原城市群范畴，这一界定在 2015 年得到完善，即河南提出的构筑"一极三圈八轴带"的空间发展格局，这标志着中原城市群发展蓝图走向成熟。

2. 中原城市群发展演变历程

（1）萌芽阶段（1998~2002 年）

早在 20 世纪 80 年代，河南就提出了建设沿黄河城市群，涉及沿黄 8 省，是国内首次提出的城市群概念。而中原城市群的概念最早出现在河南省"八五"计划当中，当时的提法叫"中原城市群体"，但这一概念一直处于模糊状态，没有一个明确的概念和构建方向，且与当时还带有计划经济色彩的国家整体宏观经济政策不符，因此并没有引起重视。

20 世纪 90 年代初，国家提出"效率优先"和"先富带后富"的国家经济发展布局，对东部地区的经济发展给予了一系列的政策支持，到 20 世纪90年代末，东部和中部的GDP比例已经由原来的5∶1扩大到27∶1，人均GDP的差距也由原来的4∶1，扩大到23∶1，中国经济的区域不平衡矛盾日益突出。1999年后，中央先后提出西部大开发、振兴东北老工业基地及中部崛起等战略，这标志着自改革开放以来国家在"效率优先"的政策指导下优先支持东部地区发展的政策有所改变，整个国家的宏观经济战略开始由之前的"效率优先"向"兼顾公平"倾斜。

1998年，李克强赴河南任代省长，当时河南的城镇化率只有20.8%，仅高于西藏，在全国排名倒数第二。在研究制订"十五"计划时，李克强提出"河南要有载体去承接工业化、城镇化、农业化'三化'协调发展，要把龙头做起来"①。2000年，时任河南省省长李克强提出把中原城市群建成河南经济增长极和发动机的思路，明确提出"加快城镇化是农业大省跨越发展的必由之路、要把城镇化作为河南经济社会发展重大战略举措"②的指导思想。2001年，可被称为"鸿篇巨制"的郑东新区全面规划并开工建设，这标志着中原城市群的概念初步形成并开始付诸实施。

（2）成长阶段（2003～2007年）

2002年，党的十六大提出了"统筹区域发展，统筹社会经济发展"的区域发展平衡思想，为中原城市群的成长与发展提供了良好的政策环境。

2003年，河南省委、省政府审时度势，做出了实施中心城市带动战略的决策，编制了《中原城市群战略构想》，为河南开辟了一条城镇化"突围"之路。作为传统农业大省，过去很长时间里，河南各城市普遍实力不强，缺少特大城市带动，且城市发展始终没有形成合力，城镇化率水平不高，这已经成为制约河南经济发展的瓶颈。基于这样的事实，河南在2003年8月的《河南全面建设小康社会规划》中将中原城市群的内涵进一步丰富，明确提出要举全省之力，优先发展以郑州为中心，包括洛阳、开封、新乡、焦作、许昌、平顶山、漯河、济源在内的城市密集区，通过城市聚合发展，使之成为我国中部地区实力最强的经济隆起带，并正式将中原城市群确定为"河南今后一个时期带动经济社会发展的重点区域"。2004年4月，河南省委、省政府专门邀请中国工程院城市化项目组来郑

---

① 张渝、刘江浩：《李克强被认为是中原城市群的奠基者和主要推拿》，载大河网，http：//news. dahe. cn/2015/09－23/105690330. html，2015年9月23日。

② 张渝、刘江浩：《李克强被认为是中原城市群的奠基者和主要推拿》，载大河网，http：//news. dahe. cn/2015/09－23/105690330. html，2015年9月23日。

州进行考察，并就"中原城市群发展战略构想"与到会院士进行了深入
探讨和论证，时任全国政协副主席、中国工程院院长徐匡迪认为，"中心
城市带动战略"和中原城市群符合实际，为国家以城市群为主体形态推进
城镇化提供了示范标本。

2005 年，河南大力推进郑汴一体化建设，两个城市功能互补、基础设
施共建、公共服务共享，并通过吸收发达国家城市群发展的成功经验，着手
编制了《中原城市群总体发展规划纲要》。2006 年，河南批准实施了《中原
城市群总体发展规划纲要》，明确了中原城市群 9 个中心城市的空间布局。
2006 年 4 月 15 日国务院印发了《关于促进中部地区崛起的若干意见》，其
中明确提出，"以武汉城市群、中原城市群……为重点，形成支撑经济发展
和人口集聚的城市群，带动周边地区发展"。一方面这是中央对河南这一战
略决策的充分肯定，另一方面为河南省打造中原城市群战略提供了政策支
持。至此，中原城市群的战略构想基本成型。中原城市群以省会郑州为中
心，包括洛阳、开封、新乡、焦作、许昌、平顶山、漯河、济源在内共 9 个
省辖市，下辖 14 个县级市、34 个县、843 个乡镇，土地面积 5.78 万平方公
里，2003 年人口 3903 万，分别占全省土地面积和人口的 35.1% 和 40.4%。

2003 ~ 2006 年，中原城市群地区生产总值由 3884 亿元增长到了 7117 亿
元，增长 83%，人均地区生产总值由 9972 元增长到 18604 元，增长
86.6%。同时，中原城市群发展规划也注重产业结构的升级优化及产业集群
的建设。

（3）圈层发展阶段（2008 ~ 2015 年）

2008 年，时任河南省代省长郭庚茂，根据高速铁路网逐步形成的趋势，
对中原城市群的格局进行发展和完善，首次明确提出着力构建"一极两圈
三层"现代城镇体系的总体布局。在中原城市群总体框架"一极两圈三层"
的格局中，"一极"即在原来郑汴一体化的基础上，构建带动全省经济社会
发展的核心增长极，即"郑汴新区"，包括"大郑东新区"和"汴西新
区"。

2009 年，为配合中原城市群的发展，打造良好的交通运输系统，切实
把"一极两圈三层"的总体布局落到实处，河南省政府向国务院和国家发
改委提交了《中原城市群城际轨道交通网规划（2009 ~ 2020 年）》，明确提
出将全省 18 个省辖市纳入中原城市群，开拓城市群发展空间，并获得批复。
2012 年 11 月，国务院正式批复《中原经济区规划（2012 ~ 2020 年）》，中

原城市群的外延更进一步扩充，并上升为国家战略。2014 年，《国家新型城镇化规划（2014～2020 年）》明确提出加快培育中原城市群等城市群，使之成为推动国土空间均衡开发、引领区域经济发展的重要增长极。至此，中原城市群城市体系在大的构架上可分为三个层次，第一个层次是郑州都市圈；第二个层次以郑州都市圈为中心，以洛阳为次中心，开封、新乡、焦作、许昌、平顶山、漯河、济源等城市为节点，构成中原城市群紧密联系圈；第三个层次为外围带和辐射区。

（4）进一步成熟阶段（2015 年之后）

随着中原城市群的发展，其在国家发展战略中的地位也更加突出，国家明确将中原城市群列入国家重点培育发展的中西部地区三大跨省级城市群。这为河南科学推进新型城镇化提供了新的发展机遇，也为构建以城市群为主体形态、大中小城市和小城镇协调发展的现代城镇体系奠定了坚实基础。

河南省政府在 2016 年正式提出构筑中原城市群"一区三圈八轴带"的空间发展格局，中原城市群的范围进一步扩大，发展"蓝图"进一步完善，这就形成了我们前面所讲的广义上的中原城市群的概念。中原城市群整体上呈现要素聚集、内外联动、合作共赢、加速崛起的态势，对全省发展的辐射带动能力不断增强，为全省新型城镇化发展提供了重要支撑。

二　中原城市群的发展现状及特点[①]

1. 经济实力大幅提升

2015 年河南地区生产总值超过 3.7 万亿元，人均地区生产总值 3.9 万元，均为 2010 年的 1.6 倍。工业增加值 1.6 万亿元，是 2010 年的 1.4 倍。一般公共预算收入 3009.6 亿元、支出 6806.5 亿元，金融机构本外币存款余额 4.8 万亿元，均比 2010 年翻了一番多。粮食生产在高基点上实现新跨越，总产达到 1213 亿斤，比 2010 年增加 126 亿斤。河南经济大省、新兴工业大省、农业大省的地位更加巩固。

2. 产业结构明显优化，优势产业进一步发展

产业转型升级取得重大进展，2015 年第三产业增加值占地区生产总值比重达到 39.5%，比 2010 年提高 8.9 个百分点，成为拉动增长、扩大就业

---

① 本部分数据根据 2010 年、2014 年、2015 年《河南省国民经济和社会发展统计公报》及相应年份《河南统计年鉴》整理。

的生力军。科技创新有力地推进了中原城市群产业结构升级，促进了优势产业和支柱产业发展。六大优势产业在全省中的地位进一步增强，技术水平得到较快提升，信息技术的推广应用速度加快。2015年高成长性制造业和高技术产业增加值占工业增加值的56.3%，提高15.5个百分点，装备、食品行业主营业务收入超万亿元。积极推动中原城市群的优势产业向基地化方向发展，传统产业和劳动密集型产业向集群化方向发展，高新技术产业向园区化方向发展。2015年产业集聚区规模以上工业增加值占全省的60.4%，提高20个百分点以上，成为工业增长的主阵地。中原城市群工业产业集群得到较快发展，据统计，郑州、开封、洛阳、新乡、焦作、济源、许昌、漯河、平顶山9个省辖市共拥有工业产业集群228个，占全省的58.8%。装备制造业总体水平全面提升，基础装备向数控化、系列化方向发展，专用设备向大型化、成套化方向迈进，郑洛工业走廊先进装备制造业聚集区建设加快推进。原材料工业向高加工度方向发展，石化工业向装置大型化、炼化一体化方向推进。创新能力持续增强，国家级研发中心数量翻了一番，可见光通信、客车智能驾驶等核心关键技术取得重大突破。主要污染物排放总量完成国家控制目标。

3. 国家战略支撑更加坚实

河南省自贸区、郑洛新国家自主创新示范区、郑州航空港经济综合实验区继中原经济区、粮食生产核心区之后上升为国家战略。郑州航空港经济综合实验区建设"三年打基础"目标基本实现，郑州机场二期工程提前一年建成，现代综合交通枢纽、国际物流中心加快建设，全球智能终端制造基地初步形成。高速公路新增1289公里，"米"字形高速铁路网建设全面展开。电力装机净增1740万千瓦，疆电入豫工程建成投运。郑州成为国家级互联网骨干直联点，跻身全国十大通信网络交换枢纽，"全光网"在河南建成。

4. 中原城市群引领河南城镇化发展水平不断提高

郑东新区十几年前还遍布池塘和稻田，而今高楼林立，车辆川流。而原是万亩枣林的郑州航空港经济综合实验区，仅几年间，已成为入住50多万人的航空新城。根据统计部门的数据，2003年河南城镇化率只有27.2%，到2015年底达到46.85%，年均提高1.64个百分点，比全国年均增幅高0.35个百分点。河南省城镇化率与全国的差距不断缩小，中原城市群成为国家重点培育发展的城市群。

5. 城乡人民生活显著提高，经济发展后劲持续增强

2015 年财政民生支出占财政支出的 74%。2015 年城乡居民人均可支配收入分别达到 25576 元和 10853 元，是 2010 年的 1.65 倍和 1.86 倍。城镇新增就业 716 万人，农村劳动力转移就业新增 451 万人。基本建成保障性住房 137 万套。义务教育均衡发展取得新成效，学前教育三年毛入园率达到 83.2%，提高 30.4 个百分点；普通高考录取率达到 83%，提高 18 个百分点。新增医疗卫生机构床位 15.2 万张。城乡公共文化服务体系初步建立，公益性文化服务场所全部免费开放。新建改建农村公路 4.2 万公里，解决 424 万农户"低电压"问题，改造农村危房 100 万户，3630 万农村居民和在校师生饮水安全问题全部解决，670 万农村贫困人口稳定脱贫。

第三节　中原城市群一体化发展的现实条件

在经济全球化、区域经济一体化的宏观背景下，城市之间的竞争已不再仅仅表现为单个城市的竞争，而是越来越体现为以核心城市为中心的城市群或大都市圈的竞争。中原城市群能否在区域竞争日益激烈的大趋势下，发挥整体优势，集聚更多优势资源，实现经济全面、协调、可持续发展，事关河南经济社会又好又快发展、实现中原崛起和中部崛起、全面建设小康社会的大局。而实现中原城市群大发展、大繁荣的关键，无疑是积极实施区域一体化发展，即在整合区域资源、发挥整体优势的基础上，逐步实现规划同筹、交通同网、信息同享、市场同体、产业同布、科教同兴、旅游同线、环境同治，并向城市一体化、经济一体化、市场一体化、交通一体化、环保一体化等方向坚实推进。

一　深刻认识中原城市群协同发展的客观规律

城市群是一定地域范围内的自然、社会、经济子系统耦合而成的复合生态系统，推进城市群协同发展实际上就是通过一定地域内各大、中、小城市及乡村的共生、协调、有序演化，形成城际、城乡之间结构优化、功能互补、产业关联、协调发展的格局。推进中原城市群协同发展，要充分认识和深刻把握城市群的形成和发展规律，着力构建中原城市群城镇体系，优化城镇化形态，完善中原城市群生态系统；要从河南实际出发，彻底摒弃传统的行政区划意识，从根本上打破行政壁垒和分割，牢固树立区域经济发展观念，贯彻中原城市群"一盘棋"思想，置单个城市于城市群之中，从城市群全局谋划单个城市发展。

为此，要坚持实施郑州国际商都发展战略，加快向国际化大都市迈进，着力提高郑州的首位度，支持周边城市与郑州都市区融合对接，建设组合型大都市地区，形成中心带动周边、周边支撑中心的互促互进发展局面，建设郑州都市区，强化郑州作为中原城市群"塔尖"的核心地位和辐射带动作用；坚持节点提升，扩大城市规模，完善城市功能，推进错位发展，提升辐射能力，提升地区性中心城市发展水平，增强地区中心城市作为中原城市群"塔身"的平台支撑功能和承载能力；突出县城作为吸纳农业人口转移的重要载体作用，完善产业功能、服务功能和居住功能，不断增强承接中心城市辐射和带动乡村发展的能力，加快小城镇建设，推进省级经济发达镇行政管理体制改革试点，有重点地发展中心镇，扩充小城市、小城镇作为中原城市群"塔基"的腹地容量，形成区域性中心城市、地区性中心城市、县城、中心镇相辅相成、互促共进的梯级良性发展格局。同时，加强各市城乡规划和功能对接，推动跨区域城市间产业分工、基础设施、生态保护、环境治理等协调联动，推进城乡要素平等交换、合理配置和基本公共服务均等化，促进生产要素自由流动和优化配置，实现城市、城乡共同繁荣、协调发展。

二 充分发挥中原城市群的便利交通

中原城市群地处中国腹地，是东西南北交通要道，交通便利，基础设施完善，是中国最具交通优势的区域之一。

铁路交通方面。纵贯中国南北的京广铁路由北向南依次穿过河南省的安阳、鹤壁、新乡、郑州、许昌、漯河、驻马店和信阳，有近一半的河南省辖市处在京广线的必经之地。纵贯中国东西部的陇海铁路线自东向西依次穿过河南省的商丘、开封、郑州、洛阳和三门峡，有近1/3的河南省辖市处在陇海线的辐射范围。除此之外，焦柳铁路、新月铁路、新兖铁路、郑西高铁、京港高铁、郑徐高铁、郑渝高铁、郑合高铁、郑济高铁、郑太高铁等铁路或高铁线共同形成了中原城市群的"八轴带"。

公路交通方面。不管是京港澳高速、连霍高速、二广高速等横跨其他省份的国家级高速公路还是河南省内的郑少洛高速、郑尧高速、兰南高速和郑民高速都为中原城市群的大力发展提供了良好的交通运输条件。

航空运输方面。目前郑州新郑国际机场已经建成两座航站楼，是中部地区首个拥有双航站楼双跑道的机场，是华中地区级别最高的飞机检修基地，是实现高速公路、地铁、高铁等多种交通方式无缝衔接的综合交通换乘中心。郑州新郑国际机场是中国八大区域性枢纽机场之一、中国四大货运机场之一。近年来，郑州机场货邮运增幅全球最快。郑州机场的货运航线已通达全球主要货运集散中心，初步构建起了以郑州为亚太物流中心、以卢森堡为欧美物流中心，覆盖全球的航空货运网络。以郑州新郑国际机场为核心的郑州航空经济综合实验区是中国唯一一个国家级航空港经济综合实验区。

此外，西部的洛阳北郊机场、南部的平顶山尧山机场和南阳姜营机场都为中原城市群的经济发展和人文交流提供了便利的条件。2016年1月，河南省政府发布《关于进一步加快民航业发展的意见》，计划争取2020年前，初步建成覆盖各省辖市的通用机场体系，建成15个以上的二类以上通用机场，全省民用机场旅客吞吐量达到3100万人次、货邮吞吐量达到100万吨。

三 优化中原城市群城市空间和产业协同布局

按照统筹规划、合理布局、完善功能、以大带小的原则，遵循城市发展客观规律，以大城市为依托，以中小城市为重点，科学规划中原城市群各城市功能定位和产业布局，加强城镇间的内在联系，促进大、中、小城市和小城镇协调发展。一是特大城市用组团方式进行空间布局和功能定位，中心城区要不断完善金融、现代物流、科教文化、各类中介服务等高层次服务功能，每个组团要发展合理的人口规模、产业功能和基本的服务功能，从而形成中心城区与各组团有机分散又功能互补、紧密联系的发展格局。二是强化中小城市产业功能。一方面要进一步解放思想，转变观念，放宽条件，放开领域，放活主体，强化服务，完善政策，不断优化发展环境，繁荣民营经济；另一方面要抓住经济全球化和世界经济格局调整、国际国内产业转移的战略机遇，进一步改善投资环境，完善政策服务体系，创新招商方式，积极承接产业转移。三是增强小城镇公共服务和居住功能。改善其基础设施、发展社会事业，一方面使其通过疏散人口、转移功能、承接产业等形式与大城市进行互动，另一方面使其成为开展农业产业化经营和社会化服务的中心，吸纳农村地区第二、三产业及农村人口集聚，成为"以城带乡"过程中大中城市辐射农村的重要节点，充分发挥其在一定区域内沟通城乡联系、协调城乡发展的纽带作用，带动广大农村地区的经济社会发展，实现城乡统筹。

四　加快中原城市群"三化"互动协调发展

一是以新型工业化为突破口带动城镇化，促进农业现代化。大力发展信息化与工业化融合产生的新兴产业，促进产业结构优化升级，不断提升产业结构层次，节约资源，减少污染，也为中原城市群城镇化提供坚实的产业载体。二是以特色城镇化为枢纽加快农业现代化，支撑新型工业化。特色的城镇化实际上就是不牺牲农业又支撑工业的城镇化道路，特色城镇化不仅通过转移农村人口为农业现代化提供前提条件，也通过拉大城市框架、完善城市设施为新型工业化提供载体，因而成为"三化"互动协调发展的枢纽和结合点。三是以农业现代化为保障提升新型工业化，稳定特色城镇化。加快农业现代化，提高农业的市场化水平，加大对农用机械设备及农产品物流服务、农业企业的金融、咨询、法律等服务需求，能够有效拓展工业、服务业向更高级化发展的空间，从而加快新型工业化进程；为工业发展提供更高品质的原材料，保障工业发展的基础；提高农业生产效率，为城市第二、第三产业发展提供劳动力保障；为城市居民提供更多的高质量食品保障；缩小城乡差距，为工业化和城镇化发展提供稳定的社会环境条件。

五　加快郑汴新区协同建设，培育核心增长极

郑汴新区规划建设的重点可以放在三个方面。一是以快速交通线路为基础，进行城镇和产业空间规划布局。充分考虑快速交通运输方式将引发的时空收敛效应、等级联系效应和节点集聚效应，合理规划建设郑汴新区快速交通网络，在交通线路布局的基础上，按照功能分区和组团发展的原则，科学布局中小城市和小城镇，加快发展原有基础较好的中小城镇，促进新城区节点有机生长。二是加快"五区一中心"建设。加快推进先进生产要素向园区集聚，争取"十三五"期间加大招商力度，布局更多更大的项目，重点发展现代服务业、高新技术产业、现代农业，引领全省现代产业体系建设，使之成为中西部最大的产业集聚区。按照"复合城市"理念和紧凑型城市模式进行开发，建设既有城市又有农村，第一、第二、第三产业复合，经济、人居、生态、交通功能复合的现代复合新区。加快统筹城乡协调发展，率先推行城乡一体、公共资源共享等综合配套改革，深入推进公交、电信同城，使之成为全省城乡统筹改革发展的先行区。进一步深化郑汴新区的对外开放，大力引进战略投资者，使之成为全省对外开放的主平台和承接高水平

产业转移的主导区。重视生态环境保护和建设，增强人口集聚功能，使之成为环境优美、宜居宜业的新城区。发挥郑州的综合交通枢纽优势，强化物流、信息、金融、会展、教育、商务等现代服务功能，使之成为全省乃至中西部地区经济社会发展的服务中心。三是积极推进一体化，实现全区全方位无缝对接。在交通方面，形成同城一体的交通格局；在产业合作方面，形成产业发展一体化格局；在社会公共资源共享方面，深入开展金融、文化、教育、电信等公共服务设施的共建共享；在生态和环境保护方面，使之逐步成为可持续发展的节约型新区。

六　着力构建中原城市群协同发展的体制机制

推动协同发展是提高中原城市群运行效率的根本所在，但实现中原城市群协同发展不可能一蹴而就，它是一项长期而艰巨的战略任务，必须通过深化改革创新，完善体制机制，为中原城市群协同发展创造良好的环境条件。

构建功能互补的资源配置机制。加强重大基础设施的建设和协调工作，强化"米"字形高速铁路网骨干支撑作用，提速发展城际铁路、高速公路和国省干线，形成多种运输方式支撑的综合运输通道。强化轴带产业集群支撑，积极引导沿线城市依托产业基础和比较优势，优化现代服务业、先进制造业、现代农业布局，培育特色优势产业集群，打造集聚度高、竞争力强的现代产业走廊，形成横向错位发展、纵向分工协作的产业链式发展格局。创新跨区域生态保护与环境治理，建立合理生态补偿机制，加强资源开采、产品制造、产品消费、资源回收和无害化处置全过程管理，推进区域排污权交易，提高区域环境容量的总体配置效益。促进公共服务共建共享，充分借助郑汴洛三市的远程教育资源和郑洛新国家自主创新示范区的科技资源，积极培育统一开放的消费品市场、资本市场、技术市场、劳动力市场、知识产权市场。

创新设施服务联通机制。建立共建机制，打破区域界限，建立中原城市群设施服务共建组织体制、责任体系和工作机制，探索设施服务建设的途径和办法，形成中原城市群设施服务共同规划、共同筹资、共同建设的格局。建立共营机制，积极创新设施服务经营运作模式，做到共同管理、共同经营、共同受益，让公共设施、公共服务发挥最大效益。建立共享机制，大力推进中原城市群教育、科技、文化、旅游、金融、电信等公共服务对接，逐步形成资源共享、功能互补的一体化发展新格局。

创新产业协同发展机制。科学制定产业布局综合规划，为产业对接提供政策导向。建立利益平衡机制，对参与城市群产业分工合作中积极服务大局的城市，通过多种途径给予必要的支持和奖励，使其各有所得、共赢发展。建立企业对话机制，搭建企业交流研讨平台，通过直接对话，找准利益的交会点、发展的契合点，推动产业融合发展、一体发展。

创新要素高效配置机制。建立畅通机制，认真清理现行政策规定，消除各地对人才、资本、资源跨地区流动的限制和市场准入等方面的歧视政策，为企业发展提供平等竞争的机会和条件，促进商品和要素自由流动。建设市场体系，完善区域市场一体化制度，推动市场统一开放、高度融合，让资金流、技术流、人员流、产品流等在市场中自由地选择和运作，以大市场促进中原城市群的大融合。创新沟通协调工作机制。建立联席会议和高层论坛制度，定期就有关重大问题进行沟通，研究出台促进中原城市群发展的政策措施，解决涉及全局发展的重大问题，形成共同建设、共同发展的合力。完善沟通联络机制，定期召开城市间协调会议，探讨共同关心的话题，协调各方利益，使之成为城市之间交流互动、求同存异、解决问题与合作共赢的平台。建立信息反馈机制，注重收集社会对城市群发展的意见和建议，汇集专家和群众智慧，为中原城市群发展献计献策。

构建科学合理的评价监督机制。创新中原城市群发展的考核评价体系，从经济发展、社会建设、人口转移、资源节约、基础设施建设与公用服务设施配置、生态环境治理和改善等维度，对中原城市群各城市的发展进行考核评价，并作为考核评价地区领导干部的重要依据。完善法律法规保障，研究出台促进中原城市群发展的地方性法规，为促进中原城市群各城市间产业分工合作、基础设施建设共享、生态环境联防联控等提供法规保障，为协调中原城市群发展中的矛盾与问题提供法律依据。广泛动员全社会共同参与，充分发挥各级政府、社会各界的积极性、主动性和创造性，尊重基层首创精神，形成全省人民群策群力、共建共享的生动局面。

第四节　中原城市群空间一体化发展布局

坚持区域协同、城乡一体、物质文明与精神文明并重，更加注重均衡发展和整体效能，增强发展协调性，在协调发展中加快构筑中原城市群一体化发展的空间格局。

未来区域竞争的焦点是城市群的竞争，城镇化水平低仍是河南经济社会发展诸多矛盾的症结所在。城市作为各种资源要素最集中的地区，在培育发展新动力、构筑平衡发展新格局、拓展战略新空间方面具有独到优势，为抢占推进城市群协调发展的制高点，必须坚持核心带动、轴带发展、节点提升、对接周边，加快推进交通一体、产业链接、服务共享、生态共建，使中原城市群成为与长江中游城市群南北呼应、共同支撑中部崛起的核心增长区域。

关于城市群形成和发展的经典理论，不管是中心地理论、增长极理论还是核心-边缘理论，都认可城市群的发展离不开中心地（或叫增长极、核心地、中心城市）对周边城市及地区的辐射作用，即城市群的发展需要中心城市的聚集效应、辐射效应、扩散效应和回波效应等多重影响机制的共同作用。

一　城市群一体化发展的主要运行机制

1. 城市群的集聚机制

不管是马克思还是亚当·斯密都对劳动分工进行了大量的描述和分析，而劳动分工是集聚机制产生的重要基础和前提条件。马克思认为，社会分工可以提高生产效率并能带来规模效益，[①] 而亚当·斯密则对分工这一概念进行细化，将其明确区分为一个企业内的分工、企业与企业之间的分工、产业分工以及社会分工。分工的确可以大大提高生产效率，但导致了交易成本和管理成本的增加，因此，企业与企业之间只有加强合作，才能有效降低分工所导致的成本增加，于是就形成了集群。

英国经济学家阿弗里德·马歇尔通常被认为是最早对集聚效应进行专项研究的经济学家。他首次区分了内部规模经济与外部规模经济，前者与企业自身的管理组织相关，而后者则涉及产业集聚问题。因此，马歇尔认为，外部规模经济是形成产业集聚的主要原因。具体来讲，存在着以下几条经济上的驱动机制：信息交换、技术扩散、劳动市场的共享、中间产品的共享。阿尔弗雷德·韦伯则第一次从区位选择的视角提出了集聚经济的概念，并对集聚理论进行了系统梳理。韦伯认为之所以会出现产业的集聚主要是因为技术

---

① 《马克思恩格斯选集》第3卷，人民出版社，1995，第741页。

设备的稀缺、劳动力组织的存在等因素，并在此基础上提出了研究集聚经济的一系列研究方法，特别是定量的方法。

20世纪80年代中期，对集聚理论的研究开始引起组织学、地理学、社会学等其他学科的关注，比如，以科斯等为代表的新制度经济学派将企业集聚作为一种制度安排，这种制度安排可以有效地降低交易成本。保罗·克鲁格曼从经济地理的视角提出了产业集聚的原因，他在规模经济、报酬递增、不完全竞争的假设前提下，把空间作为一个重要变量引入集聚研究模型，认为企业在选址的时候都会尽可能地去融入大容量的市场，即企业主动地去进行集聚，这样可以大大降低运输成本和生产要素的成本，这样，最终会形成"中心－外围"的企业集聚格局。

2. 城市群的分工机制

关于分工，在中国可以追溯到公元前700年前，当时齐国的管仲就主张"四民分业定居论"，这在当时的生产力水平下，是一种较为先进且极具远见的关于分工的理论。同时，柏拉图从哲学的视角根据人类需求的多样性提出了劳动分工的必要性；色诺芬则从经济的视角，从人的劳动能力、劳动时间的有限性的角度提出分工是社会发展的必然的思想。

亚当·斯密在《国富论》里最早提出关于分工的系统性理论，而且他从封闭经济的企业的角度和开放经济的国际贸易角度分别做出了机理分析。从封闭经济角度，亚当·斯密提出不同职业、不同工种的劳动分工可以大大提高劳动生产率，节约生产成本。从开放经济角度，亚当·斯密创立了著名的"绝对优势理论"，他认为，导致国家与国家之间进行分工的重要原因是每一个国家存在着分工后的绝对优势，每一个国家都会按照自己的绝对优势，出口具有绝对优势的产品，进口不具有绝对优势的产品。大卫·李嘉图对这一理论进行了演化，提出了"比较优势理论"，认为导致分工的原因不仅有绝对优势，而且更主要的是比较优势，只要存在着相对来讲的优势即可导致国际贸易的产生。之后赫克歇尔和俄林又从不同国家或地区的资源禀赋差异的角度提出了"要素禀赋学说"，即"赫－俄理论"，"赫－俄理论"第一次分析了"区位"这一要素对国际分工的影响。

分工机制和理论是城市群形成和得以发展的主要运行机制。根据各自的历史发展状况及资源禀赋情况，每一个城市定位好自己在整个城市群当中的位置，核心极通过集聚效应吸引优质生产要素进而辐射其他边缘城市，其他城市在中心城市的带动下，形成整个城市群的分工体系，进而达到整个城市群向前发展的最终目标。

3. 城市群的合作机制

虽然在城市群的整个运行过程中，竞争会出现在不同层级的城市中间，而合作机制也充当着不可或缺的角色，特别是在中原城市群的城市同属于河南省，发展规划最终会由河南省政府统一制定和执行的情形下，合作机制的作用就更为重要，而且在实际运行过程中的阻力会更小。

合作机制理论来自于区域经济一体化理论。"经济一体化"这一概念最早在20世纪30年代由赫克歇尔在其《重商主义》一书中首次使用。而最终理论体系的形成要等到20世纪50年代雅各布·维纳的"关税同盟"理论提出之后。随后，雅各布·维纳又通过定量分析的方法分析了测量关税同盟静态经济效应的标准，详细地分析了贸易转移效应和贸易创新效应。"一体化"的另外一个转折点是英国经济学家彼得·罗布森提出的自由贸易区理论，他认为自由贸易是经济一体化的重要特征和重要基础，它可以带来福利水平的提高和效率损失的减少。西托夫斯基和德纽则从要素市场一体化的角度提出了共同市场理论，即为实现规模经济利益，要将本来分散的市场"圈"成一个大市场，这样市场中的企业就会不断加大研发投入，进而实现区域内的创新和进步。这一机理为城市群整体向前发展提供了重要的理论基础，是实际运行过程中各层级城市互动的内在机理。

二 构筑"一极三圈八轴带"发展格局

在中原城市群空间区域要构筑"一极三圈八轴带"发展格局[①]。河南省委九届十一次全会贯彻落实五大发展理念，应时合势、遵循规律、准确把握河南省经济社会发展中的重大问题，为加快中原城市群一体化发展，提出了这一战略谋划。"一极"，即发挥郑州国家区域中心城市辐射带动作用，将郑州都市区打造成城市群核心增长极。"三圈"，即坚持向心发展，依托高速铁路和城际铁路网，构建以郑州为中心，涵盖洛阳、开封、平顶山、新乡、焦作、许昌、漯河、济源8个省辖市的"半小时"核心圈、涵盖其余9个省辖市的"一小时"紧密圈和涵盖中原经济区其他中心城市的"一个半小时"合作圈。"八轴带"，即依托综合运输通道支撑，带动人口和产业集聚，壮大提升节点城市，形成辐射八方的"米"字形城镇产业发展轴带

---

① 本报评论员：《谋划"一极三圈八轴带"新棋局》，《河南日报》2016年1月3日，第2版。

（见图 5 - 1）。

　　"一极"辐射带动、"三圈"优势叠加、"八轴带"放射支撑，各种要素资源将沿着中原城市群核心区域的交通大动脉迅速集聚，在不同空间区域，形成不同特色产业的分布，集聚巨大的发展势能。当前区域发展新空间加快拓展，中原地区人口众多，完全有条件形成相对完整的产业体系和大市场。前景可期，时至势成，河南通过主动适应经济新常态，全面对接"一带一路"，让"一极三圈八轴带"成为引领区域经济增长的"发动机"、转型升级的"主阵地"、新型城镇化的"探路者"、改革开放的"试验田"，必将在支撑全国发展大局中发挥更大作用、做出更大贡献。

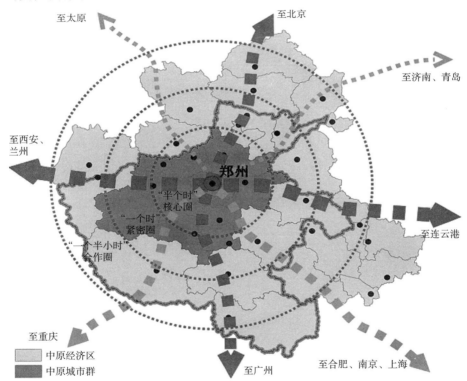

图 5 - 1　中原城市群"一极三圈八轴带"空间格局示意

　　"一极三圈八轴带"，是河南省委在总结城镇化经验做法的基础上，遵循市场规律、产业规律、城市发展规律，站位全局、科学谋划，以城市群为依托，统筹空间、规模、产业，优化经济形态和生产力布局，着眼在更高层次推动区域协调发展做出的重大部署。这一战略谋划秉承创新、协调、绿色、开放、共享五大发展新理念，将成为撬动河南新一轮发展的有力杠杆，有利于中原城市群一体化发展，促进区域性中心城市、地区性中心城市、县城、中心镇纵向分工协作、横向错位发展，构建放射状、"葫芦串"、集群型、网络化城镇空间布局，成为支撑中原崛起、河南振兴的核心增长区域。

三　加快建设区域性中心城市——郑州都市区

在"一极三圈八轴带"这盘大棋中，河南的发展格局被划分为四个层级——区域性中心城市、地区性中心城市、县城、中心镇。郑州，无疑是河南最有实力成为我国中西部区域性中心城市的城市，担负着打造中原城市群核心增长极的重任。

坚持实施郑州国际商都发展战略，加快向国际化大都市迈进。打造立体化现代综合交通枢纽，推动航空港、铁路港、公路港等多港联动，建设多式联运国际物流中心；强化高端要素集聚和综合服务功能，建设全国重要的现代服务业和先进制造业基地，提升区域性经济、金融、商贸服务、科技文化中心地位，增强辐射带动全省和服务中西部发展的能力。支持周边城市与郑州都市区融合对接，建设组合型大都市地区，形成中心带动周边、周边支撑中心的互促互进发展局面。

四　提升地区性中心城市发展水平

在"一极三圈八轴带"的发展格局中，洛阳、开封等地区性中心城市发展应坚持节点提升，扩大城市规模，完善城市功能，推进错位发展，提升辐射能力。支持洛阳加快传统产业改造升级，建设全国重要的先进制造业基地和国际文化旅游名城，巩固提升中原经济区副中心城市地位。推动开封建设新兴副中心城市，建设开港经济带、郑汴产学研结合示范带、沿黄生态带，打造郑汴一体化升级版。推动工业基础较好的城市优化产业结构，加快产业高端化，提升现代服务功能，壮大城市规模和综合实力。支持传统农区城市大力承接产业转移，壮大经济实力，加速工业化城镇化步伐，实现跨越式发展。鼓励省际城市与外省毗邻地区提升合作发展水平，支持三门峡建设黄河金三角区域中心城市。统筹空间、规模、产业三大结构，优化城市发展形态，推动中心城市组团式发展。

五　构建城镇产业发展轴带

从河南"十三五"主要发展目标看，提升工业化、城镇化的潜力主要在县，因此，县城既是加快城镇化进程的主阵地，又是如期实现全面建成小康社会的战略重点。坚持互动发展，推进综合运输通道建设，全面建成"米"字形高速铁路网，提速建设城际铁路网，以跨省通道和城市群核心圈加密路段、紧密圈连通路段为重点，推动高速公路网内联外通，加快干线公路升级改造，积极发展内河水运；强化中心城镇带动，优化现代服务业、先进制造业、现代农业布局，发展一批优势产业集群，形成区域性中心城市、地区性中心城市、县城、中心镇相互依托、相互促进的轴带发展支撑格局。加强各省辖市城乡规划和功能对接，推动跨区域城市间产业分工、基础设施、生态保护、环境治理等协调联动，促进生产要素自由流动和优化配置。建立跨地区投资、地区生产总值、财税等利益分享机制，推动城镇间产业分工、产业整合、园区共建。

第五节　未来中原城市群发展的前景及展望

从实际看，中原城市群的整体运行效率不高，根本在于尚未形成协同发展的内生动力，这个动力实际上就是经济发展的协同。它集中体现为各城市之间的合理科学分工、各自特色优势的错位互补，以及产业发展的上下游链式关联。

一　中原城市群发展过程中存在的问题

1. 核心城市的带动作用有限

根据前文的中心地理论和增长极理论，城市群的形成和大力发展需要具有至少一个"增长极"作为整个城市群发展的引擎。珠三角城市群作为世界上人口和面积最大的城市群，其以中心城市广州、深圳和珠海等作为增长极；长三角城市群以上海、南京和杭州等城市作为增长极，故而成为中国经济最具活力、开放程度最高、创新能力最强的城市群；京津冀城市群则是以北京、天津为中心城市和增长极。而作为中原城市群中心城市的郑州地处内陆，其自身与一线发达城市还有很大的差距。在2015年中国城市竞争力排名中，郑州排名第48位，而属于长三角城市群的二级城市宁波排名第7位，属于珠三角城市群的二级城市东莞排名第 27 位，属于京津冀城市群的二级城市廊坊排名第 23 位，都远远超过中原城市群的核心城市郑州。

郑州工业不够发达，在科技创新、金融等领域也较为落后，信息、人才等生产要素的市场发育也不够完善，这些不利因素也导致其产生的聚集效应和辐射效应的有限性。更为重要的是作为中心城市的郑州与其他城市的经济关联度低，因此，在整个中原城市群中的引擎作用不够突出，带动作用有限。再加上中原城市群的各个城市之间协作机制尚不完善，竞争性突出，尚未形成真正意义上的城市群，各个城市之间的产业发展缺少统一的协调和分工。郑州对其他城市的生产要素的集聚不够明显，边缘城市对郑州的依赖度也较低，也未形成成熟的产业链，不能够在城市群里充当好领头羊的角色。

2. 城市间产业关联度低

中原城市群的城市在行政区划上同属于河南省，导致各个城市在制订经济发展计划时出现目标相似度高，地方政府倾向于从本地区局部利益出发，制定短期目标，甚至为了招商引资，不惜与其他城市恶性竞争，给予企业"超市民待遇"，提供各种违背市场规律的优惠政策。特别在前几年以 GDP 增速论英雄的年代，考核地方政府领导的主要指标可以细化为引进多少外资，新建多少企业，GDP 到底增长多少（而不论其增长模式），至于这些企业到底能给城市带来多少长远利益，整个城市与周边城市和上层级城市如何合作与协调发展，就可能直接被地方政府忽略。政府的非理性行为造成的直接后果就是企业投资时的非市场行为，企业在进行成本 - 收益核算时往往把地方政府的优惠政策作为重要的衡量指标，造成企业准入门槛过低，资源配置低效，企业并不一定带动本地经济发展，也并不能形成地方产业向核心城市的聚集。

目前中原城市群的支柱产业主要为煤炭业、铝加工业、机械工业等，但由于在整个城市群内缺乏统一的引导，造成产业关联度低，企业创新能力不足，没有规模经济效益，产品附加值低，这就是典型的城市群不成熟的表现。比如，第一产业和第二产业之间的产业关联度低，农产品加工业与农业对接不到位，大部分的农副产品只能以初级产品的形式出现在市场上，无法高附加值地出口到其他地区或者国家。再如矿产资源开采和相应的工业加工不相匹配，未在城市群内部形成立体式的产业链，特别是第二产业产业链往往较短，很容易导致产品增值的诸多利益无故流失，也影响集聚效应的形成。

3. 统一的协调机构缺位

截至"一极三圈八轴带"战略提出，中原城市群得以从最初一个模糊的概念到最终形成一套完整的理论体系，甚至被写进河南省的"十三五"规划。可是在操作层面，并没有相应的行之有效的规划方案，中原城市群毕竟不属于一个现实存在的行政区划，而只是停留在理论层面的一个松散的存在。城市群的概念并不能深入人心，每一个城市都只会从自身的角度出发去想问题，做事情，只会对自己辖区内的事情进行管理，并没有一套体制或者一个机构去对整个城市群进行管理和协调。这样势必造成重复建设，恶性竞争，不能够形成属于中原城市群的整体优势，城市群内部横向经济联合及纵向经济传递的导向性不太明显。

同时，协调机构缺位还导致各个城市或多或少地带有一些地方保护主义，进而增加了很多不必要的行政壁垒，即使在城市群内部也不能形成一体化的共同市场。商品、服务和生产要素都不能自由地、高效地在整个城市群内部进行流通，不能实现资源的有效配置。比如，任何一个城市的居民或者企业都不会想通过其他城市去解决公共服务的需求问题，使得城市群不能真正实现由于集群而带来的效率增加，典型的例子就是居民的社会保障和医疗保障到目前为止没有实现城市群（或者全省）的共享。

4. 城市群内环境问题突出

根据目前省情，河南劳动力资源丰富而人力资源素质相对较低，作为农业大省，第一产业所占的比重依然相对较大，服务业发展严重滞后，因此，承接来自于发达国家或者东部地区的产业转移是河南发展经济的必经阶段。而工业发展往往要承担一定的生态环境保护压力，就目前来看，河南已经有很多城市受到非常严重的污染，面临一系列生态环境问题。中原城市群内的空气、淡水污染现状也不容乐观。数据显示，中原城市群包含采掘业、冶炼业和电力行业在内的与资源相关的行业在 2009 年实现的增加值占当年工业增加值的 43%，高出全国平均水平 16 个百分点，平顶山这一比重高达68.4%，而济源更是达到 70.5%。这种增加值主要靠资源型行业来贡献的现状充分说明了城市群的增长还属于粗放型增长，而且正在承担着沉重的高污染、高能耗压力。比如，采掘业比较集中的平顶山、洛阳、新密和焦作等由于无序开采，造成地面坍塌、水污染、重度雾霾等恶性事件，此外还要承担资源枯竭的风险。

二 中原城市群一体化发展的路径选择

1. 完善"米"字形综合交通枢纽，强化其全国战略枢纽功能

完善"米"字形综合交通枢纽，带动人口和产业集聚，壮大提升节点城市，加快推进中原城市群一体化发展，形成辐射八方的"米"字形城镇产业发展轴带，构筑"一极三圈八轴带"的城镇化发展格局。

河南是全国客货运输集疏中转和信息传输的核心枢纽。伴随着"米"字形快速铁路网的布局和郑州航空港的建设，河南作为国家陆空交通枢纽和多式联运物流中心的功能得到了进一步的提升。郑州航空港地处长三角、珠三角、京津冀、成渝、关中－天水等经济圈的地理中心，2.5小时航空圈覆盖全国人口90%，覆盖全国经济总量95%。2015年，郑州新郑国际机场开通航线达171条，其中全货运国际航线30条，居内陆第一。

要发挥河南作为全国铁路、航空、信息枢纽的优势，着力打造辐射东中西、连通境内外的国际物流通道枢纽。第一，抓住国家高速铁路网建设布局的契机，加快与完善"米"字形快速通道建设，支持河南至山东、津冀与长三角等沿海港口群跨省通道建设，推进跨区域大能力货运铁路通道建设；支持河南与周边省份实现城际铁路网、高速公路网互联互通，推动跨省交通基础设施一体化。第二，着力开发郑州航空港连接全球主要货运机场和发达经济体的国际航线，建设豫欧、豫美空中通道。抢抓国家低空空域管理改革机遇，积极发展通用航空，争创通用航空产业基地。第三，支持建设郑州多式联运国际物流中心，打造航空、铁路国内国外物流"双枢纽"。支持河南与"一带一路"地区探索物流、贸易便利化及跨境运输的新机制，推动郑欧班列多口岸出境、多线路运行、多货源组织和去返程均衡运营。第四，抓住网络强国与国家大数据战略的契机，争取建设区域互联网交换中心和区域性国际通信业务出入口局，打造郑州国家级数据中心，深入实施"互联网＋"计划，大力发展网络经济，争取更多的智慧城市、智慧园区纳入国家试点，构建全国信息枢纽港。

2. 围绕国家中心城市目标，全面推进郑州中心城市的功能建设

一个城市群的地位和作用，很大程度上取决于核心城市的影响力和综合竞争力。[①] 而国家中心城市则是国家城镇体系的最高层级，在国家战略布

---

① 王建国：《推动中原城市群协同发展》，《党的生活（河南）》2016年第11期。

局中肩负国家使命、代表国家形象、引领区域发展。其对外在发展外向型经济及推动国际文化交流方面具有重要作用，而对内则是在全国具备引领、辐射、集散功能的城市。在 2016 年 9 月 25 日的郑州市第十一次党代会上，省委常委、郑州市市委书记马懿明确提出，未来五年，郑州要率先在全省全面建成小康社会，加快现代化进程，向国家中心城市迈进。2016年 12 月，国家发改委印发《促进中部地区崛起"十三五"规划》，其中明确提出，支持郑州建设国家中心城市。

根据国际国内经验，中心城市作为核心增长极，至少应当具有三个基本功能：一是产业升级的龙头；二是以现代服务业为基础的资源配置中心；三是对外开放的"节点"。中原城市群要一体化发展，建设大郑州是关键。新时期，中央把郑州定位为"一带一路"重要节点城市，赋予郑州建成连通境内外、辐射东中西的物流通道枢纽，实现"买全球、卖全球"的任务。河南省委、省政府要求郑州发挥龙头带动和核心增长极作用，引领河南参与国内外竞争，带动中原城市群发展。

中原城市群建设的首要任务是强化郑州核心城市的职能和地位。围绕国家中心城市建设，郑州进一步明确，建设国际性现代综合立体交通枢纽、中西部对外开放门户、全国重要的先进制造业基地，打造国际物流中心、国家区域性现代金融中心、具有国际竞争力的中原创新创业中心、华夏历史文明传承创新中心。中原经济区、郑州航空港经济综合实验区、中国（郑州）跨境电商综合试验区、郑洛新国家自主创新示范区、河南自贸区"五区叠加"，郑州在全国和河南全省发展大局中的战略地位日益凸显，一个内陆开放高地正在强势隆起。

郑州为向国家中心城市后要继续推进国际商都进程，抢占产业制高点，要积极改造提升传统产业，做大做强高新技术产业，大力发展现代物流、会展、金融、信息等现代服务业，增强经济实力和辐射带动能力，全面提升核心城市综合服务功能，充分发挥其区域性经济、信息、科技、教育和文化中心的作用，使之成为在我国中部具有较大影响力的国家区域性中心城市，为中原城市群经济隆起带的真正形成奠定坚实的基础。目前，郑州确定了"以先进制造业为支撑，以现代服务业为主导的现代产业体系"发展方向，并从以下方面推进郑州中心城市的功能建设。做强制造业，努力打造万亿级电子信息产业集群、5000 亿级汽车与装备制造产业集群和一批千亿级产业集群；做大现代服务业，努力建成连通境内外、辐射东中西的国际物流集疏中心和亚欧大宗商品商贸物流中心，辐射中原经济区的现代金融中心、商贸流通中心；做优郑州都市农业，坚持绿色生态特色发展，打造都市型生态农业示范区，十大现代农业示范区规划已编制完成并全面启动建设；发展复合型新兴产业，培育壮大物联网、云计算、大数据、信息安全等新兴产业，网络经济强市建设已经起航。

进入发展新阶段，郑州挖掘"居中"优势，建设"枢纽之城"，构建内陆国际航空物流枢纽，发展航空经济，"双枢纽"战略稳步推进；机场二期投用，航线不断拓展；郑州成为全国普通铁路和高速铁路网中唯一的"双十字"中心，伴随"机公铁"多式联运体系的快速形成，一个"网"通全球的大枢纽正推动郑州加速融入世界。

3. 加快形成中原城市群各城市功能互补的城市体系

中原城市群各城市的互补性是城市群形成的重要支撑。区位指向、聚集与扩散机制以及空间近邻效应是区域空间结构形成与发展的基本力量。要从实际出发，综合考虑不同城市多种因素，发挥优势，突出特色，明确不同城市的科学定位，彰显不同城市文化精神，实现不同城市的空间协同，优化城市群形态。其中，作为区域增长极的中心城市对区域经济活动的区位指向具有重大影响，城市支柱产业的选择决定整个区域的产业发展方向。郑州作为中原城市群的中心，其优势是商贸、金融、物流、信息和人才；洛阳是先进制造业、火电生产、铝工业、石化工业四大工业基地；许昌把劳动密集型产业作为发展重点，支柱产业是电力设备、烟草、金刚石、发制品等；焦作的支柱产业是化学工业、能源工业和汽车零部件；开封占据着农产品和旅游业的优势；新乡的支柱产业是纺织、电子、电器、机械、化工、医药、建材；平顶山的支柱产业是煤炭、机械、电力、化工、烟草、纺织；漯河的支柱产业是食品、纺织、造纸、制革制鞋、化工、机械；济源的支柱产业是电力和铝工业。比较而言，中原城市群支柱产业的差异性比较大，产业同构的问题并不突出。这种产业的异构性有利于建立合理的产业分工，形成互补，从而有利于在合作中形成群的合力。

在中原城市群协调发展整合过程中，要按照"一极三圈八轴带"发展格局，各个城市必须根据与区域核心城市的关系重新研究、调整自身的发展定位，尤其是产业定位，找到自己在城市群中的恰当位置。纵向上看，强化做大做强郑州，夯实中小城市的基础，从作为核心城市的郑州，到作为地区中心城市的省辖市，再到作为腹地基础的小城市和小城镇，产业要上下游关联配套，形成链条或者高低层级；横向上看，要突出产业特色，不同地区中心城市，以及不同小城市、小城镇之间，产业要实现错位互补，以此推进中原城市群的产业协同升级，为整个中原城市群协同发展奠定坚实基础。经过进一步整合，使中原城市群形成多业并举、重点突出，各个城市产业特色鲜明、相互协调的发展格局。

4. 推动中原城市群提质扩容，实现圈层推进

推动中原城市群提质扩容，抓紧编制中原城市群发展规划和多规合一规划，统筹空间规模产业三大结构、规划建设管理三大环节、改革科技文化三大动力、生产生活生态三大布局、政府社会市民三大主体，实现基础设施互联互通、产业协调发展、生态环境共建、开放合作共赢、公共服务共享，探索人口密集型粮食主产区新型城镇化道路。

作为尚不发达的城市群，为了尽可能提高一体化的推进效率，中原城市群必须从最具备条件、最容易突破、最能产生带动效应的领域入手，重点突破，圈层式推进。一是推进基础设施同城化。基础设施协同是实现城市群协同发展的有效手段。推进基础设施协同关键在于交通运输的协同，交通体系一方面要完善成网，另一方面要方便、快捷、畅通、高效。从中原城市群的实际看，整体上交通基础设施还是不错的，除了因自然因素缺乏水路运输、因发展阶段限制而航空运输较弱外，公路、铁路交通运输基础设施是比较完善的，尤其是近年来，高速公路的快速发展，高速铁路网、城际铁路网的建设日新月异，中原城市群空间一体化进程不断加快。此外，为了降低城市群内部交易成本，在城市群内能同城化的基础设施和公共服务领域尽量做到同城化，借助电子化、数字化、网络化手段，形成综合统一的交通、电力、邮政、信息等方便快捷的管理体系。二是推进产业一体化，要在各个城市功能定位的基础上，逐步强化城市群行业、产业、企业的空间集中度。每一个城市都要有本城市群集中度最高的主导产业、支柱产业。行业要以产业链为纽带，形成配套、分工一体化的生产体系，逐步使每个城市排在第一位的支柱产业在城市群中也成为第一位，城市群中每个城市前五位的支柱产业尽量避免重复。三是推进要素和产品市场一体化，要逐步消除市场分割，形成统一的金融、技术、产权和劳动力市场，产品和生产要素在各城市之间自由流动。四是推进城乡一体化，要通过城乡工商业在空间上的不断集中，使人口城市化水平在 2020 年达到70％左右，城乡要素流动不受非经济因素限制，社会结构没有明显差别，

并且形成城乡统一的社会保障和文化教育体系。

5. 促进发展环境进一步优化

实现地方法规制度和发展规划的协同，中原城市群各城市要在相关地方法律法规、政策制度、发展规划等方面，相互衔接，相互协同。加快政府职能和管理方式转变，要优化政府行为，加强对一体化的协调、引导、推动。政府应当主动作为，把推动产业向优势区域集聚，提升产业竞争力作为城市群产业一体化的着力点，尤其要注重完善优势区域的产业环境，强化市场与产业的互动、建立专业化的服务体系。建立反映中原城市群发展状况的统计体系。实行产值、税收分成和环保容量调剂补偿政策，鼓励优势企业和产业集聚。实施有利于中原城市群发展的要素配置政策，新增水资源重点向城市群配置，加强全省范围内的土地利用统一协调，切实保证中原城市群工业化、城镇化用地需求。构建、保护市场公平竞争秩序，消除地方保护主义。率先建立覆盖政府、企业、个人的社会信用体系。逐步实现公共服务及服务业发展的协同，如在金融、电信、医疗保险、证照审验等方面，可以充分利用信息化技术，实现中原城市群内部各城市的协同，提高办事效率，方便百姓生活。实现生态建设和环境治理的协同，如对一些跨区域生态廊道、河道生态建设、城乡环境治理，要实现协同共建共治，以提高协同效率，凸显整体效果。

6. 打造引领中部地区开放发展的新高地

河南把开放作为繁荣发展的必由之路，以加快郑州航空港经济综合实验区建设为突破口，大力实施开放带动主战略，通过建设大枢纽、发展大物流、培育大产业、塑造大都市，全面融入"一带一路"建设，构建开放型经济新体制，打造内陆地区融入"一带一路"建设的战略支点和开放门户。2015 年郑州航空港经济综合实验区进出口总额完成 490 亿美元，同比增长 30.1%，约占全省的 67.4%；手机生产量达 2 亿部，占全球智能手机供货量的 1/7，全球智能终端制造基地已初步形成。2016 年初郑州获批国家跨境电子商务综合试验区，为我国跨境电商发展提供了新路径和新引擎。郑欧班列共开行 156 班，总货值 7.21 亿美元、总货重 6.28 万吨，境外覆盖 20 个国家的 108 个城市，累计开行 255 班，约占全国总量（1058 班）的 1/4。

"十三五"时期，河南要努力打造引领中部地区开放发展的新高地，急需通过河南自贸试验区建设，在国家东中西互动合作发展实验区、中外产业园区建设等方面实现突破。第一，加快建设河南自由贸易试验区，统筹郑州、洛阳和开封片区，努力打造多式联运的国际物流中心、引领流通消费国际化的创新发展示范区、投资贸易便利的内陆开放高地、监管服务模式创新先行区。申请国家支持河南与"一带一路"沿线国家和地区建立多双边贸易投资合作协调机制。贯彻落实河南省政府与国家发改委关于国际产能和装备制造合作协议，把河南省重大产能合作项目纳入国家国际产能合作规划。第二，建设国家东中西互动合作发展实验区。按照促进东中西良性互动，形成区域发展互补支撑、优势叠加格局的要求，强化中原经济区在对接东部地区产业转移、西部地区资源开发和南北区域交流合作的战略通道功能，抢抓承接产业转移的重大战略机遇，支持河南创建"国家东中西互动合作发展实验区"，为开放发展提供更大的战略和政策平台。第三，建设中外合作产业园区。加强郑州与汉堡、法兰克福、杜伊斯堡、汉诺威等郑欧班列的节点城市在物流、汽车及零部件、装备制造、生物医药、电子信息等领域的合作。在郑州航空港经济综合实验区规划建设中德工业园，创建工业4.0合作试验区，实现"中国制造2025"与"德国工业4.0"的高效衔接。第四，进一步完善对外投资的政策和服务体系，鼓励有实力的企业到海外投资办厂、设立分支机构或进行并购重组，形成"引进来"与"走出去"有机结合的双向开放格局。

第六章

实施物质文明和精神文明
双轮驱动，建设文化强省

党的十八大以来特别是党的十八届五中全会召开以来，河南明确了实施物质文明和精神文明双轮驱动、打造华夏历史文明传承创新区、建设中原文化强省的奋斗目标。以高度的文化自觉和文化自信，加快推进中原文化大发展、大繁荣，积极打造华夏历史文明传承创新区、建设中原文化强省，努力把河南建设成中国文化遗产保护传承示范基地、全国重要的文化产业基地、现代文化创新发展新高地、中华文化走出去的重要基地，这是贯彻落实党的十八届五中全会精神、扎实推进社会主义文化强国建设的具体体现。

第一节　弘扬社会主义先进文化，　汇聚经济社会发展内在力量

马克思主义认为，人类整个社会的发展是一个内在统一的有机体。马克思明确指出，"社会是人同自然界的完成了的本质的统一"[①]；"社会不是由个人构成，而是表示这些个人彼此发生的那些联系和关系的总和"[②]；"现在的社会不是坚实的结晶体，而是一个能够变化并且经常处于变化过程中的有机体"[③]。在人类文明演进的过程中，经济、政治、文化、社会、生态等基

---

① 《马克思恩格斯文集》第 1 卷，人民出版社，2009，第 187 页。
② 《马克思恩格斯全集》第 30 卷，人民出版社，1995，第 221 页。
③ 《马克思恩格斯选集》第 2 卷，人民出版社，1995，第 102 页。

本元素无疑都是推动历史发展的鲜活力量，虽然它们在历史发展的不同阶段所起的作用不尽相同。改革开放 30 多年来，河南经济社会发展发生了巨大的变化：经济腾飞、政治清明、社会稳定、生态日渐良好、文明文化绵延不断。时至今日，我们赫然发现曾经"两手一抹春秋文化、两脚一踩秦砖汉瓦"的中原文明却在现代化的进程中追赶不上经济发展的脚步。作为全国的粮食大省和中华文明的发源地，河南的确应该反思以什么样的文化样态行走在 21 世纪的中国，应该反思如何弘扬社会主义先进文化，为河南经济社会发展凝聚内在精神力量。反思之后，河南应该积极行动起来，秉承创新、协调、绿色、开放、共享的发展理念，充分发挥中国特色社会主义先进文化对河南文化建设的引领作用，用精神的滋养让中原更加出彩。

一　弘扬中原优秀传统文化，为河南经济社会发展提供精神滋养

不忘本来才能开辟未来，善于继承才能更好创新。2013 年 11 月，习近平在曲阜视察时指出："结合对孔子儒学的传播，要搞好四个讲清楚：一是讲清楚每个国家和民族的历史传统、文化积淀、基本国情不同，其发展道路必然有着自己的特色；二是讲清楚中华文化积淀着中华民族最深沉的精神追求，是中华民族生生不息、发展壮大的丰厚滋养；三是讲清楚中华优秀传统文化是中华民族的突出优势，是我们最深厚的文化软实力；四是讲清楚中国特色社会主义植根于中华文化沃土、反映中国人民的意愿、适应中国和时代发展进步要求，有着深厚历史渊源和广泛现实基础。"[1] 这四个讲清楚贯穿着的一个中心思想就是传统文化是我们民族的根和魂；丢了这个根和魂，就等于割断了自己的精神命脉。中华民族传统优秀文化是我们实现国家富强、民族振兴、人民幸福的中国梦的重要精神支撑；所谓民族复兴，归根结底是中华民族文化的复兴。中国的自信，本质上是文化自信。相对于道路自信、制度自信、理论自信，"文化自信，是更基础、更广泛、更深厚的自信。在5000 多年文明发展中孕育的中华优秀传统文化，在党和人民伟大斗争中孕育的革命文化和社会主义先进文化，积淀着中华民族最深层的精神追求，代表着中华民族独特的精神标识。我们要弘扬社会主义核心价值观，弘扬以爱国主义为核心的民族精神和以改革创新为核心的时代精神，不断增强全党全

---

[1]　王经西：《四个讲清楚：山东学界的历史责任》，《大众日报》2014 年 7 月 27 日，第 5 版。

国各族人民的精神力量"①。

一个没有文化滋养的民族必将是一个没有灵魂和发展活力的民族。同样道理，一个没有文化滋养的省份必将是一个缺失了灵魂和精神驱动力的区域。如果一个区域丢掉了传统和根本，坐拥"秦砖汉瓦"和"春秋文化"而无所事事、无所作为的话，就等于自我"阉割"了其发展的"根"与"魂"，发展的硬实力更是无从谈起。一个民族、国家、区域乃至个人要想获得别人尊重，固然离不开经济、科技、军事等硬实力，但也离不开以文化为基础的软实力的构建与发挥，毕竟尊重本质上是一个文化命题。

中原文化要对外界产生真正的影响，就必须把自己独特的文化传统和发展模式贡献给世界。厚重的文化传统对"文明河南"的建设来讲，既是一本深刻的历史教材，又是一面能够自我剖析的明镜，更是一笔厚泽子孙的精神财富。我们要做的不是守着这座文化的"富矿"聊以自慰，而是要发掘中原文化兴旺繁荣的客观规律，总结中原独特的文化传统，阐发中原文化宝贵的发展模式，提出中原传统文化所面临的时代难题，提供破解中原文化当代创新发展的现实路径，让传统文化特别是传统道德文化真正成为中原经济区建设的精神滋养。

2014 年 5 月 4 日，习近平在视察北京大学时对青年学生讲："道不可坐论，德不能空谈。于实处用力，从知行合一上下功夫，核心价值观才能内化为人们的精神追求，外化为人们的自觉行动。"②"文明河南"建设必须以正确的核心价值理念作为指导，而这个确保文化发展方向的核心价值观本身就是一种大德，既是国家之德，又是人民之德，当然也是驱动一个区域发展的道德助推力。在弘扬社会主义核心价值观的进程中，河南不能没有自己文化发展的核心价值理念。我们必须找寻驱动河南文化发展、文明演进及社会进步的道德建设基点，而汲取来自民间文化发展的创造活力，搭建诸如道德讲堂之类的实现中原优秀传统道德资源向当代转化的实践平台，是促进"文明河南"建设落地生根的有益尝试。唯有尊重传统道德文化资源，唯有不断推进传统道德文化资源的实践转化、创新性发展，唯有讲清楚河南传统道德文化的本质内涵和时代内涵，才能善于吸收其中的精华部分为我所用，才

---

① 习近平：《在庆祝中国共产党成立 95 周年大会上的讲话》（2016 年 7 月 1 日），人民出版社，2016，第 13 页。

② 习近平：《青年要自觉践行社会主义核心价值观——在北京大学师生座谈会上的讲话》（2014 年 5 月 4 日），《新华每日电讯》2014 年 5 月 5 日，第 2 版。

能提升文化滋养下的中原经济社会发展的感召力和影响力。

二　弘扬中原优秀道德价值观，为中原腾飞铸魂聚力

习近平在会见第四届全国道德模范时强调，要激励人民群众崇德向善、见贤思齐，鼓励全社会积善成德、明德惟馨，为中华民族伟大复兴凝聚起强大的精神力量与有力的道德支撑。在北京大学师生座谈会上，他进一步指出，国无德不兴，人无德不立。如果一个民族、一个国家没有共同的核心价值观，莫衷一是，行无依归，那这个民族、这个国家就无法前进。同样道理，"文明河南"建设如果没有强有力的道德建设所形成的核心价值观的有力支撑，必将成为无源之水、无本之木，道德建设实为文化河南建设的铸魂工程。

道德是通过社会舆论、内心信念和传统习惯来评价人的行为，调整人与人之间以及个人与社会之间相互关系的行为规范和准则。从道德的内涵不难看出，其形成的前提及发展的动力都离不开全民参与的核心价值观的养成与践行。道德往往是社会正面价值取向的代表，在人类文明的发展与演进中扮演着铸魂者的角色。文化的核心是价值观，而道德则是文化的灵魂与核心所在。唯有提升良好的道德意识、培育高尚的道德品质、弘扬彰显正能量的道德行为，才能铸就"文明河南"建设之魂。

铸就"文明河南"建设之魂离不开中华民族优良的道德传统。自强不息、厚德载物的思想精髓，不仅为中华民族生生不息、薪火相传提供着有力支撑，而且为作为中华民族发源地的中原文明提供着源源不断的精神动力。尚中贵和的道德理想、弘善明德的道德理念是中原优秀道德文化传统中的核心部分。

孔子言："礼之用，和为贵。"① 《礼记·中庸》提出："中也者，天下之大本也；和也者，天下之达道也。致中和，天地位焉，万物育焉。""尚中贵和"在中国古代传统伦理道德特别是儒家伦理纲常中占据重要地位。地处中原之地的河南，因其地缘及文化资源优势，对"中和"精神的崇尚是不言而喻的。虽然自古以来河南即为兵家必争之地，但和合之道却深深沁润在河南人的灵魂深处。提倡人与人、人与社会及人与自然之间的和谐相处，河南人用中原传统文化特有的"中"的文化情结与"和"的文化理念，

---

① 《论语·学而》。

阐释了发扬传统道德文化对破解市场经济中的道德悖论的关键性作用，充分体现了中华民族传承不竭的道德能量。

古人云："克明俊德，以亲九族。九族既睦，平章百姓，百姓昭明，协和万邦，黎民于变时雍。"① 可见，在中国先人的治国理念中，是否能够发扬传统优秀的道德是国家政治清明的基本条件之一。"国无德不兴"，省无德不治。修身、齐家、治国、平天下的道德理念不仅仅是一个国家、一个区域社会治理和秩序整合之器，也是其发展兴旺、人民幸福的根本目标和价值归依。几千年来，弘善明德的道德理念一直为中原儿女所尊崇，植根于每个中原儿女的内心世界，影响着中原百姓的言行方式。在人与社会关系上"民惟邦本"的道德价值取向，在人与人的关系上"言必信，行必果"的价值规范，在与其他地区及国家交往上"居安思危"的忧患意识等构成了河南文明史上最为基本的道德精神积淀。

"国无德不兴，人无德不立"，河南文化强省建设战略任务的实现离不开中原各行各业每一位父老乡亲道德素养的提升，这是铸就河南文化强省的出发点和立足点；河南文化强省建设战略任务的实现同样离不开中原传统道德文化资源的创造性转化与创新性发展，这是铸就河南文化强省的"根"；更需要发掘当代河南道德建设的楷模和实践平台，这是铸就河南文化强省的"实"。

三 繁荣哲学社会科学，促"文明河南"腾飞

2016 年 5 月 17 日，习近平在哲学社会科学工作座谈会上指出："哲学社会科学是人们认识世界、改造世界的重要工具，是推动历史发展和社会进步的重要力量，其发展水平反映了一个民族的思维能力、精神品格、文明素质，体现了一个国家的综合国力和国际竞争力。一个国家的发展水平，既取决于自然科学发展水平，也取决于哲学社会科学发展水平。一个没有发达的自然科学的国家不可能走在世界前列，一个没有繁荣的哲学社会科学的国家也不可能走在世界前列。"② 社会主义社会是全面发展的社会，社会主义现代化应该有繁荣的经济，也应该有繁荣的文化。建设文化强省和中原经济腾

---

① 《尚书·尧典》。
② 习近平：《在哲学社会科学工作座谈会上的讲话》（2016 年 5 月 17 日），人民出版社，2016，第 2 页。

飞的战略任务和历史使命既不能脱离河南深厚的传统文化的精神滋养，又不能没有道德建设所铸就的灵魂，更不能没有千百万哲学社会科学工作者"为天地立心，为生民立命，为往圣继绝学，为万世开太平"的志向和情怀。

在建设有中国特色的社会主义文化的伟大事业中，哲学社会科学的作用是无可替代的。它不仅要以自己的理论研究成果为坚持马克思主义在意识形态指导地位、为建设有中国特色社会主义理论和实践服务，而且要培养高举马克思主义伟大旗帜的哲学社会科学专业人才。哲学社会科学的繁荣有利于全民族的思想理论素质的提高，有利于加强我们民族的凝聚力。没有科学的理论指导，就不容易在全社会形成共同的理想和精神支柱。没有自觉的道德纪律、没有较高的文化素质，就难以形成良好的文化环境。这是关系我们继续推进"文明河南"的重要条件，也是关系建设有中国特色的社会主义的重大原则问题。在河南这样一个文化大省要跨越"卡夫丁峡谷"，固然要充分吸收资本主义的科技成果，要大力发展生产力，但同样不可忽视的是要有坚定正确的政治方向、社会主义的道德情操和较高的文化修养。人的素质问题是社会主义建设的关键问题。而素质不是单纯的科技水平，而且包括人的人文素质，其中特别是哲学社会科学素质。河南的哲学社会科学工作者要在创造绚丽多彩的社会主义文化方面发挥作用，发挥哲学社会科学的优势和专业特长，就必须正确对待马克思主义，正确对待中国传统文化，正确对待建设有中国特色的社会主义实践。把现实、理论、传统三者有机结合在一起，立足现实，坚持（马克思主义）理论、重视（文化）传统，在创造中继承，在推陈中出新。

文化是社会形态的组成部分。物质生产和精神生产是人类社会生产的两大部类。物质生产和精神生产这两类生产活动的延续、发展，标志着人类社会的进步。任何社会都既有自己特定的经济结构、政治结构，又有相应的文化形态，社会主义社会也是如此。在资本主义社会，经济发展与文化之间存在着不可解决的矛盾。一方面，生产力不断发展；另一方面，社会道德水准下降和价值观念发生危机。这种物质生产与精神生产的不平衡在资本主义刚刚登上历史舞台时就出现了。卢梭在他的获奖论文中已经指出了这个矛盾，但不理解这个矛盾。精神生产与物质生产的不平衡规律最早是由马克思发现并提出来的。在《〈政治经济学批判〉导言》中，马克思明确指出："关于艺术，大家知道，它的一定的繁盛时期决不是同社会的一般发展成比例的，因而也决不是同仿佛是社会组织的骨骼的物质基础的一般发展成比例的。"①
在这里，马克思用两个"决不成比例"第一次明确指出了精神文化发展与
物质生产发展的不平衡性和相对独立性。恩格斯在《反杜林论》中对这个
问题也做过分析。恩格斯考察了文艺与社会分工的相互关系，认为文艺是一
定阶段的物质生活条件下的产物，是社会分工发展到一定阶段的产物，它与
政治法律观念、哲学、宗教、道德等意识形态上层建筑一样归根到底是一定
社会经济关系的产物同时又有其相对独立性，"生产力的提高、交往的扩
大、国家和法的发展、艺术和科学的创立，都只有通过更大的分工才有可
能，这种分工的基础是从事单纯体力劳动的群众同管理劳动、经营商业和掌
管国事以及后来从事艺术和科学的少数特权分子之间的大分工"②。恩格斯
谈及确立起来的资本主义社会秩序时说："商业日益变成欺诈。革命的箴言
'博爱'化为竞争中的蓄意刁难和忌妒。贿赂代替了暴力压迫，金钱代替刀
剑成了社会权力的第一杠杆。……总之，同启蒙学者的华美诺言比起来，由
'理性的胜利'建立起来的社会制度和政治制度竟是一幅令人极度失望的讽
刺画。"③ 资本主义社会经济与文化关系的失衡是必然的，是以生产资料资
本家私人占有制为经济基础的资本主义社会不可避免的现象。西方有的思想
家设想过一种混合结构，即经济上的社会主义、政治上的自由主义、文化上
的保守主义。这是一种乌托邦式的设想，是根本不可能的。也有些思想家由
于资本主义的经济与文化的失衡而反对物质文明，反对科技发展，这同样是
一种错误的哲学思想，没有真正弄清楚经济、政治、文化的关系。只有社会
主义才有可能解决资本主义社会中文化与经济之间的矛盾。我们可以满怀信
心地展望 21 世纪，具有丰富文化传统的中国，具有深厚文化积淀的河南，
在社会主义现代化的伟大实践中，一定能立足现实，以马克思主义为指导，
吸收中外文化的优秀成果，充分发掘河南传统文化资源及其创造转化的当代
形式，用强有力的道德建设筑牢"文明河南"的魂魄，用哲学社会科学工
作者的辛劳和担当让中原更加出彩，用更加绚丽多彩的有中国特色的社会主
义文化，为人类文明做出应有的贡献。

---

① 《马克思恩格斯选集》第 2 卷，人民出版社，1995，第 28 页。
② 《马克思恩格斯选集》第 3 卷，人民出版社，1995，第 525 页。
③ 《马克思恩格斯选集》第 3 卷，人民出版社，1995，第 607 页。

第二节　河南物质文明和精神文明协调发展现状与成效

文明，是人类创造财富的总和，是人类社会发展的进步状态。2013 年 8 月，习近平在全国宣传思想工作会议上鲜明地指出："只有物质文明建设和精神文明建设都搞好，国家物质力量和精神力量都增强，全国各族人民物质生活和精神生活都改善，中国特色社会主义事业才能顺利向前推进。"[①] 协调推进河南省物质文明和精神文明均衡发展，对提高公民道德素质、营造良好社会风尚、凝聚改革发展正能量、不断提升河南形象具有重大意义。

一　河南协调推进物质文明和精神文明建设的现实价值

物质文明与精神文明是人类认识世界、改造世界全部成果的总括和结晶。精神文明是人们在改造客观世界的过程中，在主观世界方面所取得的进步，主要表现在教育、科学、文化知识的发达和人们思想、政治、道德水平的提高。社会主义精神文明同历史上的精神文明既有历史联系，又有本质区别。社会主义精神文明以马克思主义为指导，其发展需要物质文明提供物质条件和实践经验，其发展又为物质文明的发展提供精神动力、智力支持和思想保证。

改革开放之初，我们党创造性地提出了社会主义精神文明建设的战略任务，确定了"两手抓、两手都要硬"的战略方针。面对新形势新任务，习近平指出，要以辩证的、全面的、平衡的观点正确处理物质文明和精神文明的关系，只有物质文明建设和精神文明建设都搞好，国家物质力量和精神力量都增强，全国各族人民物质生活和精神生活都改善，中国特色社会主义事业才能顺利向前推进。与此同时，河南省委不断深化对推动"两个文明"协调发展极端重要性的认识，不断增强新形势下"两手抓、两手都要硬"的政治自觉、思想自觉、实践自觉。

（一）全面深化改革的必然要求

社会主义精神文明是社会主义社会的重要特征，是社会主义现代化建设的重要目标和重要保证，决定着我们建设什么样的国家和社会、培育什么样

---

① 倪光辉：《胸怀大局把握大势着眼大事　努力把宣传思想工作做得更好》，《人民日报》2013 年 8 月 21 日，第 1 版。

的公民。经过改革开放以来的艰辛探索和成功实践，不断加强精神文明建设，推动物质文明和精神文明协调发展，已经成为我们必须长期坚持的治国兴邦的重大战略，成为中国道路、中国理论、中国制度的重要组成部分。当前，国际环境更加复杂，西方敌对势力加紧对我国实施西化分化。国内社会思想意识多元多样多变，不同思想文化、不同道德观念、不同价值取向的碰撞交锋更加频繁。面对具有许多新的历史特点的伟大斗争，河南更加坚定、更加自觉地推动"两个文明"协调发展，坚持用中国特色社会主义理论体系武装全党、教育人民，进一步巩固马克思主义在意识形态领域的指导地位，巩固全党全国人民团结奋斗的共同思想基础，增强对中国特色社会主义的道路自信、理论自信、制度自信、文化自信，确保社会主义现代化建设事业始终沿着正确道路前进。

（二）全面建成小康社会的题中之意

我们要建成的全面小康、人民向往的美好生活，不仅是物质生活水平提高、家家仓廪实衣食足，而且是精神文化生活丰富、人人知礼节明荣辱。这些年来，人们的精神文化需求日益旺盛，多样化、差异化特征日益明显；但一些地方精神文化生活仍然比较贫乏，尤其是在物质财富快速增长的同时，有的党员干部信仰迷茫迷失，一些领域道德失范、诚信缺失比较严重，人们文明素质和社会文明程度有待提高。当前，全面建成小康社会已进入决胜阶段，河南必须更加坚定、更加自觉地推动物质文明和精神文明协调发展，坚定文化自信、增强文化自觉，唱响主旋律、传播正能量、弘扬真善美、树立新风尚，把满足需求与提高素质结合起来，把服务人民与引导群众结合起来，努力实现全面小康中的"文化小康"。

（三）实现民族复兴中国梦的重要支柱

精神力量是一个国家和民族最为深沉厚重的力量。纵观人类发展史，古巴比伦、古埃及、古希腊、古罗马……那些在当时物质文明强盛的国度，通常也创造了代表那个时代的精神文明。实现中华民族伟大复兴，需要在物质生产上不断创造奇迹，同时也需要在精神文化上书写新的辉煌。当今世界，综合国力竞争既表现为以经济科技为核心的国家硬实力的直接较量，又表现在以精神文明建设为引领的国家软实力的深度角逐。中华民族走过苦难辉煌的近代历史，中国共产党带领人民历经革命、建设、改革的不懈奋斗，当前我们比历史上任何一个时期都更加接近民族复兴的伟大目标。肩负伟大的历史使命，我们必须更加坚定、更加自觉地推动物质文明和精神文明协调发展，高举精神旗帜、传承精神基因、强化精神纽带，在实现"两个一百年"奋斗目标和民族复兴中国梦的征程上，谱写中原文化发展的新篇章。

二　河南物质文明和精神文明协调发展的成效与经验

"十二五"期间，河南立足本地实际，全面落实党的"十八大"和十八届三中、四中、五中全会精神，深入贯彻习近平总书记系列重要讲话精神，扎实开展党的群众路线教育实践活动，主动适应经济发展新常态，聚焦实施三大国家战略规划，加快"一个载体、四个体系、六大基础"建设，着力打造"四个河南"、推进"两项建设"，在抢抓机遇中乘势而上，在爬坡过坎中克难前行，在攻坚转型中蓄势崛起，实现了一系列具有标志性意义的突破，经济社会发展取得了令人鼓舞的重大成就，协调推进物质文明和精神文明取得均衡发展。

（一）河南物质文明和精神文明协调发展的成效

物质文明是人类改造自然的物质成果，表现为人们物质生产的进步和物质生活的改善，是精神文明的物质基础，对精神文明特别是其中的文化建设起决定性作用。"社会主义物质文明"这一概念仅仅是从物质文明的成果为在社会主义制度下的人民所享有、为人民服务、为社会主义服务这个意义上说的，并不是说物质文明的内容本身有"资本主义"或"社会主义"之不同。社会主义的物质文明要在社会主义生产关系的基础上，继承和吸取人类文明的全部有价值的物质成果并加以创造和发展。

改革开放以来，河南经济实力大幅提升，经济发展方式加快转变，战略支撑更加坚实。2015年全省生产总值超过3.7万亿元，人均生产总值3.9万元，均为2010年的1.6倍。粮食生产在高基点上实现新跨越，总产达到1213亿斤，比2010年增加126亿斤。经济大省、新兴工业大省、农业大省地位更加巩固，家底更加厚实。产业转型升级取得重大进展，第三产业增加值占生产总值比重达到39.5%，比2010年提高8.9个百分点，成为拉动增长、扩大就业的生力军；城镇化率46.85%，提高8.03个百分点，五年新增790万城镇人口，中原城市群成为国家重点培育发展的城市群。

河南在推进精神文明建设方面，一是深入学习贯彻习近平总书记系列重要讲话精神，深入开展中国特色社会主义和中国梦宣传教育，围绕中国梦在河南的具体实践，大力宣传中原儿女筑梦圆梦的感人故事，进一步坚定广大干部群众的道路自信、理论自信、制度自信、文化自信，切实用讲话精神统一思想行动，指导实际工作。二是大力推进社会主义核心价值观教育实践。单是 2015 年，河南省有 3 人荣获全国道德模范荣誉称号、8 人获提名奖，评选表彰了第五届河南省道德模范，全年 98 人荣登中国好人榜，推出河南好人 100 名；精心打造网络文明传播平台，河南文明网在中国文明网联盟网站考评中排名全国第二，"文明河南"新浪微博影响力排名进入全国政务微博百强。三是深化拓展群众性精神文明创建活动，创建内涵更加丰富，创建质量不断提升。四是深入实施志愿服务、诚信建设和文明旅游制度化。五是加强精神文明建设工作总体规划和制度设计。河南省研究制定了《河南省精神文明建设工作规划（2015～2020 年）》，制定出台《河南省文明城市、文明村镇、文明单位管理办法》、《河南省社会文明程度指数测评体系》和《河南省文明城市、文明村镇表彰奖励实施办法》，为全省精神文明建设提供了重要的政策支持、制度保证。

（二）河南物质文明和精神文明协调发展的经验

自古至今，任何一个大国的发展进程，既是经济总量、军事力量、科学技术等硬实力提高的过程，又是价值观念、思想道德等软实力提高的进程。在大力推进物质文明建设的进程中，河南抓小、抓常、长抓，中原文化软实力进一步显著增强。

1. **突出思想引领的导向作用**

河南坚持以邓小平理论、"三个代表"重要思想、科学发展观为指导，高举中国特色社会主义伟大旗帜，牢牢坚持马克思主义在意识形态领域的指导地位，以培育和践行社会主义核心价值观为核心，坚定理想信念，深入学习中国特色社会主义理论体系和习近平总书记系列重要讲话精神，广泛开展中国特色社会主义和中国梦的宣传教育，增强广大党员干部群众的道路自信、理论自信、制度自信、文化自信，巩固全省人民团结奋斗的共同思想基础。

2. **深化拓展道德教育实践活动**

开展"讲文明树新风"，弘扬社会正气，传播社会正能量。河南组织各省辖市积极开展"践行文明礼仪我先行"和"做文明有礼的中国人"等活动，通过文明礼仪知识培训、文明寄语签名、建设市民教育文化长廊、开展主题征文比赛、发送文明行为短信等多种形式，强化市民素质教育，培育文明礼仪习惯。广泛开展"全民阅读我参与"活动。各地利用举办书市、图书节等活动和开办读书讲座、推荐优秀书目等形式，大力弘扬优秀传统文化，弘扬民族精神、焦裕禄精神、红旗渠精神和"三平"精神，引导人们把读书作为一种高尚的生活方式，营造了全民读书、提升素质的浓厚氛围。在全省深入实施"文明交通行动计划"，积极开展"文明交通示范岗"和"文明交通示范街"等创建活动，把文明交通纳入创建文明城市测评内容，加强教育和监管，广大群众的文明交通意识进一步提升。深化道德实践活动，利用各种主题教育活动，把广大群众吸引到道德实践中来，取得了实实在在的效果。洛阳开展"文明洛阳、礼仪之城"活动，焦作开展"讲文明树新风爱家园"活动，济源开展"十大不文明行为"整治活动等，吸引广大群众积极参加，有效提升了市民文明素质。开展"双为双争"评选表彰活动，在河南外出企业和外出务工创业人员中深入开展"大力弘扬'三平精神'，为当地做贡献，为河南添光彩，争创外出文明诚信企业，争当优秀进城务工创业人员"活动，评选表彰了一批"河南外出文明诚信企业"和"优秀进城务工创业人员"。

3. 大力推进道德模范评选活动

精心组织"身边好人"评议推荐和道德模范评选活动，弘扬社会正气。河南积极组织、广泛发动、引导广大干部群众积极推举身边好人，发现身边好事。把推荐"身边好人"活动与道德模范评选、文明城市创建等各项活动相结合，与"道德模范典型巡讲"相结合，与年度工作考核相结合，形成推荐评选活动的持久动力。健全推荐"身边好人"长效机制，逐步构筑各主流网站间的宣传联动机制、高效的网络评议工作机制、先进典型的储备机制和通报机制。采取多种形式，组织动员全省广大干部群众利用平面媒体、网络媒体和手机，积极参与道德模范的推荐评选活动。积极创新方法，招募青年志愿者、大中专学生、"五老"人员、大学生"村官"，深入社区、村镇、机关、企业和广场，宣传道德模范先进事迹，动员广大群众积极参与投票。组织全省各级新闻媒体，采取多种宣传方式，大力宣传道德模范的先进事迹，激发广大群众的道德意识，使评选道德模范的过程成为群众学习模范、崇尚模范、争当模范的过程。积极组织道德模范故事汇基层巡演，许昌、安阳、周口、驻马店等市组织曲艺名家以道德模范为原型，采用情景剧、快板、小品、讲故事等群众喜闻乐见的形式，深入基层巡演，宣传道德模范的先进事迹。组织开展道德模范基层巡讲活动。积极组织河南省全国道德模范和省道德模范深入社区、村镇、企业、机关、学校进行巡讲，让道德模范走近群众，感染和带动群众见贤思齐、崇德向上。组织开展河南省部分生活困难的全国道德模范和省道德模范的帮扶工作，在全社会倡导人人关心、爱护、帮助道德模范的良好风气，树立好人有好报的价值导向。

4. 深入推动文明城市创建

认真做好文明城市测评工作。河南修订完善了《文明城市测评体系》，引导各地深入开展文明城市创建。组织全省省辖市城市公共文明指数测评，督促各地对照标准，查漏补缺。不断深化文明城市创建活动，加强城市管理，优化社会秩序，彰显城市特色，大力提升城市文明程度。加大宣传力度，运用手机短信、公益广告、显示屏等多种形式，宣传文明礼仪和文明城市创建工作，提高群众对文明城市创建工作的知晓率和参与率。广泛开展"两创一迎"活动，强化责任、分解任务，加强对道路、环卫、市场等方面的治理，完善长效机制和细节管理，在党政机关开展"做人民满意公务员"活动，在窗口行业开展"诚实守信、优质服务"活动，在企业开展"文明诚信企业"活动，进一步完善考评和推荐办法，严格在届文明单位年度复查、及时查处等制度，保持创建文明单位活动的常态化、规范化，增强公信力和说服力。集中整治城市道路、公共设施和市场环境。集中对一批城市道路、出入市口、背街小巷进行整治，景观树、绿化带缺失后进行集中补种，对乱停乱放、乱搭乱建等脏乱差现象进行集中治理。加强城市基础设施、市政道路建设，加大旧城改造和新区建设力度，实施绿化、美化、亮化工程，规划建设一批街头游园和文化广场，使广大居民的生活环境得到明显改善。

5. 大力加强廉政文化建设

河南省委、省政府立足当前，着眼长远，高度重视廉政文化建设，把廉政文化建设纳入河南经济社会发展总体布局，将廉政文化建设纳入全省文化产业发展规划，纳入实现由文化大省向文化强省跨越的具体规划，围绕"廉洁兴省"目标，把廉政文化建设工作作为衡量一个单位、一个地区反腐倡廉建设是否全面的重要指标，做到年初有部署、年中有检查、年末有总结，深化教育理念，强化宣传造声势，突出重点抓落实，发挥优势创特色，建章立制固成果，以创新的思路开局，以崭新的载体推动，开展了一系列立意新、声势大、形式灵活、内容充实的廉政文化建设活动，使廉政文化建设逐步走上制度化、规范化的轨道，廉政文化成果不断巩固和扩大，廉政教育亮点纷呈，廉政理念深入人心。

河南广泛动员社会力量，充分发挥本省廉政文化资源多、文化名人多、模范人物多的优势，积极鼓励广大文艺工作者和文学爱好者充分运用戏剧、曲艺、影视等多种艺术形式，创作了一大批以廉政为题材、深受广大群众和党员干部喜爱的在全国都有影响的富有吸引力和渗透力的文学艺术精品，从古代廉政文化中汲取为政以德、礼法相依、德主刑辅、治权管吏、正心修身的营养，积极借鉴历史上优秀的廉政文化涵养社会主义价值观，增强拒腐防变和抵御风险的能力。河南省纪委常委、省监察厅副厅长付静认为，"如果说纪律是钢尺，那么文化就如涓流。靠执纪惩戒腐败，固然立竿见影，却是事后补救；而文化如水，能够春风化雨、温润心灵"①。由河南省纪委发起策划、主导协调下创作完成的八集历史文化纪录片《鉴史问廉》，以中华传统文化为视野，纵览中华民族五千年朝代演进，以"廉"为核心，以"清、勤、慎"为主题，赞誉了包拯、海瑞、于成龙等一大批清官清正廉洁、忠于职守、爱民如子、造福百姓的典范业绩，从历史的兴衰之道中探寻廉政文化的力量，全方位展示中国古代廉政文化的精华，内涵深厚，立意高远，气势恢宏，制作精良。该片于 2015 年 1 月 9 日起在 CCTV – 9 黄金时段播出、2015 年 3 月 3 日起在 CCTV – 1 播出，反响强烈，被称作"为盛世鸣警钟、为时代举镜鉴"的精品力作。优秀廉政戏剧《清吏郑板桥》、《芝麻官下江南》、《曹端还乡》、《九品巡检——暴式昭》、《燕振昌》和《全家福》等，则以群众喜闻乐见的传统艺术形式鞭挞假恶丑、弘扬主旋律、唱响正气歌，提醒和警示广大党员干部树立道德高线、坚守法律底线。豫剧《全家福》是根据河南省纪委查处的真实腐败案例创作的一个豫剧剧目：海外留学的韩琳琳回国结婚，却恰逢担任常务副市长的父亲韩英杰被"双规"；一个曾经让家庭和亲人引为骄傲的"励志明星"，却在金钱、女色的诱惑下跌入贪腐的深渊；从"全家苦"到"全家福"再到"全家哭"，巨大的震动和落差，引起了韩琳琳痛苦的反思。②"全家哭"的家庭变成了"全家苦"的结局，耐人回味，令人深思，起到了警示人们不能腐、不敢贪、不愿犯罪的应有作用。以《七品知县卖红薯》、《七品青莲》、《伙夫县长》、《白发亲娘》和《荣辱人生》等为代表的一大批廉政豫剧作品，在社会上产生强烈反响。其中，《七品知县卖红薯》荣获第十届中国电影"华表奖"优秀戏曲片奖和河南省精神文明建设"五个一工程奖"。根据"全国纪检监察先进工作者标

---

① 刘雅鸣、甘泉：《河南大力推进廉政文化建设：成风化人　温润心灵》，载中国文明网，ht-tp：//www. wenming. cn/syjj/dfcz/hn/201602/t20160224_ 3165248. shtml，2016 年 2 月 24 日。
② 刘雅鸣、甘泉：《河南大力推进廉政文化建设：成风化人　温润心灵》，载中国文明网，ht-tp：//www. wenming. cn/syjj/dfcz/hn/201602/t20160224_ 3165248. shtml，2016 年 2 月 24 日。

兵"杨正超真实事迹改编的豫剧《天职》演出时，全场爆满，掌声不断。这些老百姓爱看的"清官戏"和"反腐戏"在全省各地铺开，在文化浸润中崇廉尚法，精彩的演绎让演出现场掌声不断、经久不息，广大干群心灵受到震撼、精神得到洗礼，极大促进了河南廉政文化新生态的形成。

河南充分挖掘本省传统廉政文化资源，在创新载体上苦下功夫，建立以财政投入为主、多种方式筹措社会资金的廉政文化建设经费保障机制，不断加大廉政文化建设的投入，打造了一批集教育与旅游于一体的廉政教育基地、廉政文化景观、廉政教育专栏，把丰富的教育内容寓于干部群众喜闻乐见的形式之中，达到了寓教于乐、陶冶情操、增长知识的目的，营造了浓厚的崇廉尚廉社会氛围，使廉政文化建设走上良性发展道路。作为《道德经》的著述地，为弘扬《道德经》中的崇廉、尚俭、务实、为民思想，使广大党员干部接受传统廉政文化熏陶，提升道德修养，筑牢思想防线，三门峡以廉政文化进景区的形式在函谷关建设修德养廉教育基地。函谷关修德养廉教育基地、函谷关修德养廉馆挖掘《道德经》中丰富的修德养廉思想，综合运用老子文化广场、文化柱、格言石、碑刻、道德天书等多种展示形式，结合现代声光电等多媒体技术，对参观者进行生动的正面教育，寓知识性、思想性、教育性、趣味性于一体，每年 60 万党员干部和普通游客在参观景点的同时受到了廉政文化潜移默化的熏陶，真正成为党员干部接受廉政教育、提升道德修养、筑牢思想防线的重要阵地。信阳则通过挖掘红色资源打造"大别山红廉文化苑"。这里是中共监察机构的最早发源地之一，红管家郑位三吃糠咽菜、红薯地里埋银圆、刘邓大军借粮条等共产党人的勤廉故事让人为之动容，2015 年共有 2 万人在此参观接受教育。南阳市桐柏县的红色廉政文化展馆分廉政历程、不朽丰碑、中原新风、时代号角、铁腕惩腐、古镜今鉴、环球视野七个单元，一幅幅制作精美的廉政文化展板、一个个生动感人的清廉历史典故、一句句发人深省的反腐倡廉格言，给观众留下深刻印象。

近年来，互联网已成为公众接受教育和参与反腐的重要渠道。河南省不断通过新媒体建设加大反腐倡廉宣传教育工作力度，创办了"清风中原"微博、微信和《廉政周刊手机报》，升级改造了纪委门户网站，形成"四位一体"深度融合的新媒体平台，唱响网上主旋律，放大网上正面声音，占领网络舆论阵地，壮大主流思想舆论，以实现"让廉洁文化占领网络主阵地，让清风正气成为网络主旋律，让优秀作品成为网络主内容"的目标。

粉丝量达 32 万人的微信公众号"清风中原"新媒体平台及时发布权威消息，通报曝光违纪案件，达到警示教育效果；"中原清风杯"反腐倡廉微电影评选逐步成为独具河南特色的网络廉政作品经典品牌；"清风中原"廉政文化系列演出，每每上演都吸引数千名群众前来观看；全省各地的廉洁主题公园、廉政公益广告等廉政文化建设同样搞得有声有色，可以随处品读廉洁名言，重温廉政历史，感受传统家规，充分发挥了"以文化人"的作用。安阳围绕弘扬红旗渠精神、开封围绕传颂焦裕禄精神和包公文化，各自打造出一首具有地域文化特色的音乐作品，成为宣传河南省深厚勤廉历史文化的精美名片。歌手冷漠演唱的《贪就一个字》、漯河市纪委创作的歌曲《清风》已在网络上广为传唱。

三　推进物质文明建设和精神文明协调发展的切入点

河南坚持以道德建设、法治建设、诚信建设、服务型机关建设为重要切入点，以做文明人、办文明事为基本要求，拓展、深化、提升精神文明建设，形成健康向上的道德风尚，为实现中原崛起、河南振兴、富民强省提供强大的思想保证、精神动力和文化支撑。

（一）坚定理想信念，突出价值导向作用

人们有信仰，民族才有希望，国家才有力量。以富强、民主、文明、和谐，自由、平等、公正、法治，爱国、敬业、诚信、友善为基本内容的社会主义核心价值观承载着国家、社会和人民的精神追求，是当代中国的兴国之魂，是民族复兴的精神之钙，是改革发展的力量之源。

社会主义核心价值观是社会核心价值体系基本理念的统一体，直接反映核心价值体系的本质规定性，贯穿于社会核心价值体系基本内容的各个方面。社会主义核心价值观是社会主义核心价值体系最深层的精神内核，是现阶段全国人民对社会主义核心价值观具体内容的最大公约数的表述，具有强大的感召力、凝聚力和引导力。社会主义核心价值观勾画出了国家层面的价值追求、社会层面的价值取向和个人层面的价值准则。思想决定行动，习近平总书记系列重要讲话是指导我们树立正确世界观、人生观、价值观，打开工作新局面的"金钥匙"，必须深学、细照、笃行，补足精神之钙，筑牢思想之魂。当今世界各种思想交流交融交锋，人的观念多元多样多变。只有让高尚的思想行为占领头脑，人们才能不为表象所迷惑，不为假象所欺骗。"九层之台，起于垒土；千里之行，始于足下。"正确的价值观不会自发形

成，需要长期的教育引导。只有坚持教育、实践两手抓，以教育引导实践，以实践深化教育，将社会主义核心价值观内化于心、外化于行，才能使之真正成为全省人民日用而不觉的行为准则。

（二）加强道德建设，净化社会风气

道德是文明的基础，提升公民道德水平是文明河南建设的核心任务。围绕社会主义核心价值观建设，抓好国家、社会、公民三个层面的宣传教育，促进道德认知认同，引导全省人民树立正确的道德观，明白是非、善恶、美丑的界限，形成以德立身、以德为政、以德兴业观念，是协调推进物质文明建设和精神文明协调发展的必然要求。要广泛开设道德讲堂、文化讲堂，组织道德论坛、道德评议、道德修身等活动，形成更多面向广大人民群众的道德教育平台。要加强官德建设，廉洁奉公，服务人民；要加强医德建设，救死扶伤，治病救人；要加强师德建设，为人师表，教书育人；要加强商德建设，重诺守信，文明经营。围绕社会公德、职业道德、家庭美德、个人品德建设，细化要求，将其纳入干部职工文明行为规范之中，引导人们自觉履行法定义务、社会职责、职业操守、家庭责任。要深化拓展道德实践活动，把公民道德建设融入国民教育、精神文明建设和党的建设全过程，贯穿经济社会管理各领域，渗透到人们日常工作生活各方面。要大力倡导和推行礼节礼仪，深入开展做文明有礼河南人活动，引导人们自觉遵德守礼；要大力倡导和推行孝老爱亲，加强以孝道为基础的家风家教建设，培养人们的孝心、爱心；要大力倡导和推行勤劳节俭，倡树绿色低碳消费理念和健康文明生活方式；要系统开展文明交通、文明出游、文明上网、文明餐桌等系列行动，完善激励机制和政策法规保障机制；要丰富内容形式和载体手段，大力开展学雷锋志愿服务活动，推动学雷锋活动常态化，促进志愿服务制度化。

（三）加强法治建设，完善法制法规体系

法治是社会文明的标志，是规范社会成员行为、维护社会秩序的最基本要求。要深化对社会主义法治精神的认识，引导人们学法、尊法、守法、用法，使遵纪守法成为人们的基本行为规范；引导人们树立法治思维，增强法律自觉，把法律规定作为是非曲直的重要判断标准；引导人们把法律作为解决矛盾纠纷的终结底线，切实维护法律的尊严和权威。突出抓好以宪法为核心的中国特色社会主义法律体系的学习宣传，抓好各类群体的法制教育。加强法治文化建设，促进法治宣传教育通俗化、普及化、大众化，提高全省人民的法治意识和法律素养。推动各级机关依法执政、依法行政，政法机关公正执法司法，维护公民合法权益，促进社会公平正义；推动全省人民形成办事依法、遇事找法、解决问题用法、化解矛盾靠法的习惯，自觉履行义务，正确行使权利；推动人们理性表达利益诉求，不做突破法律底线的事情。把道德自律性与法治强制性统一起来，加强对不道德、不文明行为的矫正治理，为经济社会发展创造良好法治环境。

（四）加强诚信建设，构筑信用平台

诚信是中华民族的传统美德，是社会良性运行的道德基石。加强诚信教育，传播信用文化，普及信用知识，引导全省人民诚实做人，诚信做事，使诚信为本、操守为重、诚信光荣、失信可耻成为全省人民的普遍共识和行为准则。推动宣传教育、自律他律、管理惩戒相结合，把诚信教育融入社会公德、职业道德、家庭美德、个人品德建设全过程，把诚信要求体现到各行各业，贯穿到经济生活、政治生活、文化生活、社会生活各个方面，不断强化全省人民的诚信意识和诚信观念。综合运用法律、行政、经济等多种手段大力推进诚信建设。加强政务诚信建设，以政务诚信带动商务诚信和社会诚信。建立政务信用评价、监督制度机制，加强对政府履行职责的监督考核。加强商务诚信建设，建立激励、约束、惩戒机制，制定出台社会法人、自然人失信行为联合惩戒办法。加强司法公信建设，强化执法监督，深化执法公开，确保司法权力透明运行，完善执法检查、执法巡查办法，促进公正司法。加强社会诚信建设，积极组织开展诚信活动周、诚信兴商宣传月等信用公益活动，总结宣传诚信典型，树立诚信风尚。建立健全覆盖全社会的征信系统，完善信用信息评价机制和征集机制，构建信用信息互联互通平台。有步骤推进企业、事业单位、社会组织和个人等公共信用信息数据库建设。从人民群众反映强烈的行业和领域入手，在食品药品安全、环境保护、产品质量、工程建设、民间融资、保障房、医疗、法院审务等领域建立健全信用信息征集、评估、披露、使用等制度。推进信用产品社会化应用，建立信用信息发布查询系统，依法使各类社会主体的信用状况透明、可核查。

（五）理清思路，始终坚持协同推进

协调推进精神文明和物质文明均衡发展就是要围绕中心、服务大局，必须紧紧围绕协调推进"四个全面"战略布局，胸怀大局、把握大势、着眼大事，找准战略方位和工作重点，谋划精神文明建设、部署文化改革发展，为党和国家工作大局凝聚精神动力、营造舆论氛围、增强道德支撑。"仓廪实而知礼节，衣食足而知荣辱。"没有物质文明作支撑，精神文明建设就是建空中楼阁、做无米之炊；同样，精神文明上不去，物质文明建设也会受到阻碍，甚至遭到严重破坏。两者相互依存、相互促进，须臾不可偏废。河南全面建成小康社会，实现全省人民物质生活和精神生活水平同步提高，精神文明建设任重道远，肩负的责任更大。随着全面深化改革、全面依法治省、全面从严治党进入关键期，全省人民在"富口袋"之后，更加渴望"富脑袋"，精神生活日趋旺盛，热情期盼生活得更有信仰、更有道德、更有文化、更有品位，迫切需要通过大力加强精神文明建设，弘扬主旋律，凝聚精气神，传播正能量。建设文明河南，民之所需，人心所向。只有坚持"两手抓、两手都要硬"，找准定位，始终坚持协同推进，把人民的呼声作为努力的方向，把人民的期待变成我们的行动，锲而不舍地推进精神文明建设，中原才能更加出彩，河南人民的日子才能越过越好。

第三节　发展河南文化优势，促进经济社会健康发展

文化是民族的血脉，是人民的精神家园，也是政党的精神旗帜。发展中国特色社会主义文化，发挥文化引领风尚、教育人民、服务社会、推动发展的作用，必须坚持自己的民族特色，继承和发扬中华优秀文化传统，建设中华民族共有精神家园；必须坚持一手抓文化事业、一手抓文化产业，推动文化事业和文化产业全面协调可持续发展。

一　河南文化资源丰富，文化优势明显

当今时代，文化在综合国力竞争中的地位日益重要，谁占据了文化发展的制高点，谁就能够更好地在激烈的国际竞争中掌握主动权。实现中华民族伟大复兴，迫切要求我国由一个文化大国转变为一个文化强国，这是中华民族几千年文化积淀赋予我们的历史使命。文化资源丰富是河南很明显、很独特的优势，也是河南最根本、最重要的优势。中原要崛起、河南要振兴，首先必须突出河南文化的优势，充分发挥河南文化的作用。

（一）文化底蕴深厚，人文资源丰富

河南，黄河之南，天下之中。中华民族的母亲河在河南有最平缓宽阔的河段。此外，河南拥有龙门石窟、安阳殷墟、"天地之中"历史文化建筑群、"大运河"、"丝绸之路"五处世界文化遗产。中国人自称炎黄子孙，黄

帝就生活在新郑一带。在新郑黄帝故里，如今有盛大的拜祖大典可以追念祖根。汉字的出现和发展也与河南有着密切的关系，作为文明的承载者，汉字在河南呈现出最清晰的生成和发展脉络。传说中创造汉字象形文字的仓颉就出生在河南，在安阳殷墟发现的甲骨文更是被看作中国最早的文字体系。河南漯河人许慎所著《说文解字》是中国第一部研究型字书。河南是姓氏的主要发源地。百家姓中有 78 个姓氏来源于河南。历史上，河南圣贤辈出，有老子、庄子、张衡、张仲景、杜甫、韩愈、吴道子、岳飞等。玄奘从河南走出，将印度佛学的真谛带回中国。河南还是中国功夫的故乡。少林功夫诞生于河南登封少林寺，太极拳发源于河南温县陈家沟。河南文化在中原孕育了不可胜数的灿烂瑰宝，能够充分体现出东方文明的美丽。中国有八大古都，其中的四个都在河南——商都郑州、八朝古都开封、十三朝古都洛阳、殷墟古都安阳。司马光的一句"若问古今兴废事，请君只看洛阳城"写出了洛阳不可替代的历史地位。

2012 年第三次全国文物普查结果显示，河南地下文物和馆藏文物的数量都居于全国首位，地上文物数量在全国位居第二，不可移动文物超过 6 万件。河南博物馆数量众多，馆藏丰富，如河南博物院、安阳的中国文字博物馆、殷墟博物馆、南阳汉画馆、禹州钧官窑址博物馆等各具特色，展现了不同历史时期的风俗民情。河南的地下文物有著名的皇帝墓葬群，如淮阳的太昊陵、新乡的潞简王墓、巩义的宋陵等。此外，还有韩愈墓、张衡墓、白居易墓等历代名人墓地，为中国数千年的墓葬文化、历史变迁留下了丰富的文化资源。

河南地域辽阔，南北交融，历史上的繁荣和更替激发了劳动人民的辛勤和智慧，创造了极具地域特色的文化和艺术，为河南人民传承下来丰富的文化生活。一是手工艺。手工艺是劳动人民生活智慧的结晶，经过代代相传，河南民间散落着大量活着的文化遗产，如孟津的牡丹画、民权的工笔老虎、上蔡的核桃雕花工艺、栗川潭的奇石根艺、禹州的钧瓷、汝州的汝瓷、洛阳的唐三彩、南阳的烙画和独山玉雕、开封的沛绣、汤阴的剪纸、淮阳的泥泥狗、豫东的绣花帽、三门峡南沟村的民间剪纸、浚县的泥咕咕、骥阳和汝南的麦秆画、鹤壁黄河古陶等，精妙绝伦的传统工艺展现了河南民间手艺的多彩形式，揭示了劳动的创造性和美感。二是民俗。河南民俗风情丰富多彩，豫西丘陵的天井窑洞四合院、豫北太行山区的石板房、开封的盘鼓和斗鸡、宝丰马街的书会、安阳的"曲沟抬阁"、宝丰赵庄的魔术、濮阳东北庄的杂技等民间艺术，都体现了河南人民丰富的文化生活和情趣。此外，河南还有不少广为流传的神话和传说故事，如汝南的梁祝化蝶神话、虞城的花木兰从军故事、鹤壁的白蛇闹许仙传说，还有在西平、汝南、平舆、武涉都曾经流传的董永与七仙女的天仙配，虽然有些传说的发生地有待证实，但这些独具特色的神话传说代表了劳动人民美好的感情愿望和丰富的文学构想。三是戏曲。河南的戏曲文化十分丰富，主要的戏曲形式除了广为传唱的豫剧、曲剧，还有越调、坠子、大平调、宛梆、二夹弦、道情戏等地方剧种。在不断的创作和沿袭中，河南产生了一大批优秀的经典曲目，如豫剧《花木兰》、《穆桂英挂帅》、《程婴救孤》和《大祭桩》等，曲剧《卷席筒》，越调《收姜维》，展示了河南地方戏曲艺术的独特魅力。

河南文化规模宏大。河南历史文化几乎覆盖了文化系统的全部，并具有鲜明的地域特色。据不完全统计，河南省的文化大体可以分为史前文化、神龙文化、政治文化、圣贤文化、思想文化、名流文化、艺术文化、英雄文化、农耕文化、商业文化、科技文化、医学文化、汉字文化、诗文文化、宗教文化、戏曲文化、民俗文化、武术文化、姓氏文化、建筑文化等二十种文化。代表史前文化的裴李岗文化、仰韶文化、龙山文化，标志着中华文明史进入阶级社会的夏商周文化，诸子百家中的道、法、墨、纵横、杂家等文化，以及汉代的经学、魏晋时期的玄学、宋明的理学和佛家文化等，其均创立在河南境内。

宗教思想也肇始于河南。许昌逍遥观自古就是道教禅宗；嵩山中岳庙内的嵩高灵庙碑是道教的立碑之祖；济源王屋山被誉为"天下第一洞天"，是历代道家人物活动的主要场地之一；沁阳的二仙庙是道教上清派的宗源地。道家鼻祖老子的足迹更是遍布河南各地，从鹿邑老子的故乡到灵宝函谷关《道德经》的创作地，从邙山道教福地到老君山老子归隐地以及洛阳孔子向老子问礼处，形成了河南独特的老子文化、道教文化。河南亦是中国佛教的首传地，洛阳白马寺是中国第一个官府设立的佛教寺院，唐朝著名的"三藏法师"玄奘大师出生于洛阳偃师，郑州中岳嵩山的少林寺是禅宗祖庭，开封的大相国寺是我国历史上第一座"为国开堂"的"皇家寺院"，郑、汴、洛、宛等地有丰富的佛寺遗迹，是佛教文化传播的重要集散地。

之所以说河南文化规模宏大，是因为河南不仅有多种文化，而且每一种文化对全国，甚至对周边国家的发展都有重要的影响。比如，少林寺已经成为中国对外的一个文化标志，老子的《道德经》在世界各地广为流传，陈氏太极拳文化风靡全球，豫剧是戏曲界光彩亮丽的明珠，红旗渠被誉为"世界第九大奇迹"，等等。

（二）区位优势突出，文化市场广阔

良好的区位优势增强了文化发展的承接力和辐射力。河南地处沿海开放地区与中西部地区的接合部，呈望北向南、承东启西之势，区位交通优势突出，拥有互联互通的天然条件。河南是中国重要的交通枢纽。郑州航空港成为全国首个上升为国家战略的航空港经济发展先行区，以郑州为中心一个半小时航程可覆盖全国 2/3 的主要城市和 3/5 的人口；省会郑州是"全国铁路心脏"，拥有铁路"双十字"和"米"字形高铁网；高速公路通车里程多年居全国首位；郑州、洛阳被列入国家丝绸之路经济带规划重要节点城市。河南经济优势明显，与沿线国家的经济共振点越来越多。河南是全国重要的经济大省、农业大省和新兴工业大省，已成为中国极具发展潜力和影响力的区域之一。河南文化灿烂，与沿线国家开展文化旅游交流具有坚实的基础。河南是华夏文明的重要发祥地，通过丝绸之路传播四方、造福全人类的中国古代四大发明造纸术、指南针、火药、活字印刷术皆源于或成熟于河南。河南开放条件日趋完备，使河南能够在更高层次、更深程度上参与丝绸之路经济带建设。河南拥有航空、铁路两个国家一类口岸，综合保税区、跨境贸易电子商务等开放平台健全完备，通关便利化程度不断提高。全省境内已形成由三纵四横铁路网、四通八达高速公路网和不断发展的航空运输等组成的综合交通运输体系。这种优越的地理位置和方便的交通条件更加密切了河南与全国各地的联系，便于传播河南深厚的文化，提高河南文化产品的市场竞争力，发挥河南文化产业的聚集、辐射和带动作用。

潜在的巨大市场为文化发展提供了巨大空间。河南有 1 亿多人口的巨大消费市场。2013 年初，受河南省文化体制改革和发展工作领导小组办公室委托，河南省社情民意调查中心完成的河南省公众文化消费现状及需求专项调查报告显示，"旅游"、"子女培训"和"购买平板电视"是普通家庭未来几年文化消费支出的主要增长点，组织"员工培训"和"订购报纸"等是社会单位未来几年文化消费支出的主要增长点，无论普通家庭还是社会单位对未来几年文化消费预期都信心十足，全省文化消费潜力巨大。

（三）弘扬河南精神，推进文化强省

瑞士心理学家荣格曾经说过："生活中有多少种典型环境，就有多少个

原型。无穷无尽的重复已经把这些经验刻进了我们的精神构造中，它们在我们的精神中并不是以充满意义的形式出现的，而首先是'没有意义的形式'，仅仅代表着某种类型的知觉和行动的可能。"① 长期生活于中原大地的河南人民，在不知不觉的重复中已经把生活经验、人生态度、处世方式等上升到精神层面，形成了固定的精神结构，这就是人们通常所说的中原文化精神。进入现代社会尤其是改革开放之后，中原文化精神又融入了新的时代因素，形成了具有鲜明时代特色的河南精神。从理论层面来讲，河南精神就是当今的河南文化精神，是河南人共同表现出来的思想状态、精神风貌、人生态度和行为方式。它既继承了中原文化精神的积极向上、奋发进取、兼容并蓄、百折不挠、自然和谐的基本取向，又表现出自力更生、艰苦奋斗的精神，迎难而上、团结协作的精神，科学求实、勇于进取的精神，乐于奉献、甘于淡泊的精神。许许多多劳动模范、先进典型、英雄人物都在以自己的实际行动生动地诠释着新时代的河南精神，而愚公移山精神、焦裕禄精神和红旗渠精神则是河南精神的集中体现。

改革开放以来，河南在发展经济方面取得了非常明显的成效，中原大地发生了翻天覆地的变化。河南经济实力的快速提升为文化发展打下了坚实的物质基础，为实现文化大省向文化强省的跨越提供了现实的条件。河南文化产业近年来取得的成绩证明，领导重视是关键、项目带动是基础、内容为王是根本、融合发展是方向、科技创新是动力。面对机遇与挑战，河南清醒认识到发展文化产业是全面建成小康社会的内在需要，是加快推进供给侧改革的现实途径，是华夏历史文明传承创新区建设的必然要求。河南紧紧围绕"五位一体"总体布局和"四个全面"战略布局，坚持社会主义先进文化前进方向，坚持以人民为中心的工作导向，以"创新、协调、绿色、开放、共享"五大理念谋划文化产业发展大局，做好顶层设计，统筹发展规划，培育产业园区，壮大重点企业，形成资本市场的"河南文化板块"，推动跨行业、跨要素融合，强化项目带动，加大招商力度，扩大消费增量，推动文化消费融入综合型多功能消费场所，引领特色消费，创新体制机制，并加强对文化经济政策落实情况的督查评估，推动文化产业持续健康快速发展。

河南省委、省政府深入实施中华文化传承工程，大力推进文化惠民工程，采取一系列行之有效的措施，强力推进文化资源大省向文化强省的跨

---

① 〔瑞士〕荣格著：《心理学与文学》，冯川、苏克译，三联书店，1987，第101页。

越，努力构建具有中原特色的优势文化产业体系，把创作无愧于时代的优秀作品作为中心环节，突出以人民为中心的创作导向，突出打造具有豫风豫韵的精品力作，突出改革创新，突出政策扶持，加快建设文化高地，着力推动文化事业繁荣发展，为全省经济社会持续健康较快发展提供了强大的精神动力，增强中原文化的感召力、向心力和影响力，推动文艺创作由"高原"向"高峰"迈进。

二 彰显文化优势，促进健康发展

（一）文化大省的特性

目前，作为文化大省的河南有几个基本特征：一是根源性，二是原创性，三是包容性，四是开放性，五是基础性。[1] 根源性是说，作为一个文化大省，必须将文化作为立足于发展的基础。原创性是指文化大省的文化不能一味模仿和借鉴，而应该具有自己的独创性和原创性。包容性是指文化大省对外来文化和不同文化的包容度要强，本省文化能够与不同文化和谐相处，彼此学习，互相促进，而不能彼此对立、冲突不断。开放性是指文化大省的文化要始终秉承对外开放的基本理念，打开省门，走出地域限制，积极与其他文化交流对话，热心学习一切外来文化的优秀因子，结合地域特征，打造自己的特色文化。基础性是指文化大省中文化对发展起到基础性的带动作用，河南省的许多特色文化及思想文化已经成为河南省经济、政治、文化、社会、生态等发展的基础。

河南文化的显著特性决定了河南省文化对河南省的发展发挥了独特而重要的作用。一是认识作用，中原文化是五千年中华文明的缩影，反映了中华文明发展的轨迹，折射着中国历史发展的脉络；二是引领作用，中原文化以其文化理想引领着东方文明的进程；三是推动作用，中原文化产生的新思想、新知识、新技术有力地推动了中国经济社会的发展；四是支撑作用，中原文化具有维系中华民族共同精神、传承智慧成果的功能；五是凝聚作用，中原文化固有的向心力在促进民族的伟大复兴中发挥着聚合作用。历史上河南之所以能够长期成为中国政治、经济、文化中心，成为中华崛起的高地，

---

[1] 《河南省文化发展近况》，载河南档案信息网，http://www.hada.gov.cn/html/News/0_2592.html，2011年4月25日。

与其根深叶茂的繁荣文化是分不开的。[①]

（二）推动经济社会协调发展

发展文化产业是推动经济与文化融合、培育经济社会新增长点的现实需要。马克思在《资本论》手稿中，明确使用了"物质生产力和精神生产力"的提法。马克思认为，社会生产包括物质生产和精神生产两个方面。根据这一观点，文化生产力是社会生产力的重要组成部分。[②] 文化产业是举世公认的朝阳产业，是国民经济的一个重要方面，它所创造的价值在国内生产总值构成中占有越来越大的比重。当今时代，文化在社会发展中的作用越来越明显，人民群众要求文化共享的愿望越来越迫切。提高国家文化软实力，保障人民群众基本文化权益，迫切需要通过改革创新加快文化建设。目前，许多省份把发展文化产业作为实现跨越式发展的重要战略，纷纷提出建设文化大省、文化强省，呈现千帆竞发之势。面对机遇和挑战，河南必须充分发掘文化资源在经济发展中的后发优势，启动并整合、包装这些文化资源，变资源优势为经济优势、产业优势，做大做强文化产业，在新一轮产业结构调整中抢占制高点，把河南建设成在全国有重要影响的文化强省，使文化成为河南经济增长的"助推器"。

一是创新管理体制，培育充满活力的文化主体。对经营性文化领域而言，核心是改革产权制度，关键是转变经营机制，目标是建立现代企业制度，增强主体活力。对公益性文化事业单位而言，重点是引入竞争机制，增强内部活力，提高服务水平。在宏观管理方面，要通过建立资产授权经营体制，明确产权关系，实行政企分开、政事分开、管办分开，增强党委对文化的宏观领导和调控力，加强政府政策调节、市场监管、社会管理和公共服务职能，扩大文化主体自主权。

二是创新投资机制，形成全社会办文化的格局。改革经营性文化领域的投资体制，要有破有立，改变由国家包揽文化投资的旧的经营模式，打破国有投资垄断文化市场的局面，消除制约文化产业发展的投资体制障碍，为文化产业发展铺平道路；要让生产经营主体在国家宏观调控和市场机制作用下独立自主地发展文化产业，让各种所有制形式在公平的政策环境中发展文化

---

① 《河南省文化发展近况》，载河南档案信息网，http：//www.hada.gov.cn/html/News/0_2592.html，2011 年 4 月 25 日。

② 赵家祥：《马克思〈资本论〉及其手稿中的生产力概念》，《党政干部学刊》2012 年第 6 期。

产业。

三是创新管理思路，积极转变政府职能。政府主管部门要从"办文化"向"管文化"转变，由管微观向管宏观转变，由主要管直属单位向管全社会转变。要以行业管理为主，通过各种经济的、法律的和必要的行政手段调控市场，引导企业的生产经营活动。

四是创新创业环境，促进文化人才辈出。要以"四个一批"工程为龙头，建立与文化领域创造性劳动和现代企业制度相适应的人事管理制度，建立与文化生产规律和市场经济规律相适应的分配制度，建立与文化发展要求和改革开放要求相适应的人才培养和引进机制，努力形成良好的创业环境，形成人才辈出、名家荟萃的喜人局面，为文化产业发展提供人才保障。

第四节　文化大省向文化强省的迈进与跨越

2003 年以来，河南省委、省政府提出建设文化强省的战略目标。文化强省目标从提出至今的十多年间，河南省委、省政府带领河南人民同心协力，努力从文化大省向文化强省迈进和跨越。至今，河南在文化强省建设的过程中，取得了累累硕果。成绩显著，但并不意味着文化强省已经建成，毕竟，由于文化自身的特殊性制约，文化强省的建设不是一朝一夕的事情，它需要一代人甚至几代人的共同努力。进一步加强文化强省的建设，必须从文化大省与文化强省的关系出发，厘清河南从文化大省向文化强省转变的意义，制定度量河南文化强省的基本标准，探寻河南从文化大省向文化强省迈进与跨越的战略措施。

一　文化大省与文化强省的辩证关系

谈论文化大省与文化强省的关系，首先得明确在何种意义上使用文化一词。我们知道，早在 1952 年，美国学者阿尔弗雷德·克洛依伯和克莱德·克拉克洪就在《文化：概念和定义批判分析》中梳理了 160 多种比较具有代表性的对于文化的界定，这种统计还是一种不完全统计。这种情况很好理解，一句话，人与人是不一样的。基于此，克洛依伯和克拉克洪在他们研究的基础上，归纳出文化的 9 种不同理解方式，分别有哲学的、艺术的、教育的、心理学的、历史的、人类学的、社会学的、生态学的和生物学的。由此观之，如果不澄清在何种意义上使用文化一词，对文化大省与文化强省的讨论就会陷入混乱。

（一）一个逻辑前提：文化是自然的人化

在何种意义上理解文化最能反映文化的实质呢？张岱年和方克立对文化的理解在学术界有着广泛的认同，他们认为："凡是超越本能的、人类有意识地作用于自然界和社会的一切活动及其结果，都属于文化；或者说，'自然的人化'即是文化。"① 事实亦是如此，在马克思、恩格斯看来，文化是人在生产活动中不断创造出来的，与人有关的一切内容当然都应该具有文化的属性。② 正是在马克思主义视野之下，李鹏程提出了文化理解上的"综合说"，他认为，理解文化应该从六个层面入手。第一，在与"自然"相对的意义上来谈文化，也就是在人的生命活动的整体性上，即人的活动的创造性意义上来谈文化。第二，在"人的"生产和生活的创造性活动作为基础的意义上来谈论文化，在人与动物的区别上来谈文化。第三，在人的创造性的精神活动的意义上谈文化。第四，在与自然秩序相对的"人间社会建制"的意义上谈文化。第五，在文化艺术生活领域的"审美"上谈文化。第六，在闲暇时间的娱乐、旅游、休闲体育活动上谈文化。这六个层面上对文化的理解具有层次上的缩小化、功能上的具体化、意义上的细微等特征。李鹏程这六个层次分别称为逻辑上不断伸展着的六个内容：大文化、物质文化、精神文化、制度文化、文艺文化、娱乐休闲文化。③ 我们认为，对于文化的这种理解是正确的。"一定的文化（当作观念形态的文化）是一定社会的政治和经济的反映，又给予伟大影响和作用于一定社会的政治和经济。"④ 即文化由人而来，因人而生，凡与人有关者，皆为文化。

在对文化理解的基础上，谈论文化大省与文化强省的关系在逻辑上才是可能的和合理的。在马克思主义文化观——文化是人化的自然——的基础上，我们再来谈论文化大省与文化强省之间的关系才有意义。

（二）文化大省是文化强省的逻辑前提

文化大省与文化强省究竟有什么样的关系？一般存在三种不同的理解，

---

① 张岱年、方克立主编《中国文化概论》，北京师范大学出版社，2006，第3页。
② 高宁：《马克思恩格斯文化思想及其当代意蕴》，载中国高校人文社会科学信息网，https://www.sinoss.net/2013/0122/44680.html，2013年1月22日。
③ 陶德麟等：《当代中国马克思主义若干重大理论与现实问题》，人民出版社，2012，第366~372页。
④ 《毛泽东选集》第2卷，人民出版社，1991，第663~664页。

第一种观点认为，文化大省与文化强省相通约。理由在于，文化的特殊性就在于文化能够以大示强。第二种观点认为，文化大省与文化强省互为异质性。其解释为，大往往不能等同于强，大而无当，反而是弱。第三种观点认为，文化大省与文化强省有联系也有区别。大与强不能画一个绝对的等号，但大在很多时候就意味着强，强在许多境况下就意味着大。综合上述三种观点，我们认为，文化大省与文化强省呈现一种辩证互动的关系。这种关系首先体现在，文化大省是文化强省的逻辑前提。

1. 文化大省是文化强省的存在基础

老子有言："有物混成，先天地生。寂兮寥兮，独立而不改，周行而不殆，可以为天地母。吾不知其名，强字之曰'道'，强为之名曰'大'。"① 又曰："道生一，一生二，二生三，三生万物。"② 老子将"大"上升到本体论的地位，认为"大"是产生万物的根源，因为"大"就是"道"。将老子的思想用于分析文化大省与文化强省，则不难看出，文化的大与强，必然是先有"大"而后有"强"，因为"大生强"。换句话说，文化大省是文化强省的存在基础，没有文化大省，也就不会有文化强省了。

2. 文化大省为文化强省提供了优势资源

文化强省可以从公民素质的能动力、公共文化的辐射力、文化产业的竞争力、先进文化的创新力、文化品牌的影响力、区域文化的传承力、文化市场的扩张力、文化人才的创造力等八个方面来衡量。③ 由此可以看出，文化强省需要丰富的资源作为依托后盾。文化强省所需要的丰富资源恰恰脱胎于文化大省中丰富的文化储备。我们知道，文化强省的一个主要标志就是文化软实力。"文化软实力是以文化资源为基础的一种软实力。这种软实力不是强制施加的影响，而是被主动接受或者说是主动分享而产生的一种影响力、吸引力。"④ 文化资源并非生来就是强大的，所以无法成为强的文化。文化的发展如同种子一样，有一个生根、发芽、成长、壮大，最后到成熟的过程。文化强省也必须经历文化的产生、发展、壮大之后，才能够称其为文化强省。所以，它需要文化大省提供的所有优势资源，在这些优势资源基础之

---

① 《老子》，饶尚宽译注，中华书局，2006，第63页。
② 《老子》，饶尚宽译注，中华书局，2006，第105页。
③ 河南省社会科学院课题组：《文化强省内涵与指标体系研究》，《中州学刊》2008年第1期。
④ 李伟：《文化软实力》，载三联生活网，http://www.lifeweek.com.cn/2012/1211/39439.shtml，2012年12月11日。

上继续发展，才能够成为文化强省。

（三）文化强省是文化大省的奋斗目标

一个省的只要是积极的、上进的、充满活力的，当它成为文化大省后，它就应该努力向文化强省挺进。达尔文的进化论告诉我们，事物的发展存在一个优胜劣汰的问题。恩格斯也有一个历史发展的"合力论"："历史是这样创造的：最终的结果总是从许多单个的意志的相互冲突中产生出来的，而其中每一个意志，又是由于许多特殊的生活条件，才成为它成为的那样。这样就有无数互相交错的力量，有无数个力的平行四边形，由此就产生出一个合力，即历史结果，而这个结果又可以看作一个作为整体的、不自觉地和不自主地起着作用的力量的产物。……每个意志都对合力有所贡献，因而是包括在这个合力里面的。"[1] 无论是达尔文还是恩格斯，都指出了事物必须向前发展的问题。文化大省一旦形成，同样需要继续向前迈进，它的前进方向正是文化强省。

文化大省之所以以文化强国作为奋斗目标，原因有以下几点。其一，文化大省注重数量，文化强省注重质量。马克思主义哲学告诉我们，事物的发展有一个从量变到质变的过程，有用的数量积累到一定程度，就会发生质的飞跃，进入发展的更高级阶段。文化大省的实现过程也是文化大省的量的积累过程，数量积累到一定程度，就会出现质的变化。这个变化的结果就是文化强省。其二，文化强省在另一种意义上，就是文化具有绝对的核心竞争力。在文化仅仅是大省的时候，我们只能说，此时的文化具有相对的竞争力。相对竞争力虽然与绝对竞争力只差一个字，但事实上却体现质的差异。具有相对竞争力的文化，只能说与其他文化站在同一平台上，而绝对的文化竞争力则体现文化的认同度、凝聚力及被学习程度。比如，美国的影视作品、流行文化等就是绝对竞争力的典型体现。

（四）文化大省与文化强省联动共进

文化大省与文化强省之间除了上述两种关系之外，更多还体现在两者联动共进上。

其一，你中有我，我中有你。文化大省与文化强省的联动共进，首先体现在它们之间是一种"你中有我，我中有你"的关系。文化大省中的文化有一部分优秀的、科学的最终成为文化强省中的文化，就这一点来说，也就是"你中有我，我中有你"。河南的少林文化就是很好的一例。从唐朝少林

---

[1] 《马克思恩格斯选集》第4卷，人民出版社，1995，第697页。

十三棍僧救唐王起，少林文化就一直是河南省具有影响力的一支文化，但这只是文化的"大"，而真正体现少林文化成为"强"文化的，则是从李连杰主演的《少林寺》播出以后。但无论是少林文化的"大"还是"强"，都是"你中有我，我中有你"，这一点不难看出。

其二，你促进我，我促进你。文化大省和文化强省的联动共进的另一个典型表征就是你促进我，我促进你。文化大省的文化以"大"为典型特征，也就是数量上的多，数量越多，可供文化强省选择自己所需的文化的范围就越广，可能性就越多。文化强省一旦形成，它的辐射效应就会体现出来，给那些未能体现文化强省的文化以压力和方向，促使其改变自身，吸收借鉴，达到文化强省的要求。如同个体与集体的关系一样，优秀个体会促进集体优秀，优秀集体会带动后来者跟上。

二　文化强省：特征与预设

文化强省是什么？"'大'是指数量、容量等量的积累程度和面积、体积等规模的扩张速度。'大'是'强'的基础和前提，但'大'并不等于'强'，否则也无须实现从'大'到'强'的转变。'强'则是指建立在这一基础上质的提升和飞跃，'强'必须包含'大'的要素，同时又具有与'大'不同的特质。从这个意义上看，文化的'强'是指文化现代化、文化竞争力和文化影响力全面、协调、可持续发展水平的综合提升展示。"[①] 由此可见，文化强省并不是一个可以用几个定语、状语、关键词、一句话等可以界定的。它不仅是一个综合性的概念，而且在一定程度上，它更是一个需要对比才能谈及的概念，是一个开放的、发展的概念。具体来说，河南如果要成为文化强省，必须具有以下基本特征以完成文化强省的理论预设。

（一）文化具有核心竞争力

文化强省的一个显著特点就是，文化是该省的核心竞争力之一。北京的影视文化、云南的少数民族文化、内蒙古的草原文化等，就是文化核心竞争力的典型表征。但是，文化强省并非一种文化具有竞争力，它需要文化的集体发力，或者说是绝大部分文化具有核心竞争力。对河南而言，应该充分做强现有文化，并发挥中原文化底蕴深厚的优势，凝聚成为整体的文化核心竞争力。

---

① 浙江省社科院课题组：《从文化大省向文化强省迈进》，《浙江日报》2011 年 11 月 28 日，第 14 版。

（二）文化具有影响力

"在文化强省建设中，公共文化以其普及性、公益性发挥着重要的基础作用。公共文化体系覆盖率高、辐射力强是文化强省的最基本特征。"① 此处的辐射力强，也就是文化的影响力问题。文化强省必须以其文化的影响力对本省的发展产生重大影响，而且要对与之发生联系的省份、地区产生重大影响力。在历史上，河南省思想文化的影响力不仅对中原地区产生至关重要的影响，对中华民族的思想发展、延续产生了重要的影响，而且对周边国家及其历史的发展都产生了重要的影响。然而，在今天这个文化多元化的时代，河南省较之于历史上的文化影响力略有不足，在新形势下，河南省要从文化大省转变为文化强省，必须让其文化紧跟时代发展，形成新的文化影响力。

（三）文化具有高知名度的品牌

文化强省的一个典型特征就是该省有多个知名的文化品牌，这些文化品牌的影响力较大。"文化强省的一个重要标志，就是能够形成一批富有示范带动效应和广泛影响的文化品牌，有独具特色的'文化名片'。以《风中少林》、《禅宗少林·音乐大典》、《大宋·东京梦华》、'梨园春'和'武林风'等为代表的具有中原特色的文化品牌，不仅壮大了河南的文化产业，推进了文化强省建设，也提升了河南形象，让世人和国人对中原文化有了全新的认识和了解。"② 虽然河南拥有这些品牌，但文化品牌还是比较单一，依托河南文化的数量非常有限，上述几个文化品牌只不过依托了河南少林文化和戏曲文化两种文化，占河南最基本的 20 种文化的比重非常小。也就是说，河南尚有很多文化可以成为品牌文化，这就是文化大省向文化强省转变的关键环节。

（四）文化强省是一个只能以综合指标来衡量的概念

文化强省不能从一个或者几个指标上来判定，因为文化强省是一个只能使用综合性指标才能衡量的对象。"文化强省是一个空间和时间上的定位，即外部比较和历史发展的概念，更是一个自身体现的范畴。根据文化强省的基本要素来分析，社会主义和谐文化建设的成效、较强的公民素质、文化事业繁荣、文化产业发展和文化体制的改革与完善、文化服务体系健全、文化

---

① 河南省社会科学院课题组：《文化强省内涵与指标体系研究》，《中州学刊》2008 年第 1 期。
② 宋艳琴：《河南文化强省战略的启示》，《中国社会科学报》2012 年 7 月 25 日，第 B06 版。

创新能力较强等方面构成了文化强省的主要标志。"① 从这个观点可以看出，文化强省需要以多维度、多标准的指标来衡量，而很难以某个特定的、单一的标准来判定。因为强本身即是一个综合的、具有可对比性的概念。如果说河南省的农耕文化很强，那就必须有一个前提：与哪个省或哪个地区相比。

三　文化大省到文化强省：迈进与跨越

文化经济是现代经济发展的崭新形态，文化生产力是构成区域综合实力的核心竞争力，文化产业是新世纪的朝阳产业和知识经济时代的支柱产业。河南文化底蕴相当丰厚，文化产业基础较好，应当进一步加强发展。要实现文化大省向文化强省的迈进与跨越，必须在深入了解当前河南省文化现状的基础上，结合当前发展实际，寻找能够促进文化迈进与跨越的切入点，制定短期与长期目标，积极主动，迎难而上。

要认清发展形势。文化是人类经济社会活动的反映和表现，是一个国家和民族的灵魂，是综合国力的重要标志。如果说 19 世纪引领世界靠的是军事，20 世纪靠的是经济，那么 21 世纪靠的则是文化。从国际上看，发达国家不仅把文化产业发展作为支柱产业和软实力，而且成为其输出价值观、意识形态和影响力的重要手段。比如，美国经济的第一大产业不是汽车制造业，不是航空航天业，而是文化产业，生产总值占到其经济总量的 1/4。美国对一个国家政权的颠覆，打头阵的是文化，担当主力的也是文化。有人形象地把美国文化概括为"三片"，即薯片（快餐）、芯片（计算机）和大片（好莱坞）。日本的卡通片、游戏业风靡全球，其影响力无人小视。从国内看，党的十六大之后，文化产业发展受到各地的普遍重视，许多省市区纷纷出台文化产业发展纲要和政策措施，提出建设文化强省，发展势头迅猛，呈现千帆竞发、百舸争流的局面。从河南自身发展看，无论产业规模、发展水平还是竞争实力，与发达国家和发达地区相比，都有很大差距。因此，一定要提高认识，统一思想，振奋精神，在发展文化产业上采取新举措、迈出新步伐。

要强化机遇意识。今后一个时期是河南必须紧紧抓住并且可以大有作为的重要战略机遇期。就文化产业而言，这一论断应该包含四个方面的内容。一是中央提出科学发展观，把文化与经济政治协调发展作为基本发展目标。

---

① 陈桓辉：《文化强省战略研究》，博士学位论文，中共中央党校，2010，第 11 页。

贯彻落实科学发展观，国家对文化产业投入的比重必然越来越高，数量越来越大。二是市场对文化消费的需求趋旺。研究表明，人民群众的生活需要大致经过三个阶段，即解决温饱的"吃饭"阶段、追求健康的"吃药"阶段和追求精神消费的"吃文化"阶段。三是围绕促进中部崛起，中央出台了一系列有利于发挥中部比较优势和综合优势的政策。这对文化优势比较明显的中原而言，无疑是一大福音。四是中央和省里已经和正在出台一系列含金量很高的文化产业发展政策。这将为文化产业发展注入新的巨大动力。机遇不可多得，机遇稍纵即逝，机遇面前人人平等。我们一定要密切关注和把握经济社会发展的新特点、新趋势，善抓机遇，抢抓机遇，抓准机遇，在加快发展中实现新一轮的结构优化升级。

要注重文化创意。文化创意就是把人们的奇思妙想转化成产品并进行买卖的文化经济活动。文化产业的核心价值是人的创意，而创意的商业价值是未可限量的。开封将北宋张择端的名画《清明上河图》，通过文化创意，建成了清明上河主题公园，生动地再现了北宋京城的繁华景象，也衍生出多姿多彩的民风民俗，成为开封和河南的一大旅游热点。

要提升科技含量。文化科技化是当今文化产业发展的重要特征，也是提高文化表现力和影响力的必然趋势。要采取多种措施，加快科技进入文化产业的步伐。一是用现代科学技术武装传统文化产业，让"慢"的"快"起来，让"静"的"动"起来。比如，图书分销业采用计算机和网络技术，进行图书管理、展览、营销，搭建崭新的营销平台，就可以大大提高经营效率和经济效益。二是运用现代科学技术深度开发传统文化产业，使"虚"的"实"起来，"死"的"活"起来。比如，南阳汉画是刻在石头上的艺术，可以通过现代声、光、电技术，把汉画形象、汉画故事制成动画片、编成音乐剧等艺术形式，加大制作、包装、传播等环节的技术含量。

要培育内生机制。一定要形成比较完善的自主生长机制，使河南的文化企业"一有雨露就发芽，给点阳光就灿烂"。要借鉴先进省市区的成功经验，积极推进国有经营性文化单位的"事转企"改革，真正实现由依靠政府生存向面向市场求生存的根本转变，激发其内在活力；要大力发展各种混合所有制文化企业，通过引进战略投资者，推动文化产业资本的多元化，不断增强文化企业的综合实力和竞争力；要大力发展各种"专、精、特、新"的民营文化企业。

具体而言，河南要紧紧依托已经具有的"大"文化，从以下几个方面同时发力，努力实现从文化大省到文化强省的迈进与跨越。

（一）创新文化发展理念

习近平认为，我们不仅要有理论自信、道路自信和制度自信，我们更应该有文化自信。有学者指出，习近平的文化观可以用"文化自觉到文化自信"来概括。文化自觉，就是指其对中华文化的地位、作用、发展历程和未来趋势的自知之明，以及对于历史责任的主动担当。文化自信，就是其在对时代发展潮流和中国特色社会主义伟大实践的深刻把握中，对中华文化价值的充分肯定，以及对中华文化生命力的坚定信念。① 文化自觉到文化自信的转变正是一个省从文化大省到文化强省的转变的根本所在。要实现这一转变，首要问题是要创新文化发展理念。河南要坚持以马克思列宁主义、毛泽东思想、邓小平理论和"三个代表"重要思想和科学发展观为指导，深入贯彻落实习近平总书记系列重要讲话精神，牢牢把握社会主义先进文化的前进方向，弘扬以爱国主义为核心的民族精神和以改革创新为核心的时代精神，解放思想、实事求是、与时俱进、开拓创新，发展面向现代化、面向世界、面向未来的民族的科学的大众的社会主义文化，不断满足人民群众日益增长的精神文化需求，努力培育有理想、有道德、有文化、有纪律的社会主义公民，提高全民族的思想道德素质和科学文化素质，促进人的全面发展和社会全面进步，确保文化强省建设始终沿着正确方向前进。

（二）提升文化软实力

文化软实力是美国学者约瑟夫·奈提出的旨在促进美国文化霸权扩张的概念。但是，这一概念以其独具特色的视角而受到全世界的关注。文化软实力向来是不同国家用以在国际竞争力中展示自身的主要内容之一，在同一个国家，省与省之间、州与州之间、地区与地区之间也将文化软实力放在一个突出的地位。要想实现文化大省向文化强省的转变，必须注重文化软实力的提高。2016 年，谢伏瞻同志在《政府工作报告》中提出，河南要不断提升文化活力，发展文化软实力。他为河南由文化大省向文化强省转变开出的"方子"非常具体：积极践行社会主义核心价值观，深入开展精神文明建设，全面推进文化事业、文化产业发展和文化体制改革，不断提升文化活力、实力、竞争力。加强公共文化服务。深入实施文化惠民工程，加强基层

---

① 孙元君：《习近平的文化自觉与自信》，载中国共产党新闻网，http：//dangjian. people. com. cn/n/2015/0526/c117092 –27059352. html，2015 年 5 月 26 日。

综合性文化服务中心建设。加快丝绸之路文化交流中心建设，开工建设二里头夏朝遗址博物馆、中原考古博物院等项目。继续实施中原人文精神"五大工程"。建设"书香中原"。加强文化遗产保护利用，推动太极拳等项目申遗。实施哲学社会科学创新工程，加快中原智库建设。加强网上思想文化阵地建设，依法建网管网用网，用正能量滋养网络文化，让网络空间更加繁荣清朗。①

（三）创新文化体制机制

文化成为强省的一个显著标志是文化能够成为一个省发展的支柱力量。创新文化体制机制，就是要合理利用已有资源，进一步促进文化产业的发展，尤其在文化产业投资上，更应该加大力度。一定要在投融资体制方面有较大的突破。比如，制定文化产业发展的法规制度，出台促进文化产业发展的相关文件政策。再比如，积极促进文化产业相关公司、机构的建立，给予其相应的政策扶持和资金资助，减少税收，甚至给予人才、技术支持和保障。积极发展各种文化企业保险服务，为文化企业向金融机构借贷提供便利条件。除此之外，省委省政府要设定重点文化项目，建立政府、银行、企业联动体制机制，引导银行加大对文化产业的投入，鼓励设立文化基金、文化投资公司。根据不同文化产业的特点，实行不同的发展机制和市场机制。对市场性文化产业，要采取多种发展措施，如集资、股份、多要素合作、承包、租赁等方式，积极稳妥地推进文化体制机制创新。其中，要以立足现实、注重基础、重点培育、面向市场、增加活力为重点，加快经营性文化企业的改革和发展，培养一批有发展潜力且自主经营、自负盈亏、自我发展、自我约束的文化企业。进一步完善对改制文化企业的扶持办法，探索改制文化企业的科学发展道路。总之，河南省文化强省的发展要依靠市场力量，也要依靠政府的支持、助力和扶持，在文化大省基本制度的基础上更进一步，创新文化体制机制，高效利用文化资源，促进河南文化产业发展，早日从文化大省迈入文化强省。

（四）加快建立覆盖城乡的公共文化体系

建设文化强省的一个重要指标是人民群众的基本文化需求得到满足。为此，必须建立和完善城乡公共文化服务体系，加大政府对公益性文化设施建

---

① 谢伏瞻：《2016 年河南省政府工作报告》，载河南省人民政府网，http://www.henan.cn/zwgk/system/2016/02/04/010618682.shtml，2016 年 2 月 4 日。

设的投入，加快建立覆盖城乡的公共文化体系。各级政府要把公共文化设施建设纳入国民经济和社会发展规划，纳入土地利用总体规划和城乡规划，列入基本建设投资计划和财政预算。要出台经济反哺文化的相关政策，提高公共文化事业费，使公共文化事业费的增幅高于同级财政收入的增长幅度。制定相应税收政策，鼓励社会力量捐助和兴办公益性文化事业。要完善公共文化服务网络，加强图书馆、博物馆、文化馆、美术馆、电台、电视台等公共文化基础设施建设，实现县有图书馆、文化馆，乡镇有综合文化站，村有文化活动室，切实提高公共文化设施的使用效率，加大公共文化设施的覆盖面。重视城乡文化建设，加大社区文化与新农村文化建设力度，改善公共文化基础设施条件。城市规划建设要重视提高文化品位，保证公共文化设施的数量、种类、规模和布局符合国家规定要求，使城市的文化设施、服务网络和文化产品基本满足居民就近便捷享受文化服务的需求；在新农村建设中，要把文化建设提高到与经济、社会建设同等重要的地位，解决农民群众看书难、看戏难、看电影难、收听收看广播电视难的问题，满足农民群众的基本文化需求。对公益性文化设施建设项目，各级政府要发挥主导作用，加强对公共文化机构的指导、监督，对有关规费给予减免，并在选址、立项、投入等方面给予支持，保障公共文化设施正常运转和功能的充分发挥。

（五）加快发展现代文化产业

实现文化大省向文化强省的转变，不仅要重视文化产业的发展，而且要重视发展现代文化产业。现代文化产业之所以不同于一般性的文化产业就在于现代文化产业秉承的理念与以往文化产业不同。以往文化产业更加重视利益的问题，现代文化产业秉承"实事求是、包容互鉴、和谐发展"的基本理念，在追求利益的基础上，更加注重精神层面的内容。"十三五"规划指出，现代文化产业的发展，需要加快发展网络视听、移动多媒体、数字出版、动漫游戏等新兴产业，推动出版发行、影视制作、工艺美术等传统产业转型升级。推进文化业态创新，大力发展创意文化产业，促进文化与科技、信息、旅游、体育、金融产业融合发展。推动文化企业兼并重组，扶持中小微文化企业发展。要以先进技术为支撑、内容建设为根本，推动传统媒体和新兴媒体在内容、渠道、平台、经营、管理等方面深度融合，建设"内容＋平台＋终端"的新兴传播体系，打造一批新型主流媒体和传播载体。要实施网络内容建设工程，丰富网络文化内涵，鼓励推出优秀网络原创作品，大力发展网络文艺，发展积极向上的网络文化。① 虽然这是国家层面的规划，但是从文化强省的建设方面而言，这些方面恰恰是新型文化产业最应该着力推进的内容。所以，河南省必须从这些方面着力，推进现代文化产业的发展，实现从文化大省向文化强省的迈进与跨越。

深化文化体制改革，大力发展文化事业和文化产业是党的事业的要求，是中原崛起的需求，是形势发展的企求，是人民群众的渴求。各级政府一定要把思想和行动统一到中央的要求和省委的决策上来，通过扎实有效的工作，把省委省政府的统一部署化作全省上下的统一行动，使文化建设在全面建成小康社会、奋力实现中原崛起及建设富强河南、文明河南、平安河南、美丽河南的宏伟事业中发挥更大作用。

---

① 《中华人民共和国国民经济和社会发展第十三个五年规划纲要》，人民出版社，2016，第169～170页。

第七章

促进河南"十三五"协调发展的对策研究

"十三五"时期是我国全面建成小康社会的决胜阶段，也是河南全面建成小康社会，基本形成现代化建设大格局的关键阶段。该时期是河南经济发展的重要战略机遇期，但河南经济发展的外部环境和条件发生了深刻变化，存在诸多不确定性，风险和挑战明显增多。其中，区域经济发展不协调、城乡经济发展不协调、物质文明和精神文明建设不协调等不协调问题尤为突出，成为阻碍经济发展的重要桎梏。促进协调发展成为河南"十三五"时期克服"增长困境"，实现经济可持续发展的重要任务。要完善党领导经济社会协调发展的工作体制机制，根本上为协调发展航船定好方向，掌好舵；要加强舆论宣传，强化协调发展理念的深化与认识；要弘扬法治精神，用法治思维和法治方式推动协调发展；要深化改革创新，激发协调发展的内生动力；要加强监督，确保"十三五"协调发展目标落实。

一 完善党领导经济社会协调发展的工作体制机制

"十三五"时期我国经济进入新常态，河南区域经济发展不均衡、城乡差距大、物质文明和精神文明不协调等诸多短板明显，这掣肘了河南经济的可持续发展。实现经济协调发展是未来河南经济发展的重中之重。要顺利实现"十三五"规划，促进河南协调发展，必须坚持党的领导，多方面完善党领导经济社会协调发展的工作体制机制。改革开放30多年的历史证明：党的领导是中国特色社会主义制度的最大优势，是实现经济社会持续健康发展的根本政治保证。完善党领导经济社会发展工作体制机制的目标要求是：

"坚持全面从严治党，全面提高党的建设科学化水平，全面推进党的建设制度改革，充分发挥党总揽全局、协调各方的领导核心作用，不断增强战略定力和发展耐力，不断提升战略思维能力、统筹施策能力、抢抓机遇能力、依法执政能力、防控风险能力，进一步提高党领导发展的能力和水平，确保夺取全面建成小康社会决胜阶段的伟大胜利。"① 完善党领导经济社会协调工作体制机制的各种措施都应当围绕该目标要求谋划和实施。

（一）坚持党对促进协调发展的领导

当前国际形势继续发生深刻复杂变化，世界多极化、经济全球化深入发展，文化多样化、社会信息化持续推进，国际格局和国际秩序加速调整演变。中国经济社会发展正处在爬坡过坎的关口，经济发展进入新常态，经济运行的复杂性和不确定性明显增加。河南经济社会发展面临诸多矛盾困难和风险挑战，全面建成小康社会存在诸多短板。如何适应和引领经济发展新常态，推动经济协调发展，对党领导经济发展提出了更高的要求。面对新形势，为促进河南省经济协调发展，必须坚定不移地坚持党的领导。中国共产党是中国人民的主心骨，是中华民族的中流砥柱，是推进中国特色社会主义伟大事业的关键所在。回顾党90多年的奋斗历程，无论是革命时期、建设时期，还是改革时期，党都十分重视提高领导能力，团结带领人民克服一切艰难险阻，不断取得一个又一个新的胜利，不断开创事业发展新局面。

一方面，坚持党的正确指导思想。深入贯彻习近平总书记系列重要讲话精神，坚持"四个全面"的战略布局。以提高发展质量和效益为中心，加快形成引领经济发展新常态的体制机制和发展方式，牢牢抓住当前发展的关键问题。另一方面，坚持党的正确发展原则。坚持人民主体地位，坚持科学发展，坚持深化改革，坚持依法治国，坚持统筹国内国际两个大局，坚持党的领导。"六项坚持"的原则包含促进协调发展的领导和依靠力量，科学精神和世界眼光，基本途径和根本保障，必须在促进协调发展中牢牢把握。

（二）强化各级党委促进协调发展的领导核心作用

为推动河南经济协调发展，要强化各级党委在促进协调发展中的领导核心作用。从省委来看，在党路线方针政策的指导下，应就河南经济协调发展

---

① 栗战书：《"十三五"时期全面推进党的建设制度改革》，载国家治理网，http://www.21county.com/News/201511/201511190933384692.html，2015年11月19日。

把握方向、谋划全局、提出战略、制定政策、推进改革。只有方向把准了，才能具有谋划全局的战略眼光；在战略的指导下，才能制定符合省情民意的具体政策，进而真正促进协调发展，并最终归结到提高党领导经济社会发展的能力上来。因此，首先要始终牢牢把握中国特色社会主义的发展方向，加强和改进党委对经济协调发展重大事务的统筹安排。从地方党委来看，结合本地实际确定经济社会发展的基本思路和工作重点，加强和改进对促进经济协调发展重大事务的综合协调，精心组织实施，强化督促检查，确保中央和河南省方针政策和各项部署的贯彻落实。截至 2015 年底，河南党员数为532.9 万人，这是团结带领群众贯彻党的理论和路线方针政策、推动河南经济协调发展的强大组织资源和优势，也是发挥党的领导核心作用的坚实力量支撑。要顺利实现协调发展各项任务，应着力加强党的各级组织建设，强化基层党组织整体功能，增强基层党组织的凝聚力、创造力、战斗力，充分发挥战斗堡垒作用和党员先锋模范作用，更好带领群众全面建成小康社会，激发全民建设河南的主人翁意识。

（三）提高各级干部领导经济协调发展的能力

完善党领导经济协调发展的关键在于提高各级领导干部的能力。面对"十三五"时期错综复杂的国内外环境，无论是分析形势还是做出决策，无论是破解发展难题还是解决涉及群众利益的问题，都需要综合考虑各方面因素，需要妥善处理各方面利益关系，迫切需要更多政策水平高、专业能力强、实践经验多、善于做经济工作的领导人才。但目前各级干部还存在各种不适应的问题。既有不作为、乱作为的问题，又有面对经济发展新常态无所适从、不会为、不善为的问题，存在素养和能力不适应的问题。领导干部的思想作风和能力水平有待提高，党员、干部的先锋模范作用有待强化。针对干部队伍和领导班子现状，"十三五"规划建议明确提出，要优化领导班子知识结构和专业结构，注重培养选拔政治强、懂专业、善治理、敢担当、作风正的领导干部，提高专业化水平。领导干部的专业化水平是党领导发展能力和水平的重要支撑。各级领导干部必须有本领恐慌的意识，加强专业学习，加强调研思考，加强实践历练，努力具备较强的专业思维、专业素养、专业方法，成为领导经济协调发展的专家。

第一，培养领导干部的专业思维。思路决定出路，思维水平决定工作水平。能不能正确判断形势，能不能有效化解矛盾，能不能顺利推进工作，关键是看有没有专业思维。具体来说，各级领导干部要提高战略思维能力、历史思维能力、辩证思维能力、创新思维能力、底线思维能力，学习并运用这些思维方式观察事物、分析问题，不断增强工作的科学性、预见性、主动性和创造性。

第二，提高领导干部的专业素养。广泛学习掌握经济、政治、历史、文化、社会、科技、军事、外交等各方面的知识，拓展横向知识面；同时，要有针对性地深钻细研履行岗位职责所必备的各种知识，真正成为内行领导。

第三，领导干部应掌握专业方法。"十三五"时期是河南省推动协调发展的关键时期，如果没有好的思路和办法，就难以胜任现在的工作。马克思主义哲学是我们做好一切工作的法宝，也是领导干部必须普遍掌握的看家本领；马克思主义政治经济学是我们坚持和发展马克思主义的必修课。党的各级领导干部必须原原本本地研读马克思主义经典著作，研读当代中国马克思主义理论著作，努力学习贯穿其中的世界观和方法论，掌握社会基本矛盾、社会普遍联系等分析法，更好把握和运用市场经济规律、社会发展规律、自然规律，更加能动地推动工作。

（四）加强制度化建设，改进工作体制机制和方式方法

要推动经济协调发展，必须加强制度化建设。要明确和规范党委领导经济社会发展的职责权限，理顺党政关系及党和其他社会组织的关系，使党领导经济协调发展更加坚强有力。在党委和政府的职能划分及工作布局上，涉及经济社会协调发展规划、重大方针政策、工作总体部署及关系国计民生的重要问题，由党委集体讨论决定；经常性工作则由政府及其部门按照职责权限进行决策和管理。

强化党对经济社会发展的领导，重点是提高决策科学化水平。提高决策科学化水平则必须改进现有工作体制机制和方式方法。经济基础决定上层建筑。经济发展进入新常态，党领导经济工作的观念、体制、方式方法也要与时俱进。在经济协调发展的具体问题方面，加强对经济社会发展形势的分析研判，完善党委研究协调发展战略、研究重大方针政策的工作机制，形成定期分析经济形势的制度，定期或不定期研究讨论本地区经济协调发展重大问题，突出前瞻性、战略性、全局性问题，必须做到眼观六路、耳听八方，密切关注国内外经济形势新变化，准确预判经济运行的状态和走向，及时了解存在问题和潜在风险，为科学决策提供依据。对重大问题的决策，各级党委要深入实际、深入基层、深入群众进行调查研究，广泛征求意见、反复评估论证，确保不发生重大的、方向性的错误。特别要健全决策咨询机制，加强

高质量智库建设，注重发挥智库和研究机构的作用，善用信息手段增强决策的精准性。按照服务决策、适度超前原则，重点围绕事关长远发展、具有全局意义的重大课题，组织开展研究。

深化干部人事制度改革，认真贯彻落实习近平总书记关于新时期好干部标准和"三严三实"、"忠诚干净担当"和"四有"等要求，把完善干部选拔任用制度与完善考核评价、管理监督、激励保障制度结合起来，推进干部能上能下，激发全党坚定信心、鼓足干劲、增强创造活力。在干部选拔任用方面，认真贯彻执行《党政领导干部选拔任用工作条例》，构建有效管用、简便易行的选人用人机制，树立科学选人和公正用人的正确导向。发挥党组织领导和把关作用，强化党委（党组）、分管领导和组织部门在干部选拔任用中的权重和干部考察识别的责任。完善市县经济社会发展、省直部门和产业集聚区目标考核评价办法，强化考核结果运用。在干部管理方面，完善从严管理干部队伍制度体系，健全干部监督工作联席会议制度，规范干部监督信息沟通操作办法，建立"裸官"管理监督制度，健全干部选拔任用事前报告、纪实制度，改进干部选拔任用"一报告两评议"制度、履行用人职责离任检查制度，完善和落实领导干部问责制，完善选人用人专项检查和责任追究制度。

（五）强化全委会决策和监督作用

促进河南协调发展，要积极发展党内民主，强化全委会决策和监督作用。首先，强化全委会决策和监督的重要性。引导党员干部深刻认清发挥全委会决策和监督作用的重要意义，切实维护好全委会的领导权威。强化全委会作用是发展党内民主的重要途径，是落实党内法规的必然要求，是实现权力监督的重要保证。其次，完善议事规则，增强全委会决策的规范性和科学性。明确全委会决策范围，理顺党内权力关系，科学规范全委会议事决策程序，努力建立科学化、民主化、规范化的工作机制。再次，构建监管体系，增强全委会监督的实效性。准确把握监督的重点内容和对象，严格落实报告质询制度，不断完善工作评估机制，切实加大追究问责力度。最后，增强委员参与全委会决策和监督的素养。严格按照党内法规要求，规范选举程序，引入竞争机制，适当扩大差额选举的范围和比例，选举出素质高、能力强的委员；定期组织党委委员开展调查研究，了解河南经济协调发展存在的突出问题，掌握党委决策在基层落实的情况，帮助基层党组织解决落实中的难题；加强督导考评，党委常委和组织部门要经常了解委员履行职责和贯彻执行党委决议的情况，将履职情况与干部考评、奖惩、任用等联系起来，督导委员认真履行职责。

二 加强舆论宣传，强化协调发展理念的深化与认识

加强舆论宣传是促进协调发展理念深入人心的最有效途径。处于意识形态领域前沿的新闻舆论深刻影响社会精神生活和人们思想。作为新提出的发展理念，为了促进河南省经济协调发展，必须加强舆论宣传，强化协调发展理念的深化与认识。国内社会转型加快与外部环境的变化加剧相互交织，协调发展理念舆论宣传面临更加复杂的形势和任务。加强协调发展理念舆论宣传，必须贯彻好"高举旗帜、围绕中心、服务大局、改革创新"的总方针，牢牢把握正确舆论导向，积极适应舆论环境新变化，不断提高舆论引导的公信力和影响力。必须要健全坚持协调发展正确舆论导向的体制机制，创新协调发展理念舆论宣传工作方法和平台，及时回应社会关切的协调发展热点问题，提高舆论监督水平。

（一）健全坚持协调发展正确舆论导向的体制机制

坚持正确导向是舆论宣传工作的核心和灵魂。"把政治方向摆在第一位，牢牢坚持党性原则，牢牢坚持马克思主义新闻观，牢牢坚持正确舆论导向，牢牢坚持正面宣传为主。"① 必须要增强舆论工作人员的政治意识、大局意识、责任意识、阵地意识，在思想上、行动上与中央保持高度一致，在重大原则问题上立场坚定不动摇，在大是大非问题上旗帜鲜明不含糊。及时传达中央精神和要求，分析研判国内外政治经济形势，不断增强舆论工作人员政治敏锐性和政治鉴别力，正确认识国内国际复杂敏感问题，提高在纷繁芜杂的表象中准确把握事物本质的能力，确保在复杂形势下始终坚持正确舆论导向。紧紧围绕河南省政府中心工作策划宣传协调发展主题，宣传党的主张，反映群众呼声，唱响主旋律，传播正能量。

完善全媒体舆论宣传联动机制，构建促进河南协调发展的宣传格局。只有充分发挥全媒体机构优势和特点，丰富新闻报道层次、优化新闻报道结构，打出舆论引导"组合拳"，才能有效地强化协调发展理念的宣传。不断

---

① 《把坚持正确政治方向摆在首位》，载新浪网，http：//news. sina. com. cn/0/2016 - 02 - 23/doc - ifxprupc9787664. shtml，2016 年 2 月 23 日。

加强对文字、图片、音视频等各种形式的统筹策划，综合运用公开内参、社办报刊、网络、电视台等各种报道资源，不断创新报道观念、内容、形式、方法和手段，营造强势主流舆论氛围。推动新闻发布制度化，及时发布河南推动经济协调发展的工作进展。严格新闻工作者职业资格制度，规范传播秩序，准确地宣传协调发展理念。完善互联网管理体制，健全基础管理、内容管理、行业管理及网络违法犯罪防范和打击等工作联动机制，规范协调发展理念宣传内容；建立网络突发事件应急处置机制，及时有效地将协调发展有关重大突发事件公开；完善网站总编辑制度、年审制度、备案制度及网站内容管理问责制度。

（二）创新协调发展舆论宣传工作方法和平台

面对新形势新任务，为推动经济协调发展，舆论宣传要更新理念，创新工作方法、平台和内容形式。首先，利用"互联网＋"理念创新方法手段。积极适应互联网快速发展的新形势，用互联网的思维来谋划和推进协调发展理念的宣传。加快传统媒体和新兴媒体融合发展，实现两类媒体的功能互补、良性互动，创新舆论引导格局，有效应对社会舆论多层次的新形势、媒体分众化的新趋势。加大以移动互联网为核心的现代传播体系建设力度，利用论坛、博客、微博、微信等多种形式，借助手机短信等多种手段，实现全方位、立体式传播，增强协调发展理念的宣传。其次，借助志愿服务创新协调发展宣传平台载体。在志愿服务平台上对接协调发展宣传工作的各个方面，充分发挥志愿者典型带动、示范引领的作用，如将协调发展理念宣传与城市外宣志愿服务相结合，增强工作的感染力、说服力、带动力。再次，树立融合理念，创新宣传内容业态。坚持把理论工作和舆论工作更好地结合起来，以理论上的正本清源促进形成向上向好的舆论态势，以舆论上的有效引导促进理论更好地为广大群众所闻、所信、所行。倡导协调融合的宣传业态，加强工业化、城镇化、农业现代化的融合宣传。把握主动，做到善谋划、更敏锐、更灵活，主动设置协调发展议题，引导社会舆论、疏导公众情绪，增强舆论引导能力。

（三）及时回应社会关切的协调发展热点问题

新形势下社会舆论从酝酿到爆发的周期缩短，热点层出不穷，态势瞬息万变，时机转眼即逝，因此，在舆论引导中，必须做到不缺位、不失语、及时争取舆论主动权。高度重视对协调发展热点问题的报道，及时发现、捕捉、介入相关热点，提高对相关热点的反应速度，及时回应受众关切，加强解疑释惑。优化信息发布流程，确保协调发展相关问题上的话语权，进行舆论引导。特别是在一些重大问题、热点问题上，需要媒体及时介入，政府积极回应，在第一时间发出权威声音，向群众析事明理、解疑释惑，压缩谣言等负面信息的生存时空，把公众情绪及时引导到健康理性的轨道。同时，要追踪把握舆论的发展轨迹，选择合适节点予以回应，避免新闻宣传与舆论关注重心错位、节奏失调，切实提高舆论引导的针对性和有效性。制定《协调发展热点问题报道奖励办法》，以报道的时效性、独家性和影响力等为指标，对协调发展问题报道进行评判。通过这种激励手段，进一步提升协调发展热点问题报道的影响力和舆论引导力。

（四）强化舆论监督水平

舆论监督报道一直是舆论宣传工作的难点之一。抓住党和政府明令禁止、人民群众深恶痛绝的问题，找准党和政府关注同人民群众关切之间的结合点，使报道产生社会共鸣。针对各类与协调发展理念相悖的经济活动要有针对性地开展报道，切实做到敢于监督、善于监督、正确监督、建设性监督，提高舆论监督报道解决问题、推动工作、服务大局的作用。建立与法律监督机关、行政监督机关、政协监督机关等的经常性沟通机制。完善重大舆论监督报道组织策划机制，加强各方报道力量的协调与配合。

（五）提高协调发展舆论宣传队伍素质

协调发展理念的宣传离不开觉悟好、素质高、业务精、作风硬的宣传队伍。舆论宣传工作者素质的高低直接决定着协调发展理念舆论宣传工作的质量和效果。第一，要具备高度的政治理论修养。坚持邓小平理论、"三个代表"重要思想和科学发展观，深入学习习近平总书记"2·19"关于新闻舆论工作的重要讲话，认真贯彻党的新闻舆论工作的职责和使命，"高举旗帜、引领导向，围绕中心、服务大局，团结人民、鼓舞士气，成风化人、凝心聚力，澄清谬误、明辨是非，联接中外、沟通世界"。增强舆论宣传队伍的党性修养和思想觉悟，始终坚持正确舆论方向。第二，深入学习协调发展理念的相关理论。认真研读"十三五"规划建议，并请专家学者解读协调发展理念，全面了解协调发展的内容及如何实现协调发展。切实做到对协调发展理念了然于胸，能够在舆论宣传中有效地运用相关理论，使舆论宣传工作更有效地开展。第三，优化协调发展理念舆论宣传队伍的年龄结构。大胆培养年轻工作者承担协调发展理念的宣传工作，提高年轻人在舆论宣传队伍中的比重。协调发展理念是党提出的新的发展理念，年轻人对该理念接受快，且知识面更新，能够使舆论宣传队伍保持活力。第四，加强对舆论宣传队伍的培训。针对新的理念，需要进行定期专业知识和理论的培训，促进宣传队伍知识更新，使宣传队伍具备良好的知识素养。同时，全面提高编辑、制作水平。邀请新闻传播界的著名专家学者对专业技术人员进行培训，从形象、着装、编播技巧、灯光的运用等方面，全方位提高人员综合素质。有计划地开展岗位大练兵活动，通过树立创新典型、表彰业务能手、报销学费等各种手段，掀起学习协调发展理念的高潮，为协调发展理念的舆论宣传奠定基础。第五，增强舆论宣传队伍的社会责任感。舆论宣传工作者要深入协调发展理论前沿，时刻关心、关注群众的所需，在处理意识形态领域问题时要结合实际，客观、合理地给予回答。同时，要处理好意识形态自身发展与社会实践的关系。舆论宣传工作者在遇到实际问题时，能及时地用马克思主义理论来分析问题，做出科学的解释。

三　弘扬法治精神，用法治思维和法治方式推动协调发展

党的十八届五中全会强调，加快经济和法治社会建设，把经济社会发展纳入法治化轨道。河南省要想实现经济协调发展，提升经济社会发展质量和水平，就要把各方面工作纳入法治化、规范化的轨道。利用法治推动协调发展，是河南省解决经济发展不协调问题的关键途径，是法治社会的必然要求，也是法治社会建设的重要内容。运用法治思维和法治方式推动发展，才能保障协调发展的规范性、稳定性、长久性，才能切实维护人民群众的利益，才能巩固党的执政基础。注重用法治思维和法治方式推动协调发展，就是要在当前复杂多变的形势下，始终坚持用法治思维和法治方式凝聚协调发展共识、破解协调发展难题、协调解决矛盾、促进社会和谐，积极适应经济发展新常态，推动经济社会健康发展。

（一）树立法治思维和法治方式的理念

河南省改革已进入攻坚克难阶段，全面建成小康社会仍存在诸多短板。协调发展是补足短板的重要发展理念，促进河南省经济协调发展不仅要解决经济社会发展过程中多年积累下来的痼疾和短板，而且要打破已经固化的利益格局。为此，促进经济协调发展就必须学会并善于运用法治思维和法治方式凝聚改革共识、形成改革的最大公约数。法治思维主要是指人们在法治理念基础上自觉运用法律规范、法律逻辑和法律精神分析、解决问题的思维方

式；法治方式是法治思维的行为实践，是人们运用法治思维处理和解决各种问题的方式。对"十三五"规划确立的协调发展目标任务，坚持运用法治思维和法治方式破解发展难题、规范发展行为，用法律手段解决经济社会发展中出现的各种矛盾和问题，既是尊重科学发展规律的必然要求，又是实现河南省经济社会协调持续健康发展的现实需要。

树立法治思维和法治方式理念，必须始终坚持依法维护、保障和推动协调发展，并善于运用法治思维和方式化解关于协调发展的各种阻力。坚持凡属重大改革都于法有据，重大改革举措都依法获得授权并有序进行推进，没有得到授权的就不应盲目超前推进。

要把法治教育和加强协调发展宣传结合起来，最大限度动员人们加强对协调发展重要性及合法性的了解和支持。不断加强队伍素质建设，努力提高各级干部运用法治思维和法治方式推进改革的能力和水平。党作为经济社会发展的领导核心，各级党员干部必须自觉带头尊法学法守法用法，必须大力弘扬社会主义法治精神，增强法治观念，坚持依法决策，办事情、做决策都要考虑法律依据及法律程序。同时，还要积极推进协调发展主要问题多层次多领域的依法治理，健全各方面法律法规，提高法律法规的执行力，切实养成遇事找法、办事依法、解决问题靠法的行为习惯。坚持法律红线不逾越、法律底线不触碰，模范遵守法律、执行法律。同时，要求社会各阶层、各领域、各群体，在出现利益纠纷和矛盾冲突时，既注意用经济、行政等手段解决问题，又注重用法治手段和方式化解矛盾和纠纷。广大干部要不断提高依据宪法法律促进协调发展的能力和水平，要善于运用法治思维和法治方式推动发展、解决矛盾、维护稳定，自觉用法治思维和法治方式推动经济社会发展。

（二）加强协调发展的法规制度建设

社会主义市场经济是法治经济，市场竞争是有规则有秩序进行的。因此，推动经济立法，使社会主义市场经济在法治轨道上运行，是党领导经济工作的重要方式。健全完备的法规制度是解决制约经济协调发展问题的基础。按照协调发展理念认识、适应和引领经济发展新常态，自觉用法治眼光审视发展问题，用法治思维谋划发展思路，用法治方式推动协调发展，不断建立健全符合发展规律要求的法规制度，为经济社会协调发展提供法治支撑和保障。

协调发展的内容涉及城乡区域协调发展，新型工业化、信息化、城镇化、农业现代化协调发展，物质文明与精神文明协调发展等。要实现协调发展，必须借助具有强制性、规范性和普遍性的法治予以推动和保障。必须利用法治的力量去冲破阻碍协调发展的部门利益、地方利益及既得利益集团的利益樊篱。唯有真正建立起法治政府，让权力在阳光下运行，才能避免权力寻租，避免国家利益部门化，部门利益集团化。只有将凝聚了党和国家及人民群众关于协调发展的统一思想意志和政策主张，通过法定程序上升为法律法规，成为人们遵循的制度和规范，才能增强协调发展的权威性和推动力，从而确保协调发展措施有效地执行。

第一，选择宏观和中观调控并行的二元结构立法模式。我国现行立法体制是按行政区域规划设置，地方立法权仅限于省级或者省政府所在市及国务院批准的较大的市，真正的执行是更基层不具备立法权力的地区，部分法规脱离现实，不能发挥其应有作用。因此，应利用中央和地方两级立法模式推动河南省协调发展。国家从国民经济整体利益出发，对河南省协调发展实施宏观调控，通过产业布局、战略规划和区域政策选择，引导经济协调发展，服从于宏观大局；河南省在国家宏观指导和维护国家法治统一的前提下，结合本地情况，制定协调发展规划和鼓励措施，调节经济发展，实现河南经济协调发展。

第二，构建多层次的协调发展法律体系。促进区域协调发展的法律体系要满足宪法规定的协调发展的原则性条款，同时还应由区域协调发展的基本法、区域经济协调发展专门领域的立法和特定区域的立法等组成。区域协调发展的基本法是经济法，是指导区域协调发展的纲领性法律，其任务是通过实体性与程序性法律规范的设计，以法律形式明确区域内经济主体的法律地位及权利与义务，保证区域经济协调发展目标的实现与健康发展。内容应包括区域协调发展法的立法目的、调控原则、调控范围、立法形式及其决策程序、区域协调发展组织机构及职责、区域协调发展合作程序及法律责任等。区域经济协调发展专门领域的立法包括区域经济协调发展计划法律制度、区域开发法律制度、区域财政法律制度、区域金融法律制度、区域产业结构法律制度、区域投资法律制度、区域合作法律制度。区域经济发展计划法律制度的主要内容包括计划的战略目标、战略重点、战略布局和战略措施等，应在国家有关法律制度的指导下进行。区域开发法律制度主要内容包括开发区域确定、开发的战略目标、组织结构、基本原则、任务重点、政策措施等。区域财政法律制度主要是对现行分税制进行调整，中央立法开征，但在税负确定和减免方面，给予地方浮动范围内的调节和管理权限。区域金融法律制度包括区域金融组织机构和区域金融监管制度、区域金融调控制度、区域政策性金融制度。区域产业结构法律制度包括区域产业基本政策和措施、产业政策委员会、政府在产业结构调控中的权利和责任等。区域投资法律制度应包括立法原则、政府投资范围、政府投资管理、监督和法律责任等。区域合作法律制度包括区域经济合作的目标，合作的领域、基本运作方式、禁止事项及争议解决等。针对特定区域的立法主要是针对特殊性地区，如针对郑州航空港经济综合实验区制定的各项法规。河南还可针对其他特殊地区进行立法，如围绕中原经济区和中原城市群建设制定和修订相关法规，为建设中原经济区提供有力的法律保障。

第三，与其他法律配合与协调。除构建专门的区域协调发展法律制度外，需要与现有法律法规协调，避免法律冲突。首先，完善市场竞争法。经济协调发展要在社会主义市场经济环境下开展，必须进一步完善市场竞争法律，包括反不正当竞争、反垄断、反倾销、反补贴等法律法规，创造公平合理的国内国际市场竞争环境。其次，完善自然资源法，提高市场主体环境准入的条件制度，制定保护和治理环境的对策措施，加强环境权的责任追究力度，增加生态补偿机制及环境救济制度。再次，加强教育投资方面的法律，帮扶落后地区教育，提高教育从业人员素质，增大教育投入，改善教育环境。最后，完善社会保障法律制度。社会保障法律制度是减少社会贫困、缩小收入差距、维护社会稳定的重要保障。尤其是河南仍面临着贫困人口基数大、公共服务水平低等短板，完善社会保障法律制度刻不容缓。强化住房、教育牵动，完善社会保障、农民权益保障、基本公共服务保障。以实施居住证制度为抓手，推动城镇常住人口基本公共服务均等化。健全财政转移支付同农业转移人口市民化挂钩机制。完善住房保障体系，实现公租房货币化，创新棚户区改造方式，提高货币化安置比例，有序推进老旧住宅小区综合整治，力争基本完成现有城镇棚户区、城中村和危房改造。深入推进新型城镇化试点。

（三）建立有效的法律实施机制

有效的法律实施机制是促进河南协调发展的保证。第一，建立具有法律权威性的经济协调发展机关。协调发展涉及方方面面，如果缺乏领导协调发展的权威性机关，就会出现分头而治的局面，难以形成发展合力。所以，要建立高层次的综合协调机制，跨部门合作，推动联动不同空间的政策实施；

建立各部门谈判和协商机制，了解相互利益诉求，协调各部门利益，动员领导、专家及民间多层次人员合作、沟通和交流。第二，建立高效的协调发展政策监督与效益评价体系。要使法律法规得以落实，必须有相应的监督和激励。建立恰当的评价标准和指标体系，实现政府对协调发展管理的科学化和制度化。第三，完善法律审查机制。尽管存在《行政诉讼法》等有关政府行为及其审查与责任的行政法律，但对政策性活动及颁布规范性文件，缺少司法审查，致使部分政策出现了性质变化，蜕变为地方保护主义。因此，有必要对下行行政法律进行修改和完善。第四，促进严格执法。当前我国依法行政方面存在的主要问题是法律执行效果差。我国制定的相当一部分法律在实践中难以执行已经成为普遍现象，纸面上的法律与现实生活中的法律严重脱节，"潜规则"无处不在，法律权威难以确立。要通过党的各方面领导，监督和促进政府执法部门严格执法。2015年12月中共中央、国务院印发的《法治政府建设实施纲要（2015~2020年）》提出，到2020年基本建成职能科学、权责法定、执法严明、公开公正、廉洁高效、守法诚信的法治政府。通过加强法治政府建设，依法设定权力、行使权力、制约权力、监督权力，依法调控和治理经济，推行综合执法，没有法律法规依据不得做出减损公民、法人和其他组织合法权益或者增加其义务的决定，实现政府活动全面纳入法治轨道。

（四）完善依法推动协调发展的体制机制

维护宪法和法律权威，确保宪法法律的实施。建立科学的协调发展法治建设指标体系和考核标准。完善规范性文件、重大决策合法性审查机制，健全法规、规章、规范性文件备案审查制度。普遍建立法律顾问制度。创新普法教育机制，加强法治文化建设，提高普法效果，增强全民法治观念。

深化行政执法体制改革。整合执法主体，相对集中执法权，推进综合执法，着力解决权责交叉、多头执法问题。减少行政执法层级，加强食品药品、安全生产、交通运输、国土资源、环境保护、劳动保障等重点领域协调发展的基层执法力量。理顺城管执法体制，提高执法和服务水平。完善行政执法程序，规范执法自由裁量权，加强对行政执法的监督，全面落实行政执法责任制和执法经费由财政保障制度。

推进司法体制改革。有领导有步骤地推进司法体制改革，尊重司法规律，促进司法公正，加强对公民人身权利、财产权利等权利的司法保障，加强对司法活动的监督。同时，各级党政机关和领导干部不得干预司法活动、插手具体案件处理，不能以言代法、以权压法、徇私枉法，不得让司法机关做出违反法定职责、有碍司法公正的事情。

四 深化改革创新，激发协调发展的内生动力

协调发展的本质是要弥补发展存在的短板，河南经济社会长期积累的结构性矛盾依然存在，创新驱动能力还不够强，经济发展传统优势减弱而新的支撑力量尚在形成之中，保持经济较高速度增长难度加大；城镇化水平低仍是经济社会发展诸多矛盾的症结所在，统筹城乡发展任务繁重；资源约束趋紧，生态环境问题突出。要解决上述问题，必须深化改革创新，激发协调发展的内生动力，形成河南新的发展支撑力量，提高城市化水平，统筹城乡发展，降低经济增长的能源和环境消耗，实现经济的可持续协调发展。

（一）加强供给侧改革

河南主要的经济政策调整着力于需求侧，即从消费、投资、政府采购和贸易的角度改善经济，然而在新常态背景下，需求侧调整政策的边际效用在不断下降，因此，必须进行宏观调控政策创新，从供给侧发力，加强供给侧改革。在适度扩大总需求和调整需求结构的同时，强化供给侧结构性改革，实现由低水平供需平衡向高水平供需平衡的转变。

首先，大力推进产品和服务供给创新。加快产业产品结构调整，优化产业结构，减少低质量产品和服务的重复生产和无效供给。工业方面，实施"中国制造2025河南行动"，推进高成长性制造业和战略性新兴产业发展，加强传统支柱产业改造，加快制造业向集群化、智能化、绿色化、服务化转型升级。以龙头企业为带动壮大电子信息产业规模，以特色优势为重点推动高端装备制造业突破发展，以知名品牌为引领增创食品工业新优势，以产品提质升级为导向促进消费品工业提速发展，以产业延链为主攻方向推进原材料工业转型发展，培育形成具有核心竞争力的"百千万"亿级优势产业集群。服务业方面，加快发展现代服务业，以现代物流和现代金融引领生产性服务业跨越发展，以精细化、品质提升为导向促进生活性服务业提速发展，打造中西部服务业高地。构建国际、区域、城市三级物流网络体系，加快建设郑州国际物流中心，建设以集散型物流为骨干的区域性集疏运枢纽，打造城市共同配送平台，健全乡村配送网络，推动现代物流与电子商务融合发展。

其次，积极推动技术创新。第一，鼓励自主创新。建设郑洛新国家自主创新示范区，加强体制机制改革和政策先行先试，集聚高端创新资源，打造在全国具有较强辐射能力和核心竞争力的创新高地。围绕突破制约传统产业改造升级的关键技术和支撑战略性新兴产业发展的核心技术，打通生物资源、矿产资源、循环经济加工产业链，实施一批重大科技专项。强化企业创新主体地位和主导作用，实施大中型企业省级以上研发机构全覆盖工程，加强国家重点实验室、研究中心等高层次研发平台建设，培育一批创新型领军企业和一大批科技型中小企业。激发科研机构和高校创新潜力，鼓励科研机构和高校与企业合作设立技术转化机构，开展新型研发机构认定。推动区域创新资源互联互通和开放共享，引导构建产业技术创新战略联盟和新型产业技术研究院，打造一批产业创新中心和创新集聚地。深化科技体制改革，建立主要由市场决定技术创新项目和经费分配、评价成果的机制。整合科技规划和资源，完善对共性、公益性科学研究的支持机制。完善企业研发投入长效激励机制，探索科技金融紧密结合机制，健全科技创业风险投资机制，改善科技型中小企业融资条件。建立产学研协同创新机制，发展壮大产业技术创新战略联盟。健全科技成果转化机制，深化国有事业单位科技成果处置权和收益权改革。发展技术市场，健全技术转移机制，促进科技成果资本化、产业化。加强知识产权运用和保护，争取建立知识产权法院。实施智能制造工程，推广智能制造生产模式。实施工业强基工程，开展质量品牌提升行动和服务型制造行动，推广绿色制造。第二，推进合作创新。鼓励开放式创新，加大技术合作与引进，利用国内外创新资源，弥补河南创新资源不足的短板。加强省部合作，积极引进国内外知名院校、科研机构和知名创新企业在豫设立研发机构。开展技术并购，主动融入全球创新网络。建立健全技术转移机制和科技资源开放共享机制。

最后，加强政策供给创新。推进简政放权、放管结合、优化服务，积极推行政府部门权力清单、责任清单、市场准入负面清单、涉企收费目录清单、政府性基金清单，建设政务服务网络平台，规范和减少行政审批事项，全面清理规范行政审批中介服务，深化商事登记制度改革，进一步增强放权的协同性、提高监管的有效性、强化服务的便利性。改进市场监管方式，维护市场正常秩序。完善社会信用体系，建立覆盖各类市场主体的失信惩戒机制，营造守法经营、诚信经营氛围。深化税收征管体制改革。建立规范的地方政府举债融资体制。合理界定省市县事权和支出责任，完善转移支付制度。深化财政性涉企资金基金化改革，建立完善财政资金使用绩效考核机制。健全优先使用创新产品、绿色产品的政府采购政策。

（二）推进新型城镇化建设

城镇化率低是河南经济发展存在的显著短板，诸多问题均来自于此。要实现城乡协调发展，必须创新城镇化发展，推进新型城镇化建设，实现城乡发展一体化。

第一，推进农业转移人口市民化。完善社会保障、农民权益保障、基本公共服务保障，推动具备条件有意愿的农业转移人口举家落户城镇、城中村常住人口居住条件改善、农村人口向城镇转移。深化户籍制度改革，实施居住证制度，推动城镇常住人口基本公共服务均等化。完善住房保障体系，实现公租房货币化，创新棚户区改造方式，提高货币化安置比例，有序推进老旧住宅小区综合整治，力争基本完成现有城镇棚户区、城中村和危房改造。

第二，大力发展县域经济。一旦县域经济显著发展，农村人口就可以向县域转移，而不必大量集中于大中型城市，导致城市病。县域经济就是完善县域产业功能、服务功能和居住功能，不断增强承接中心城市辐射和带动乡村发展的能力，使之成为吸纳农业人口转移的重要载体。培育壮大县域特色产业集群，推动农产品加工业向种养基地靠近、劳动密集型产业向剩余劳动力富集地方靠近、特色优势产业向具备优势资源和相应产业基础的地方靠近。实施县级城市基础设施提升行动，推进扩能增效。

第三，推进城乡发展一体化。城镇化的本质是提升农村人口的生活品质，如果农村人口进入城市，生活品质不但没有得到提升，反而下降，这样的城镇化是不成功的城镇化。新型城镇化必须注重城乡一体化发展，缩小城乡差距。健全城乡一体化发展体制机制，促进城乡公共资源均衡配置，推动城镇公共服务向农村延伸。围绕实施粮食生产核心区建设和高标准粮田"百千万"建设工程、现代农业产业化集群培育工程、都市生态农业发展工程、"三山一滩"群众脱贫工程，深化农村改革。健全农业补贴制度和粮食主产区利益补偿机制。探索建立农户、农民合作社小额贷款风险补偿机制，培育发展农村合作金融，扩大农业保险险种和覆盖面。

第四，提高新农村建设水平。在严格保护耕地和保护生态环境的前提下，推进乡村经济发展，因地制宜发展特色种植、规模养殖、休闲观光等乡村特色产业集群，在符合条件的地方布局乡村特色经济园区，服务农产品、特色产品就地加工和农民就近就业，增强新农村建设的产业支撑。推进农村基础设施和公共服务设施建设，促进农村危房改造，实施农村公路畅通安全提升工程。加强农村人居环境综合整治，创建美丽乡村，系统推进饮水安全、改水改厕、污水垃圾处理等工程。健全农业补贴制度和粮食主产区利益补偿机制。探索建立农户、农民合作社小额贷款风险补偿机制，培育发展农村合作金融，扩大农业保险险种和覆盖面。

（三）加快精神文明建设

长期以来，源于对经济增长的追求，河南对物质文明建设的重视超过了精神文明建设，为了实现经济社会协调发展，必须加快精神文明建设，使物质文明和精神文明协调发展。

首先，完善思想道德建设体制机制。正确的思想道德是精神文明建设的根本，在新形势下，应把社会主义核心价值体系融入政策法规、规章制度和国民教育、文化创作生产之中，强化教育引导，创新方式方法，健全制度保障。大力弘扬焦裕禄精神、红旗渠精神、愚公移山精神。健全社会公德、职业道德、家庭美德、个人品德教育制度，健全树立良好道德风尚的激励、惩戒机制。

其次，深化文化体制改革。推动政府部门由办文化向管文化转变，推动党政部门与其所属的文化企事业单位进一步理顺关系。完善电台、电视台合并及省辖市文化、广电、新闻出版三局合一后的运行管理机制。建立党委和政府监管国有文化资产的管理机构，实行管人、管事、管资产管导向相统一。

再次，大力发展文化产业。文化产业是精神文明建设的重要内容，既可以推动经济发展，又可以丰富个人精神。因此，要大力发展文化产业，提升文化产业在国民经济中的比重。一方面，推动文化产业结构优化升级。比如，通过实施重大文化工程，发展创意文化产业，培育新型文化业态等，提升文化产业的水平。另一方面，优化文化资源配置。推进集团化、规模化文化产业发展，壮大产业集群，培养龙头文化企业；引进先进文化企业。发挥河南省文化独特优势，打造"根亲文化"等品牌，创新"中原文化丝路行"等活动载体，推动中原文化走出去，提升中原文化产业影响力。

最后，健全现代文化市场体系。鼓励和引导非公有制文化企业发展，允许参与对外出版、网络出版，允许以控股形式参与国有影视制作机构、文艺院团改制经营。支持各种形式小微文化企业发展。做大做强文化产业投融资平台，发展现代文化流通组织和流通形式，推动多层次文化产品和要素市场发展。完善文化产品创作生产引导机制和评价体系。完善文化经济政策，扩大政府文化资助和文化采购。

五　加强监督检查，确保"十三五"协调发展目标落实

合理的政策和规划可以推动实现协调发展，但能不能真正实现协调发展，还要看政策和规划能否落到实处，监督和检查则是确保"十三五"协调发展目标得以落实的保障。

（一）加强对领导协调发展的领导干部的监督检查

党领导经济社会协调发展工作，公职人员是权力主体，因此，首先要加强对领导干部的监督与检查。

第一，健全完善干部选拔任用制度。充分发挥人民群众的知情权、参与权、表达权、监督权。公开干部选拔任用工作全过程，彻底改变暗箱操作的方式，用公开、民主来实现公平、公正。健全完善干部选拔任用提名制度、考核评价机制，探索直接选举的方式，以提高权力主体的素质，强化以人为本、执政为民的意识，从源头上预防权力腐败现象的发生。

第二，强化改进领导干部作风常态化。持续落实中央八项规定和省委省政府若干意见，构建纠正"四风"、改进作风的长效机制。健全领导干部带头改进作风、调查研究机制，完善直接联系和服务群众制度。健全机关效能督查问责制。改革会议公文制度。严格执行《党政机关厉行节约反对浪费条例》，推进公务用车改革，健全严格的财务预算、核准和审计制度，控制"三公"经费支出和楼堂馆所建设。

第三，规范并严格执行领导干部工作生活保障制度，严肃查处违反规定超标准享受待遇等突出问题。完善并严格执行领导干部亲属经商、担任公职和社会组织职务、出国定居等相关制度规定，防止领导干部利用公共权力或自身影响为亲属和其他特定关系人牟取私利，坚决反对特权思想和作风。

第四，完善领导干部考核评价机制。科学的干部考核评价机制对树立正确用人导向、保证选准用好干部，引导各级领导班子和领导干部牢固树立科学发展观和正确政绩观，具有非常重要的意义。完善考核评价机制，应不断完善考核指标体系，将推动和促进协调发展的实际成效作为检验和评价各地各部门工作的重要标准，纳入年度考核范围。改进考核方式，把换届考察、任职考察同平时考核、年度考核结合起来，相互补充，相互印证，增强考核方式的完整性和系统性，扩大考核民主。规范考核工作流程，考核主要分为

采集有关统计指标和实地考核两个方面，考核的程序和步骤要严格执行，不能漏、跳，通过严格考核程序，保证考核工作扎实、规范、有序进行。加强考核的公开，利用新闻媒体等方式，及时公开考核内容、考核程序和考核方法，公开领导班子和领导干部的工作目标和工作实绩，并进行考核结果的公示，落实人民群众的知情权。扩大群众的有序参与，根据不同的考核对象，最大限度地吸收关联度高、知情度深、代表性强的群众参与。最后，建立考核结果运用的工作制度，通过科学的、有效的刚性规则，把考核结果作为干部选拔任用、培养教育、管理监督和激励约束的重要依据。

第五，健全党政领导干部问责制。制定党政领导干部问责制的实施细则，将协调发展目标贯穿于党政领导干部问责制中。对原则性的规定进行细化，既便于问责，又便于被问责对象申诉，同时便于群众监督。在规定问责的情形时，要按照权责一致的原则，考虑不同党政机关和工作人员的工作内容、职责权限、考评标准的差异，采用定性和定量、原则和具体相结合的办法。

第六，完善对领导干部道德教育机制。领导干部道德教育主要是针对领导干部廉政教育，完善领导干部道德教育机制可以从完善廉政教育制度和丰富廉政教育方式方面实现。一方面，完善廉政教育制度。根据本地本部门特点，制定适合本地本部门特点的反腐倡廉教育工作长期规划和实施意见。健全完善党委理论学校中心组学习制度，定期安排反腐倡廉理论学习。把反腐倡廉教育列入干部教育培训规划，定期举办领导干部廉洁从政教育专题培训班。另一方面，丰富教育方式。可以利用警示教育、主题教育等不同的方式开展道德教育。通过观看警示教育片，参观反腐倡廉警示教育基地及到监狱听职务犯罪服刑人员现身说纪说法的方式，用鲜活的例子教育广大领导干部。根据本地区本部门普遍存在的问题，及时组织开展主题教育。利用专题学习、群众评议与改进工作、解决实际问题相结合，深化教育。

（二）完善对促进协调发展过程的监督和检查

对权力行使过程的监督和检查是对权力监督和检查的关键环节，促进协调发展的各项政策在实施过程中，必须做到有法可依，有法必依，因此要对促进协调发展的各项权力的行使进行监督和检查，主要是抑制随意行使权力，使权力在合理范围内按照既定程序规范运行。

第一，创新政务公开制度。政务公开是为了让权力运行在阳光下，从源头消除权力腐败。加快政务公开立法，以法的形式推动政务公开，规范政务公开行为，扩大政务公开内容和范围。健全政务公开的评价机制，把政务公开的考核评价纳入社会评议政风、行风的范围，纳入干部考核体系中，并与党风廉政建设责任制的考核相结合。扩展政务公开监督渠道，包括建立群众投诉中心、开设电话专线、设立监督网站等，及时处理公民对政务公开的意见和建议，接受社会监督。完善公开责任制度体系，完善责任追究制度，对工作不力、搞形式主义的，要严肃批评，限期整改。对弄虚作假、侵犯公民民主权利、损害公民合法利益、造成严重后果的，要严肃查处。完善政务公开的保障机制，发挥人大、政协在政务公开中的作用，健全政务公开的办事机构，建立资金保障机制。

第二，健全权力监督和检查体系。落实党内监督各项制度，健全民主监督、法律监督、舆论监督机制，运用和规范互联网监督。

创新党的纪律检查体制机制。确定党的纪律检查工作双重领导体制具体化、程序化、制度化。强化上级纪委对下级纪委的领导，明确职责权限。全面落实省纪委向省一级党和国家机关派驻纪检机构，实行统一名称、统一管理，完善考核、激励和责任追究机制。改进巡视制度，做到对地方、部门、国有企事业单位全覆盖。

推进行政监督检查体制改革。将纪检与监察机关分开设置，突出行政监察的作用。各级行政监察委员会受同级人大领导，接受各级人民代表大会及其常委会的监督，负责对各级人民政府和政府组成部门及其一切行政人员的监督。确保行政监察机关具有与责任相适应的权威和地位，能独立不受影响地开展行政监察工作。强化行政监察机关的职权，主要有责令赔偿损失权、弹劾权和中止不当指示权。

完善政协民主监督机制。强化政协民主监督地位，在法律制度上对政协民主监督进行规范，对政协民主监督的组织实施、结果运用等进行明确规定；加强政协民主监督与其他监督横向合作，将政协民主监督与党委政治监督、人大权力监督、政府行政监督、检察院和法院的司法监督、新闻媒体的舆论监督和社会公众的群众监督有机结合起来，互相配合，形成监督合力，推进政协民主监督工作。

完善社会监督机制。完善社会监督机制的核心是充分保障公民的知情权、参与权、表达权、监督权。提高社团监督能力，培养运用各种资源的能力，通过对资源的合理化配置来提高社团的社会影响力。构建所代表群体利益的信息收集和反馈机制，及时将所代表群体对公共权力行使的意见集合起来，并通过一定的方式进行表达。推进舆论监督法制化，明确舆论监督的程序，对舆论监督进行规范，确保监督的科学性、合理性和准确性，最大限度地发挥舆论监督的作用，明确保护舆论监督的措施，对严重阻挠采访活动或围攻殴打记者、非法限制记者人身自由的，都要追究其法律责任。明确舆论监督和新闻侵权的界限。提高舆论相关从业人员的素质。进行从业资格限制，并加强对从业人员的监督和管理。

参考文献

［1］《河南省国民经济和社会发展第十三个五年规划纲要》，《河南日报》
2016 年 5 月 18 日，第 18、19、20、22、23 版。

［2］《中华人民共和国国民经济和社会发展第十三个五年规划纲要》，人民
出版社，2016。

［3］成思危：《深化改革要靠制度创新驱动》，《中国软科学》2014 年第
1 期。

［4］潘文卿：《中国区域经济差异与收敛》，《中国社会科学》2010 年第
1 期。

［5］李新安：《中国区域经济协调发展的利益机制与路径》，电子科技大学
出版社，2014。

［6］李江苏等：《城镇化水平与城镇化质量协调度分析——以河南省为例》，
《经济地理》2014 年第 10 期。

［7］张竟竟、郭志富：《县域尺度的河南省城乡协调发展空间格局研究》，
《经济地理》2013 年第 9 期。

［8］白永平：《基于 ESDA 的区域经济空间差异分析——以兰新铁路辐射带
为例》，《经济地理》2011 年第 7 期。

［9］李新安等：《中国区域经济协调发展的动力机制——以中原经济区为样
本》，社会科学文献出版社，2013。

［10］刘艳华、徐勇：《中国农村多维贫困地理识别及类型划分》，《地理学
报》2015 年第 6 期。

［11］朱智勇：《改革开放以来河南省区域经济差异分析》，《生态经济》
2009 年第 7 期。

［12］陈培阳：《福建省区域经济差异及其空间格局演化》，《地域研究与开

发》2009 年第 1 期。

[13] 何书霞等：《基于因子分析的河南省区域经济差异综合评价》，《科学技术与工程》2011 年第 25 期。

[14] 朱智勇：《改革开放以来河南省区域经济差异分析》，《生态经济》2009 年第 7 期。

[15] 薛宝琪：《河南省经济空间格局演化特征分析》，《地域研究与开发》2013 年第 4 期。

[16] 麻永建：《基于 ESDA 的河南省区域经济差异的时空演变研究》，《软科学》2006 年第 5 期。

[17] 张伟丽等：《中国行政区经济协调发展的空间格局及演化分析》，《经济地理》2013 年第 6 期。

[18] 李丁等：《基于 ESDA – GIS 的县域经济空间差异演化及驱动力分析——以兰州–西宁城镇密集区为例》，《经济地理》2013 年第 5 期。

[19] 管卫华：《中国区域经济发展差异及其原因的多尺度分析》，《经济研究》2006 年第 7 期。

[20] 曹建军：《江苏省区域经济差异的多尺度研究》，《地域研究与开发》2010 年第 5 期。

[21] 周杰文：《中部地区经济差异的多尺度分析》，《广西社会科学》2011 年第 10 期。

[22] 陈培阳：《基于不同尺度的中国区域经济差异》，《地理学报》2012 年第 8 期。

[23] 杨冬梅：《区域经济差异趋势研究：收敛抑或发散——基于山东区域经济差异的实证分析》，《山东社会科学》2010 年第 3 期。

[24] 陈利等：《云南南省区域经济差异时空演变特征》，《经济地理》2014 年第 8 期。

[25] 李旸等：《河南区域经济差异的泰尔指数分析》，《河南农业大学学报》2008 年第 1 期。

[26] 潘竟虎：《甘肃省区域经济增长俱乐部空间趋同分析》，《西北师范大学学报》2007 年第 6 期。

[27] 欧阳建国等：《区域经济差异的 σ 收敛——基于广东省各地区数据的实证分析》，《湖北社会科学》2010 年第 2 期。

[28] 李晓嘉：《地方政府公共投资与区域经济增长的差异性分析》，《财经

理论与实践》2011 年第 2 期。

[29] 吴培冠：《人力资本流动对区域经济增长差异之影响》，《中山大学学报》（社会科学版）2009 年第 5 期。

[30] 欧向军等：《江苏省区域经济极化及其动力机制定量分析》，《地理学报》2004 年第 5 期。

[31] 欧向军等：《基于区域分离系数的江苏省区域经济差异成因定量分析》，《地理研究》2007 年第 4 期。

[32] Wei Y. H. D., Yu D. L., Chen X. J., "Scale, agglomeration, and regional Inequality in Provincial China," *Tijdschriftvoor Economic on Social Geography* 102 (2011).

[33] Liao F. L. H. F., Wei Y. H. D., "Dynamics, space, and regional inequality in provincialChina: A case study of Guangdong province," *Applied Geography* 35 (2012).

[34] 刘清春等：《中国区域经济差异形成的三次地理要素》，《地理研究》2009 年第 2 期。

[35] Wei Y., "Multi – scale and multi – mechanisms of regional inequality inChina: Implications for regional policy," *Journal of Contemporary China* 30 (2002).

[36] 王少剑等：《广东省区域经济差异的多尺度与多机制研究》，《地理科学》2014 年第 10 期。

[37] 王少剑等：《广东省区域经济差异的方向及影响机制》，《地理研究》2013 年第 12 期。

[38] 叶信岳等：《浙江省经济差异时空动态的多尺度与多机制分析》，《地理科学进展》2014 年第 9 期。

[39] 代琳琳：《河南省区域经济发展差异分析》，《经济研究导刊》2007 年第 8 期。

[40] 安杰山：《河南区域经济差异与可持续发展关系探讨》，《商业时代》2008 年第 28 期。

[41] 吴乐英等：《河南省区域经济差异与协调发展研究》，《河南科学》2012 年第 3 期。

[42] 赵淑玲：《河南区域经济差异及协调发展的对策》，《郑州航空工业管理学院学报》2008 年第 4 期。

［43］ 刘晓园：《河南省区域经济差异及协调发展研究》，硕士学位论文，中央民族大学，2010。

［44］ 和春军：《产业协调与县域经济发展的理论与系统研究》，博士学位论文，天津大学，2010。

［45］ 姜嫣等：《区域旅游产业与经济耦合协调度研究——以东部十省（市）为例》，《华东经济管理》2012年第11期。

［46］ 杨俊生：《产业转移、能力结构与东西部区域经济协调发展》，《经济问题探索》2010年第5期。

［47］ 张琰飞、朱海英：《西南地区文化产业与旅游产业耦合协调度实证研究》，《地域研究与开发》2013年第4期。

［48］ 朱江丽、李子联：《长三角城市群产业－人口－空间耦合协调发展研究》，《中国人口·资源与环境》2015年第2期。

［49］ 郭露、丁峰：《产业结构、金融集聚与协调发展：长三角地区16个地市1994～2013的实证研究》，《经济体制改革》2015年第5期。

［50］ 周绍杰等：《区域经济协调发展：功能界定与机制分析》，《清华大学学报》（哲学社会科学版）2010年第2期。

［51］ 皮建才：《中国区域经济协调发展的内在机制研究》，《经济学家》2011年第12期。

［52］ 赵峰、姜德波：《长三角地区产业转移推动区域协调发展的动力机理与区位选择》，《经济学动态》2011年第5期。

［53］ 覃成林：《区域协调发展：内涵、动因与机制体系》，《开发研究》2011年第1期。

［54］ 彭荣胜：《区域经济协调发展的内涵、机制与评价研究》，博士学位论文，河南大学，2007年。

［55］ 颜世辉等：《区域经济协调发展内涵新探》，《湖北社会科学》2009年第3期。

［56］ 覃成林：《区域协调发展机制体系研究》，《经济学家》2011年第4期。

［57］ 陈秀山等：《区域协调发展要健全区域互动机制》，《党政干部学刊》2006年第1期。

［58］ 彭荣胜：《区域济协调发展内涵的新见解》，《学术交流》2009年第3期。

[59] 张敦富、覃成林：《中国区域经济差异与协调发展》，中国轻工业出版社，2001。

[60] 张可云：《论区域和谐的战略意义和实现途径》，《改革》2007年第8期。

[61] 唐志鹏等：《投入产出分析框架下的产业结构协调发展测度》，《中国软科学》2010年第3期。

[62] 覃成林等：《我国区域经济协调发展的趋势及特征分析》，《经济地理》2013年第1期。

[63] 覃成林等：《区域经济协调发展：概念辨析、判断标准与评价方法》，《经济体制改革》2011年第4期。

[64] 李政、钟永红：《基于岭回归分析法的中国区域经济差异影响因素分析》，《统计与决策》2006年第4期。

[65] 蒙少东等：《我国东西部区域经济协调发展的空间模型研究》，《预测》2003年第6期。

[66] 陈红霞等：《京津冀区域经济协调发展的时空差异分析》，《城市发展研究》2010年第5期。

[67] 杨以文等：《生产性服务业与战略性新兴产业协调发展——基于生产性服务业市场的一般均衡分析》，《当代经济科学》2012年第6期。

[68] 陈泽水等：《加强党的执政能力和先进性建设 不断提高党领导经济社会发展水平》，《求实》2006年第8期。

[69] 覃成林、熊雪如：《产业有序转移与区域产业协调发展——基于广东产业有序转移的经验》，《地域研究与开发》2012年第4期。

[70] 安春华等：《中原经济区范围界定研究》，《地域研究与开发》2010年第6期。

[71] 完世伟：《中原经济区发挥农业优势的若干思考》，《黄河科技大学学报》2011年第5期。

[72] 王永苏：《试论中原经济区工业化、城镇化、农业现代化协调发展》，《中州学刊》2011年第3期。

[73] 田林元：《浅谈中原经济区上升为国家战略的思考》，《科技创新导报》2010年第35期。

[74] 王汉民、马俊峰：《谋划农业新发展，给力中原经济区》，《河南农业》2011年第4期。

［75］ 杨承训：《关于中原经济区建立"农（业）谷"的建议》，《创新科技》2011 年第 1 期。

［76］ 李铜山：《把现代农业特区作为中原经济区建设的内核》，《河南工业大学学报》（社会科学版）2011 年第 1 期。

［77］ 吴新生：《荷兰现代农业成功经验对黄淮四市的借鉴与启示》，《湖北农业科学》2011 年第 10 期。

［78］ 吴海峰：《实施主体功能区战略，促进中原经济区科学发展》，《河南工业大学学报》（社会科学版）2010 年第 4 期。

［79］ 杨海霞：《解读全国主体功能区规划》，《中国投资》2011 年第 4 期。

［80］ 杜黎明：《我国主体功能区现代农业发展研究》，《经济纵横》2010 年第 4 期。

［81］ 段昌群、杨雪清等：《生态约束与生态支撑：生态环境与经济社会关系互动的案例分析》，科学出版社，2006。

［82］ 田建民、李昊：《对河南省现代农业发展的认识与思考》，《河南农业科学》2005 年第 1 期。

［83］ 〔英〕马歇尔：《经济学原理》，廉运杰译，华夏出版社，2005

［84］ 张培刚主编《发展经济学教程》，经济科学出版社，2007。

［85］ 《邓小平文选》第 3 卷，人民出版社，1993。

［86］ 李新安：《集群式区域创新体系构建及中小企业政策——欠发达地区经济崛起的企业集群视角》，《贵州社会科学》2007 年第 5 期。

［87］ 李新安：《我国投资拉动的宏观成本分析》，《中国人口·资源与环境》2006 年第 5 期。

［88］ 李新安：《经济开放、承接技术外溢与促进中部崛起》，《国际经贸探索》2007 年第 6 期。

［89］ 杨明强等：《产业融合与产业竞争力相关性研究》，《统计与决策》2004 年第 10 期。

［90］ 何立新：《产业融合与产业竞争力》，《河南社会科学》2005 年第 3 期。

［91］ 陈柳钦：《产业发展的集群化、融合化和生态化分析》，《中州学刊》2006 年第 1 期。

［92］ 余东华：《产业融合与产业组织结构优化》，《天津社会科学》2005 年第 3 期。

［93］刘乃全等：《中国区域经济增长协整分析与区域政策选择——兼伦"中部塌陷"现象》，《财经研究》2006 年第 4 期。

［94］柳旭波：《产业融合对产业结构理论的新发展》，《长白学刊》2006 年第 2 期。

［95］魏敏、李国平：《基于区域经济差异的梯度推移粘性研究》，《经济地理》2005 年第 1 期。

［96］朱瑞博：《价值模块整合与产业融合》，《中国工业经济》2003 年第 8 期。

［97］李从军：《牢牢掌握舆论工作主动权》，《人民日报》2013 年 9 月 4 日，第 16 版。

［98］李庆红等：《宣传思想工作的现代化》，河南人民出版社，2004。

［99］栗战书：《完善党领导经济社会发展工作体制机制》，《人民日报》2015 年 11 月 18 日，第 6 版。

［100］马丽：《建国以来我国主流意识形态安全研究》，硕士学位论文，河南大学，2010。

［101］王宏伟等：《深化科技体制改革与创新驱动发展》，《求是学刊》2015 年第 5 期。

［102］王作全：《我国区域经济协调发展及其法制化价值分析》，《贵州社会科学》2012 年第 11 期。

［103］袁东生：《我国权力制约与监督制度研究》，博士学位论文，山东大学，2011。

［104］周继红：《我国区域经济协调发展法治化内涵研究》，《北方法学》2011 年第 4 期。

后 记

　　协调是建成全面小康社会的制胜要诀，只有协调发展，才能全面发展。"十三五"时期是全面建成小康社会的决胜阶段。协调发展彰显了我国全面建成小康社会的规律性，为理顺发展关系、拓展发展空间、提升发展效能提供了根本遵循。坚持协调发展，就要以协调的理念推动经济社会发展，从整体和全局上把握，提升发展整体效能，推进事业全面进步。基于以上考虑，在河南财经政法大学有关领导的高度重视和关心下，我们精心策划与撰写了《河南协调发展：现实与未来》这本书。

　　本书是集体智慧的结晶。薛玉莲教授提出总体写作提纲，李新安教授负责全书的组织协调工作。全书共分为七章。李新安教授撰写第一章；张伟丽博士撰写第二章；鲁礼新博士撰写第三章；伦蕊博士撰写第四章；薛玉莲教授、任保显博士、李新安教授撰写第五章；赵增彦教授、徐天舒硕士撰写第六章；李凯杰博士撰写第七章。全书由薛玉莲教授审稿、李新安教授统稿。

　　本书在撰写过程中，借鉴了国内外学者的很多重要观点和研究成果。在此对这些研究成果的作者表示衷心感谢！

　　鉴于本书作者的理论水平有限及时间仓促，难免有疏漏和不当之处，恳请专家学者批评指正。

　　本书由河南财经政法大学政府经济发展与社会管理创新研究中心、现代服务业河南省协同创新中心共同出版，并得到了河南省高等学校哲学社会科学创新团队及河南省教育厅人文社会科学研究重点项目的支持。

薛玉莲
2017 年 1 月

图书在版编目（CIP）数据

河南协调发展：现实与未来／薛玉莲等著. -- 北
京：社会科学文献出版社，2017.7
ISBN 978 - 7 - 5201 - 0505 - 7

Ⅰ.①河…　Ⅱ.①薛…　Ⅲ.①区域经济发展 - 协调发
展 - 研究 - 河南　Ⅳ.①F127.61

中国版本图书馆 CIP 数据核字（2017）第 056701 号

河南协调发展：现实与未来

著　　者／薛玉莲 等

出 版 人／谢寿光
项目统筹／周　丽　陈凤玲
责任编辑／陈凤玲　关少华　楚洋洋

出　　版／社会科学文献出版社·经济与管理分社（010）59367226
　　　　　地址：北京市北三环中路甲 29 号院华龙大厦　邮编：100029
　　　　　网址：www.ssap.com.cn
发　　行／市场营销中心（010）59367081　59367018
印　　装／北京玺诚印务有限公司

规　　格／开　本：787mm × 1092mm　1/16
　　　　　印　张：14.75　字　数：258 千字
版　　次／2017 年 7 月第 1 版　2017 年 7 月第 1 次印刷
书　　号／ISBN 978 - 7 - 5201 - 0505 - 7
定　　价／85.00 元

本书如有印装质量问题，请与读者服务中心（010 - 59367028）联系

装帧设计 社科文献设计中心
Telephone 010-59367109

针对当前我国经济社会发展进入新常态，本书从河南省优化结构、补齐短板，谋划"十三五"经济社会发展，着力提高发展的协调性和平衡性等视，重点从以下几方面展开论述。一是推动区域协调发展，努力塑造要素有序自由流动、主体功能约束有效、基本公共服务均等、资源环境可承载的区域协调发展新格局。二是促进城乡区域协调发展，破解城乡二元结构难题，以释放经济发展潜力。三是实现产业协调，促进"四化"同步，加快构建现代产业体系。四是加快中原城市群一体化发展，构筑"一极三圈八轴带"格局，以带动区域和产业的协调发展。五是推动物质文明和精神文明协调发展，汇聚河南全面建设小康社会的内在力量。通过摆正理顺河南"十三五"时期这几个发展中的重大关系，以期使单项发展的动能聚合成整体发展的势能，形成更有利于解决发展问题的总体态势，开创相互促进、协同推进的良好发展局面。

出版社官方微信

www.ssap.com.cn

ISBN 978-7-5201-0505-7

9 787520 105057 >

定价：85.00元